中小学
音乐社团
活动手册

主　编：韩启超
编　委：于伯洋　管舒扬　袁文琴
张凯明　王　珂　邵　楠
杨志强　王俊俏　王亚琪
朱赟昀

苏州大学出版社
Soochow University Press

图书在版编目(CIP)数据
中小学音乐社团活动手册 / 韩启超主编. -- 苏州 :
苏州大学出版社, 2024. 12. -- ISBN 978-7-5672-5002
-4
Ⅰ. G634.951.3
中国国家版本馆 CIP 数据核字第 20241AW351 号

书　　名：中小学音乐社团活动手册

主　　编：韩启超
责任编辑：孙腊梅
助理编辑：年欣雅
装帧设计：吴　钰

出版发行：苏州大学出版社（Soochow University Press）
社　　址：苏州市十梓街 1 号　邮编：215006
网　　址：www. sudapress. com
邮　　箱：sdcbs@ suda. edu. cn
印　　装：苏州工业园区美柯乐制版印务有限责任公司
邮购热线：0512-67480030　销售热线：0512-67481020
网店地址：https://szdxcbs. tmall. com/(天猫旗舰店)

开　　本：787 mm×1 092 mm　1/16　印张：11　字数：261 千
版　　次：2024 年 12 月第 1 版
印　　次：2024 年 12 月第 1 次印刷
书　　号：ISBN 978-7-5672-5002-4
定　　价：48. 00 元

序

《中小学音乐社团活动手册》即将出版，在此写几句话作为记事。

其实音乐教育学不是我的主要研究领域，那为什么要编写这本教材，以及一系列和中小学音乐教育相关的教材？可能很多人会问。我也常常问自己，想来想去，觉得答案可能还是来自内心的一种教育情怀吧。我是音乐教育专业毕业，又曾经在中小学教过书，所以一直对中小学音乐教育有着深厚的情感。博士毕业后我曾担任高师本科院校音乐教育专业的系主任，后又担任教学副院长职务，因工作关系，我常常会下意识地思考高师本科院校应如何培养未来的中小学音乐教师，应该如何建构适合未来教师职业发展的课程体系？又因为常常带本科生、研究生去见习、实习，接触了大量的中小学音乐教师、教研员，在与他们长期的接触、交流中，我对中小学音乐教育的现状、问题，对高校的人才培养模式与方向都有了相对深刻的理解和感悟。再到后来，机缘巧合，我在学院承担了大量的音乐教育专业的研究生课程，从音乐教育学、音乐心理学、音乐教育心理学到音乐课程与教学论、中小学音乐教材与教学案例分析、音乐教育测量与评价，为了教好这些课程，我有 3—4 年的时间沉浸于对音乐教育学学科知识体系的学习中，这也让我对音乐教育学科的发展有了更为学理性的思考。所以，回想起来，也特别感谢这一段时光，它给我打开了音乐教育学研究的视窗。

由于工作关系，我也常常组织各类中小学音乐教师培训，有一次为了给培训学员上课，我准备了有关国外中小学音乐教育现状的讲稿，在搜集资料的过程中，发现欧美国家中小学的音乐教育活动有一个相对突出的共同特点，即中小学在音乐教育活动中非常重视社团活动，学生很多音乐行为、音乐素养形成的主要阵地不是课堂，而是社团活动。这在后来我去美国、欧洲各国高校和中小学访问、调研中也得到了充分的印证。反观国内中小学，尤其是农村和偏远地区中小学，鲜有音乐社团活动，即便是一些城镇中小学，也很少有长期固定的音乐社团。这也让我反思为什么我们没有去做？我曾经在浙江指导过几个学校持续开展有特色的音乐社团活动，在这一过程中我发现很多问题，诸如中小学普遍没有专业的指导教师，社团成员稳定性差，社团活动不受重视，指导教师没有可供参考的教材，高校也没有开设专门的社团指导课程，等等。这促使我决定编写一本有关音乐社团活动的书籍，以便为以上问题提供解决的途径。

当然，本书的编撰历程也相对漫长，因为日常教学和科研工作很重，几经犹豫最终于 2020 年开始编写，在拟定好书稿名称和结构之后，我组织了编写团队，他们大多是我曾经教过的研究生，他们毕业后在各个中小学任教，工作能力很出色。该书从 2021

年年底完成初稿到2024年6月份定稿，中间数易其稿。尤其是在后期统稿的过程中，有些模块反复删减增补，有时甚至忍痛割爱，这让我深刻体会到创作的艰辛和收获的快乐，也更真切地认识到从事音乐教育研究之不易，以及教育研究者必须具备的勇气和责任。本书共有九个模块，其中模块一和模块二由管舒扬撰写，模块三由朱赟昀、王亚琪撰写，模块四由邵楠撰写，模块五由王珂撰写，模块六由于伯洋撰写，模块七由王俊俏、杨志强撰写，模块八由袁文琴撰写，模块九由张凯明撰写。感谢参与此书撰写的所有成员。

本书以中小学音乐社团建设的基础性知识介绍为主体，主要内容顺应三个逻辑层面：一是介绍中小学音乐社团的概念、意义；二是介绍中小学音乐社团的发展历史与现状；三是分门别类地介绍当前中小学常见音乐社团的组织与建设，具体包括合唱团、管乐团、民乐团、交响乐团、舞蹈社团、电声乐队、戏曲社团七个种类。定位为“手册”是便于广大中小学音乐教师在开展社团活动时，将其作为指导性参考工具书。本书也可以作为高校音乐教育专业本科和研究生选修中小学音乐社团课程的教材。当然，本书目前还相对稚嫩，很多论述或归纳相对粗浅，更多的是团队成员学习前辈、学者相关智慧的结晶，期待后续紧随教育改革的步伐，努力适应中小学美育发展的需要，适应广大中小学音乐教师的需要，与时俱进，不断完善。

编者

目录 Contents

模块一
中小学音乐社团的概念与意义

【模块构图】

- 中小学音乐社团的概念与意义
  - 中小学音乐社团的概念和基本内容
    - 中小学音乐社团的概念
    - 中小学音乐社团的基本内容
  - 中小学音乐社团的主要类型和组织形式
    - 中小学音乐社团的主要类型
    - 中小学音乐社团的组织形式
  - 中小学音乐社团活动与课程标准、核心素养的关系
    - 音乐（艺术）课程标准是开展音乐社团的理论依据
    - 音乐社团是促进学生核心素养形成的实践方式
  - 中小学开展音乐社团的意义
    - 发展学生音乐兴趣爱好
    - 培养学生音乐特长
    - 提高学生审美体验能力
    - 加强学生团结协作意识
    - 丰富校园文化生活
    - 促进民族音乐文化传承
    - 强化教师专业技能、创建学校特色品牌

【模块概述】

本模块对中小学音乐社团的概念与意义进行了整体阐述，从宏观的维度探讨中小学音乐社团的性质、类型、组织形式及开展音乐社团的重要性与必要性。具体来说，中小学音乐社团主要有声乐、器乐、舞蹈、综合艺术等基本类型，不同类型的社团组织形式亦有所不同。中小学开展社团活动与义务教育阶段课程标准的要求、中小学阶段学生核心素养的建构有着密切的关系。

【学习目标】

1. 了解中小学音乐社团的概念。
2. 明晰中小学音乐社团建设的意义。
3. 熟悉中小学音乐社团的基本组织形式。

【学习重难点】

了解音乐社团建设与音乐课程标准、核心素养之间的关系。

第一节　中小学音乐社团的概念和基本内容

一、中小学音乐社团的概念

“社团”，广义而言，即社会团体或特定组织，《现代汉语词典》将其界定为“各种群众性的组织的总称，如工会、妇女联合会、学生会、各种学术团体等”①。1998 年国务院发布的《社会团体登记管理条例》也明确对“社团”进行了界定：社团是指中国公民自愿组成，为实现会员共同意愿，按照其章程开展活动的非营利性社会组织。当然，从更为通俗的社会意义上来说，社团一般是指某些具有共同爱好的人，由于某种共同的爱好或者活动目的而自发组织起来的一种团队形式，或共同建构的一种活动平台，它具有相对固定的活动机制，常分为营利性和非营利性两种类型。

相对于广义的社团概念，学生社团则具有特定的所指。顾明远《教育大辞典》将“学生社团”界定为：学生在自愿基础上结成的群众性的团体。学生社团不分系科、年级甚至是学校的界限，由兴趣爱好相同的学生组织活动。② 当然，追源溯流，“学生社团”这一概念源于 12 世纪的欧洲，学生同乡会（nation）的建立成为早期学生组织的一种延伸。在文艺复兴的推动下，学生组织——社团也逐渐被更多人认识，尤其是各种学术流派的产生也进一步推动了学生社团的蓬勃发展。在我国，自清末出现学堂乐歌以来，随着近代新式学校教育体系的建立，学生社团也逐渐出现，社团活动开展如火如荼，成为学生在学校生活的重要内容之一。中华人民共和国成立以来，随着国家教育体系和教育管理的规范化、现代化发展，学生社团成为学校教育体系的重要内容之一，是校园文化建设的重要组成部分，也是体现校园生机、活力和魅力的重要平台。

具体来说，中小学的社团活动，不仅活跃了校园生活，丰富了校园文化，营造了良好的育人氛围，还能够引导学生树立正确的价值取向和发展目标，培养学生自主学习的习惯和自主发展的能力。学校的社团活动是学生获取知识、技能、能力的重要途径，是学生在学校接受教育的重要维度，是课堂教学的重要补充，是培养学生综合素质的良好载体。因此，学生社团建设对于培养德、智、体、美、劳全面发展的社会主义接班人具有重要的作用。

从实际发展来看，中小学开展的社团形式多样，既可以是由具有相关专业特长的学生组成的专业性社团，如篮球社团、足球社团、航模社团、机器人社团、体育舞蹈社团等；也可以是面向全体学生开展的普及型、业余性社团，如合唱社团、书法社团等；也

① 中国社会科学院语言研究所词典编辑室. 现代汉语词典：第 7 版［M］. 北京：商务印书馆，2016：1155.

② 刘岚，赫丽萍. 知行集：北京舞蹈学院思想政治工作成果［M］. 北京：中央民族大学出版社，2021：163.

有学校将其作为一个拓展性课程——社团课，如阅读社团课、写作社团课、朗诵社团课等。由于社团是学校课外活动的一个重要组成部分，所以它更加关注学生综合素质的提升与发展，由于一些参加者年纪较小，大多数社团是在教师引导下组建起来的。因此，社团导师对于社团的发展起着极为重要甚至是决定性的作用。

音乐社团是以音乐为特定主题，由具有共同音乐兴趣爱好的在校学生通过自愿报名、社团招募，与教师共同参与组建的，集音乐知识学习、音乐社会实践、音乐资源共享、音乐专业技能提升、个体自主发展为一体的成长性共同体组织，其核心特征是以兴趣为驱动，围绕音乐学习展开活动。目前，中小学音乐社团是学校教育体系内开展得最广泛、最基础、最常见的社团活动之一。

近年来，党和国家越来越重视中小学生美育素养的提升和学校美育工作的发展。如2015年9月15日，国务院办公厅印发《国务院办公厅关于全面加强和改进学校美育工作的意见》（国办发〔2015〕71号）指出，总体目标为到2020年，初步形成大中小幼美育相互衔接、课堂教学和课外活动相互结合、普及教育与专业教育相互促进、学校美育和社会家庭美育相互联系的具有中国特色的现代化美育体系。具体来说，要求各级各类学校要贴近校园生活，根据学生认知水平和心理特点，积极探索创造具有时代特征、校园特色和学生特点的美育活动形式。要以戏曲、书法、篆刻、剪纸等中华优秀传统文化艺术为重点，形成本地、本校的特色和传统。中小学（校）应以班级为基础，开展合唱、校园集体舞、儿童歌舞剧等群体性活动。

2020年10月，中共中央办公厅、国务院办公厅印发的《关于全面加强和改进新时代学校美育工作的意见》中强调：在艺术实践活动建设方面，面向人人，建立常态化学生全员艺术展演机制，大力推广惠及全体学生的合唱、合奏、集体舞、课本剧、艺术实践工作坊和博物馆、非遗展示传习场所体验学习等实践活动，广泛开展班级、年级、院系、校级等群体性展示交流。有条件的地区可以每年开展大中小学生艺术专项展示，每3年分别组织1次省级大学生和中小学生综合性艺术展演。加强国家级示范性大中小学（校）学生艺术团建设，遴选优秀学生艺术团参与国家重大演出活动，以弘扬中华优秀传统文化、革命文化、社会主义先进文化为导向，发挥示范引领作用。

二、中小学音乐社团的基本内容

（一）中小学音乐社团建设的目的

中小学音乐社团作为学校音乐教育的重要补充和学校美育的重要载体，其核心功能是通过不同内容的专业化音乐活动来培养学生学习音乐的兴趣，让学生在具体的音乐实践活动中逐步提高音乐表现能力，在兴趣的引领下转变学习的方式，由被动学习转变为主动学习，对技能的学习由局限在“学会”上升到“学好”。通过课外社团活动，学生能够获得音乐的理论知识，诸如中外音乐历史文化等音乐人文知识，以及音乐的形态结构、乐理知识、视唱能力、旋律调式和作曲等音乐技术知识。因此，围绕实践开展的音乐活动将推动学生音乐核心素养的综合提升。不仅如此，在长期的音乐社团活动中，学生还可以获得丰富的音乐审美体验，实现审美能力的提升，这也标志着音乐社团发挥着重要的美育作用。

并且，音乐社团活动也可以满足学生专业化、个性化的音乐学习需求，即教师在课堂教学之余，通过专题性的音乐社团活动，实现音乐教学的因材施教和个性化教学，加强学生专业化的音乐学习，从而为其将来职业化的音乐学习奠定基础。

另外，陶冶情操、提升智力，实现德、智、体、美、劳全面发展也是音乐社团建设的目的之一。音乐教育是智育、美育和德育的重要组成部分，音乐社团通过专业化、系统化的活动组织和活动内容，实现学生的智力发展、审美观念建构、优秀道德养成。因此，形成高雅的音乐审美观，培养高尚品德是其发展的终极目的。

（二）中小学音乐社团的开展对象及开展范围

中小学音乐社团广泛面向中小学对音乐抱有浓厚兴趣、具有音乐天赋及音乐特长的学生开展，遵循自愿加入和退出的原则。其开展范围一般覆盖整个学校，也有部分社团会根据学生的身心发展阶段水平，在不同年段开展不同层次的音乐社团活动。每个社团通常都有一名或多名教师作为主要负责人，部分社团还会聘请校外的专业人员作为指导教师，或与专业艺术团体、艺术院校形成长期的合作关系，通过“请进来”的方法提升音乐社团活动的水平，促进学校音乐社团的专业化发展。

（三）中小学音乐社团的类别

在日常音乐教育活动中，中小学音乐社团可被划分为普通社团和专业社团两个基本类型，二者在学生选拔机制、活动开展形式、活动内容、建设发展目标、考核机制上都有所区别。

具体来说，中小学音乐类普通社团具有普遍性、普及性特征，是面向全体学生开展的，通常以社团课、拓展课、兴趣小组课的形式进行教学。学生只要有兴趣就可以报名参加，此类社团对学生的音乐能力没有特别的要求，也不需严格筛选，其日常活动的开展常依据学校社团活动章程规定或社团指导教师的个人工作安排，在每周的固定时间、学校的固定场所进行学习。社团在每学期期末会进行相应的考核，其中针对学生的考核结果常作为学生综合素养评价的依据之一，计入学生的综合表现成绩之中；而针对社团活动本身的考核则由学校统一组织，重点是考察社团建设的效能。从发展目标来看，音乐类普通社团更注重培养学生的音乐兴趣和音乐审美感知能力，注重音乐素养的普及和传播，对参与社团活动的学生音乐技能水平要求不高。

音乐类专业社团的各方面水准都比普通社团更具专业性，属于学校社团建设中的“精品社团”或“职业社团”，也是学校校园文化建设的特色和品牌体现。因此，此类社团常在学校举办的各类演出活动中展露身手。从参与对象来看，它主要针对具有较高音乐技艺水平，或者具有一定音乐天赋的学生，通常需要经过严格的选拔，只有符合一定条件的学生才可以加入。其人员规模相对固定，具体人数、活动次数、活动时间、活动内容等以社团活动所制定的计划为准。总体上来说，专业社团更注重学生音乐技能、音乐专业知识的训练，对学生的音乐表现能力、音乐合作能力有更高的要求。经过长期的社团活动，很多优秀的专业性音乐社团，其水平并不亚于社会上的一些职业性音乐团体。

（四）中小学音乐社团的特点

1. 趣味性

趣味性是音乐社团的基本特点之一。在社团开展的过程中要始终以兴趣爱好为导向，以充满趣味性与生动性的活动引导社团学生学习音乐、玩转音乐。社团开展的方式相较于普通音乐课堂更具有灵活性，教师和学生的界限相对较弱，师生关系也更为融洽。音乐社团活动的开展也不拘泥于“老师教，学生学”的单一形式，可以采取灵活多样的方式开展，如游戏、编创、合作、展示等。

2. 系统性

音乐社团是对中小学音乐课堂的拓展与深化。在社团活动中，学生能科学、系统地学习音乐素养知识与相关文化知识，如乐器的发展历史、合唱的声部划分等，也能学到系统性的音乐技能知识，如合唱技术、乐器演奏技术等。

3. 专业性

音乐社团具有专业性，这是由音乐技能的专业性所决定的。学会歌唱、演奏、舞蹈的过程就是掌握一门技能的过程，这就要求社团能够为学生提供科学的练习方法与专业的表演场所。教师本身必须具备较高的专业技术水平（演奏、演唱等能力）和丰富的专业知识储备，同时还需要拥有科学的教育手段和训练方法。

第二节　中小学音乐社团的主要类型和组织形式

一、中小学音乐社团的主要类型

（一）声乐类

合唱团是中小学音乐社团中最为常见和普及的一种声乐类社团，学生参与度高、投入成本低、普及度广、易实践，深受学生喜爱。合唱作为一种声乐表现形式，具有丰富多样的音响效果，能够将人声的魅力发挥到极致。合唱训练不仅能够提高学生的歌唱兴趣、歌唱技巧，还能够提升学生歌唱的表现力及多层次空间的思维能力、音乐感知能力，同时也能有效培养学生的团队精神与合作意识。

中小学合唱团常常以班级、年级或者学校为单位进行组建，专业性的合唱团常常以全校具有音乐（歌唱）特长的学生为主，人数四五十人至六七十人不等。班级合唱团则以班级为单位，融班级课堂教学与合唱团课外活动为一体，是一种以合唱普及和审美素养提升为主旨的社团活动，也是当前美育工作和校园文化建设的重要内容。

中小学的合唱团有同声合唱团与混声合唱团两大类。同声合唱团包括童声合唱团、女声合唱团、男声合唱团三种。其中，童声合唱团主要在小学阶段和初中阶段组织，其成员基本是未变声的少儿，初中的童声合唱团有时也会有少量的女声加入。女声合唱团及男声合唱团主要在中学阶段组织。混声合唱团主要在高中阶段组织。① 从目前中小学的社团建设情况看，童声合唱团和混声合唱团较多，而女声合唱团、男声合唱团则相对较少。②

（二）器乐类

器乐类社团相对比较复杂，根据乐团性质可分为民乐团、西洋乐团和电声乐队，其中民乐团又可细分为民族管弦乐团、民族弹拨乐团、民族打击乐团、单一乐器组成的社团，西洋乐团又可分为交响乐团、室内乐团、管弦乐团、管乐团、弦乐团、单一乐器组成的社团等。器乐类社团对学生的音乐素养要求高，通常只有达到一定演奏水平的学生才可以加入。器乐类社团的组建比较复杂，较多受学校硬件设施、教师指导水平、学生器乐学习水平、家长支持力度等多方面因素的制约，其乐团人员及乐器编制也视乐团建设规模情况而定。器乐类社团对学生提升器乐演奏水平，提高音乐感知能力、音乐审美能力，以及艺术表现能力都有很大的帮助。另外，器乐类社团通过长期的分声部合奏训练与整体表演，能够极大地培养和增强学生的合作意识与团队精神。

---

① 尹诗睿. 音乐课外活动对小学生素质发展的影响研究［D］. 黄石：湖北师范大学，2017：7.

② 章连启，许卓娅. 音乐课外活动［M］. 上海：上海教育出版社，2003：17.

1. 民族管弦乐团

民族管弦乐团是中小学较常见的音乐社团之一，一般按照我国民族管弦乐团的常规编制组建，通常包括吹管乐、拉弦乐、弹拨乐和打击乐四个声部。

其中，吹管乐声部的常用乐器有：梆笛、曲笛、唢呐、笙、管、箫、葫芦丝等；拉弦乐声部的常规乐器有：高胡、二胡、中胡、低胡、革胡、板胡、马头琴、大提琴、低音提琴等；弹拨乐声部的常规乐器有：扬琴、柳琴、琵琶、三弦、阮、月琴、筝、箜篌等；打击乐声部的常规乐器有：锣、镲、碰铃、排鼓、定音鼓、木鱼、云锣、竹琴等。①

2. 西洋管弦乐团

西洋管弦乐团也是中小学常见的器乐类社团之一，一般是根据西方管弦乐团的常规编制进行组建。常规的管弦乐团规模较大，乐团音色丰富，对演奏人员技能要求较高。由于中小学生的西洋乐器技能水平和学校的硬件局限，全编制的交响乐团、室内乐团很难组建，多数学校会根据学生的实际情况和本校的现实条件来进行减配建设。

随着学校对美育的重视，以及美育设施的丰富和提高，很多中小学都具有建设中小型管弦乐团的能力，其基本编制由木管乐、铜管乐、弦乐和打击乐四个声部组成。其中木管乐声部的乐器主要有：短笛、长笛、双簧管、单簧管、大管等；铜管乐声部的主要乐器有：圆号、小号、长号、低音号等；弦乐声部的主要乐器有：小提琴、中提琴、大提琴和低音提琴等；打击乐声部的主要乐器有：大鼓、小鼓、定音鼓、镲、三角铁、沙槌等。②

3. 管乐团

管乐团，也被称为军乐团，是中小学最常见的音乐社团形式之一。相较于全编制的西洋管弦乐团，其最大的特点在于不包含弦乐器，主要由铜管乐、木管乐和打击乐三个声部构成。简单的中小学管乐团主要由小号、长号、圆号、大号、次中音号，长笛、萨克斯、单簧管，大鼓、小军鼓、镲等组成。

4. 弦乐团

弦乐团在中小学也非常盛行，由各种西洋拉弦乐器组成，包括小提琴、中提琴、大提琴和低音提琴。由于弦乐器的学习相对较难，乐团成员常常需要多年的器乐学习经历，因此弦乐团的组建相对困难，对学生的演奏水平要求较高。但如果有较高弦乐水平的学生，其组建则比较简单和灵活，编制可大可小，常见的有小型弦乐团、弦乐四重奏乐团等。

5. 地方性民族乐团

地方性民族乐团是随着国家对传统音乐的重视，强调地域音乐文化的传承而逐渐兴起的一种新型音乐社团形式，也是因地制宜发展起来的具有学校特色、地域特色的音乐社团，他们的音乐活动常常具有鲜明的民族性与区域性。如浙江省、江苏省的部分中小

---

① 章连启，许卓娅．音乐课外活动［M］．上海：上海教育出版社，2003：18.
② 章连启，许卓娅．音乐课外活动［M］．上海：上海教育出版社，2003：18-19.

学校常建有“江南丝竹”乐团，广东省的部分中小学常会有“广东音乐”社团，福建省的部分中小学会有“福建南音”社团，京津冀一带部分中小学会有“吹歌”“冀中音乐会”社团，等等。地方性民族乐团通常依靠本地区盛行的传统音乐文化而组建，因此，相较于其他类型的音乐社团，它除了能够有效提升学生的音乐素养和音乐技能外，更是引导学生传承、振兴民族音乐文化的重要载体和途径。这类音乐社团的规模相对较小，人员编制通常在一二十人，主要内容是地方民间乐种、曲种的常规乐器组合。

6. 单一乐器社团

单一乐器社团是近年来出现的中小学新型音乐社团。由于学生音乐水平和学校设备条件的限制，很多中小学（尤其是农村中小学）很难组建上述五类乐团。但鉴于器乐类社团对学校美育工作的重要性，对学生音乐素养提升的有效性，单一乐器社团应运而生。这种以单一乐器演奏为主体组成的音乐社团通常与学校音乐校本课程相结合，属于面向全体学生开展的器乐教学。由于是普及性的音乐活动，常常因地制宜地选择学生喜欢的、社会流行的、简单易学的乐器进行组建，如竖笛、陶笛、口风琴、口琴、竹笛、尤克里里等。也有更为专业性的单一乐器社团，如古筝社团、古琴社团、二胡社团、小提琴社团等。

7. 电声乐队

进入新世纪以来，流行音乐文化逐渐深入每个人的生活，尤其中小学生，更是流行音乐文化的爱好者和接受者。随着时代的发展、数字音乐的盛行，越来越多的中小学生选择在课外学习吉他、架子鼓等电声乐队中的乐器。电声乐队作为一种新的音乐表演形式、一种流行音乐的象征，也开始在中小学音乐社团中出现。

电声乐队也称电子乐队，主要由电子乐器组建而成，多演奏流行音乐、摇滚音乐。相较于传统乐器，电子乐器是指运用电子元件产生和修饰声音的乐器，其种类不多，但可以模拟各种传统乐器声音，以音色丰富著称。传统的电声乐队主要由电子合成器、架子鼓、电吉他、电贝司组成。近年来，电声乐队也不断进行创新，与各式各样的音乐元素融合起来，形成独特的音乐风格。比如在常规的编制中加进萨克斯、小号等铜管乐器，或加进小提琴、大提琴等西洋拉弦乐器，甚至是加进二胡、笛子、古筝等民族乐器。电声乐队的组建一般出现在中学阶段，对指导教师的专业能力及学生的创新能力、想象能力有较高的要求，对活动场所的要求也较高。

（三）舞蹈社团

舞蹈社团也属于音乐社团的一种，在中小学中比较常见。它将音乐艺术与舞蹈艺术有机地结合起来，不仅能够提高学生对音乐舞蹈的审美感知能力，还对学生的音乐节奏节拍掌握能力有着直接的提升作用。更为重要的是，舞蹈社团活动可以有效促进学生的肢体协调性、律动性，同学相互之间的协作性，提升学生对舞蹈的欣赏和表现能力。舞蹈社团成员的选拔难度要根据指导教师的要求及舞蹈社团建设的目标而定，一般情况下需要学生对舞蹈有极大的兴趣，有一定的舞蹈基础，尤其是肢体的协调性、柔韧度有一定基础。舞蹈社团的建设规模可视学校具体情况而定。根据舞蹈的种类可以细分出不同类型的舞蹈社团，诸如民族舞团、芭蕾舞团、现代舞团、体育舞团等。舞蹈社团的活动需要有专门的舞蹈教室，对指导教师也有较高要求，需要有扎实的舞蹈功底、丰富的舞蹈作品储备、较强的舞蹈编创能力等。

《义务教育艺术课程标准》（2022 年版）明确了 8—9 年级舞蹈课程的教学内容和学业质量，具体要求是：了解不同体裁和风格的舞蹈，感受舞蹈美的丰富性；掌握不同舞种的舞蹈姿态与基本动作；能运用身体语言，感知、体会、有创意地表现不同体裁和风格的舞蹈，提升艺术表现能力；能在不同的背景中欣赏与分析中外舞蹈艺术特色，加强对我国优秀民族舞蹈文化的学习与传承，坚定文化自信；能运用多种艺术表现形式，独自或与他人合作表达情感、观念和想象，在舞蹈编排和实践中提升创新思维能力。这些课程内容设置和教学要求是以前音乐教材和课程标准所没有的，这必然会进一步推动中小学舞蹈社团的发展。

（四）综合性艺术类

综合性艺术社团是指以综合性表演艺术为主要内容的社团，综合性表演艺术诸如戏剧、戏曲等，均是集文学、美术、音乐、舞蹈于一体的综合艺术形式，具有更加强烈的艺术表现力与感染力。综合艺术一直是中小学音乐课堂教学的重要内容之一，《义务教育艺术课程标准》（2022 年版）进一步规定了综合艺术的教学内容和学业考核标准，包括 8—9 年级开设的戏剧（含戏曲）课程，具体要求包括：能对戏剧（含戏曲）艺术作品进行初步欣赏和分析，具有初步表达观剧感受和见解的能力，并逐步形成向善、向美的价值观；了解“教育戏剧”“教育剧场”的方法，能进行一定的戏剧应用活动；掌握中外戏剧艺术史的基本常识，初步认识中外戏剧艺术的不同文化背景，尤其是了解中国戏曲艺术所具有的独特的审美特征，坚定文化自信；积极参与戏剧（含戏曲）活动，养成与同伴合作的意识和团队精神。因此，综合性表演艺术社团在中小学也广泛存在，目前主要有戏曲社团和戏剧社团两种类型。

1. 戏曲社团

戏曲社团是指以我国传统戏曲的教习、演唱为主要内容的社团活动。戏曲是中国传统文化的精粹之一，历史悠久、种类繁多，比较具有代表性的有四大声腔系统：昆腔系统、梆子腔系统、高腔系统、皮黄腔系统。从流行程度来说，中小学最常见的戏曲社团主要有京剧社团、昆剧社团及各地方戏曲社团等。由于戏曲剧种的地域性特征突出，因此中小学常常根据学校的地域文化资源、师资条件来建设自己的戏曲社团，如浙江省中小学常见的是越剧社团，河南省中小学常见的是豫剧社团，河北省中小学常见的是梆子社团等。

2. 戏剧社团

戏剧社团是指以音乐剧、舞台剧、情景剧为主要活动内容的社团。该类社团的综合性较强，对学生的演唱、表演、舞蹈能力都有很高的要求，同时要求指导教师有很好的组织、策划能力。该类社团可以与其他学科，例如语文、美术相结合，设计独具特色的创新性剧目，也可以排演中外经典的戏剧作品为主要内容，是学生们喜闻乐见的一种社团活动形式。

（五）其他社团

其他社团是指与音乐有关，具有音乐普及性质，或具有音乐专业性质的社团，如音乐欣赏社团、配音表演社团、音乐创作社团、音乐指挥社团等。其中有些社团的理论性和专业性都很强，更多的是面向具有专业发展倾向的高水平学生开设，具有专业兴趣小组的意义。

二、中小学音乐社团的组织形式

（一）音乐社团组织实施计划的制定

合理制定音乐社团组织实施计划是社团发展的基本要求，它不仅能够使社团获得学校层面的保障与支持，而且有利于学生在社团活动中最大化地实现自我价值，同时还能够推动社团的持续性发展。具体来说，音乐社团的组织计划包括以下几个方面的内容。

1. 制定总体规划目标

制定社团发展的总体规划目标是社团建设的根基。总体规划目标要根据学校美育、地方音乐教育的规划来制定，要实事求是，注重长期目标和短期目标相结合。在社团短期发展的目标制定中，要考虑到学生短期内需要达到的水平，社团短期内需要完成的任务、需要参加的具体活动，以及为了短期目标的实现需要采取的具体活动形式，要明确在各个时间节点应完成的任务。长期目标要考虑到社团的总体规划和终极目的，要根据学生身心发展特点和学校赋予社团的使命，考虑社团活动的可持续性，考虑学生的稳定性和发展性，同时也要充分利用阶段性目标来实现长期目标。

2. 确定社团开展的形式与内容

首先，社团要依据学校章程及学校的教育工作总体计划，在符合学生、学校发展目标的前提下，有计划、有组织地开展活动。只有这样才能得到学校、学生及家长的认可与支持，才能为社团发展提供必要的设备、物资保障，才有利于社团的可持续性发展。

其次，社团组建务必依据学校的实际情况及学生的能力水平，结合当地的音乐文化特色，选择最适合学生发展的音乐类型与活动形式，切勿脱离学校的实际承受能力和学生的能力范围。比如要在偏僻的农村学校开展西洋管弦乐团，在新疆、内蒙古等地的中小学创建广东音乐社团等，这些都是不符合实际情况的，势必会导致社团无法正常发展。

3. 明确具体活动安排和教学大纲

在制定社团发展目标、明确社团活动的内容与形式之后，要根据总目标和阶段目标设计社团活动的具体安排内容，包括以下几个方面。

第一，音乐社团活动开展的时间。根据学校的规章制度及学生在校学习、生活的时间安排调整和制定音乐社团的活动时间，如每周哪天开展社团活动，每次多长时间，必要时在什么时间可以增加社团活动等。

第二，音乐社团活动开展的地点。根据所开展音乐社团的类型，确定社团开展的地点、场所，确保社团活动场所具备必要的设备，尽可能地选用专业音乐教室或排练厅开展社团活动。

第三，音乐社团活动指导教师。社团指导教师必须具有指导该社团所需要的专业知识和技能，有丰富的教学经验和指导经验，有甘于付出的教学态度和职业素养，有充足的时间。必要时也可以和校外专业音乐舞蹈师资建立长期稳定的合作关系，以保障校外专业教师能够定期来校内进行指导和训练。

第四，制定社团教学大纲，明确每次社团活动的内容。有序的音乐社团活动必须在开展之前制定详细的社团教学大纲，明确本学期内每次社团活动的具体教学内容及学生需要掌握的基本理论和技术，如某个技巧的练习、某首乐曲的学习、乐曲情感的深层次处理、声部的配合等。

（二）音乐社团的活动开展

音乐社团的日常活动主要包括常规训练和各类演出、比赛等。常规训练应遵循社团活动的具体安排或教学大纲来展开，在注重活动趣味性的前提下，保证每次活动都能让学生有所收获、有所提升。各类演出、比赛是对社团常规训练成果的检验，是教师指导效果的呈现，也是社团建设可持续发展的动力所在。这些演出、比赛的展示场合可以是校内典礼、专题文艺晚会；也可以是受社会邀请，面向大众的公开演出，如专门组织的进社区、进企事业单位的公益活动；还可以是各级各类专业赛事；等等。无论是哪种形式，都是学生勇敢表现与展示自己的舞台，是学生享受音乐的过程，是社团成员团队协作的精彩呈现，都将给学生带来美好的回忆。因此，指导教师要遵循美育工作的初心，切不可过度追求功利，不可过于注重获奖导向教学，要强调学生的参与感，强调学生在表演过程中的审美体验，要与学生一同享受、感悟音乐之美、艺术之美。

（三）音乐社团的考核评价

音乐社团作为中小学生学习音乐的第二课堂，也需要有相应的考核机制和评价制度。从评价对象来说，可以分为社团学生评价和社团指导教师评价两部分，即学生学习效果的评价和教师指导效果的评价。对前者，需要总结学生本学期或者本学年在社团中的具体表现和学习情况，并进行客观地评价，需要通过形成性和终结性评价对学生的学习起到激励和促进作用。对后者，除了把学生的学习获得作为评价内容之一外，还需要评价社团在指导教师的带领下进行的具体活动情况、管理情况，以及参加各类活动的情况等。总的来说，音乐社团的考核评价应注重过程性评价，从学生每次活动的态度、积极性，以及学习的进步情况等维度进行客观、综合研判，要注重正面评价，以鼓励为主，减少负面评价。也可以借鉴心理学的相关理论，树立学习的典型和榜样，开展正向引导。如在每学期期末或者每学年年末评选优秀社员、优秀表演者，由教师和学生共同投票决定并进行表彰，从而促进学生之间相互学习、良性竞争。

（四）社团活动教材的开发

音乐社团活动属于校园文化建设内容，与课堂教学有着本质的区别，具有较大的灵活性和自由性，缺少统一的教材。而作为常规化的社团活动，需要有固定的、合理的教学内容和教学大纲，这就需要指导教师能够在日常活动中有意识地去开发相关的教材，制定明确的教学活动大纲。因此，指导教师要根据社团目标、发展规划和学生音乐水平、学校的实际条件，因地制宜地编制校本教材，包括理论资料、音乐作品资源库、曲谱集等。

第三节 中小学音乐社团活动与课程标准、核心素养的关系

国家在不同时期颁布的高中和义务教育阶段的课程大纲或音乐（艺术）课程标准是对中小学音乐教育内容和目标的整体规划，是指导性文件，是每个中小学音乐教育工作者开展课堂教学的准则和依据，同时也是中小学音乐社团开展的基本依据。

我国中小学音乐教育领域经历了多次课程改革，大致是每十年有一次重大变化，每次都对中小学音乐课程计划、课程标准、教材等进行多层面、多维度的革新与丰富。近年来，从小学到高中，音乐教育越来越强调培养核心素养，从教材内容安排、教学方法到学业评价，全程都围绕学生应具备的音乐核心素养展开，凸显了核心素养的重要地位。如《普通高中音乐课程标准》（2017 年版 2020 年修订）明确提出：学科核心素养是学科育人价值的集中体现，是学生通过学科学习而逐步形成的正确价值观念、必备品格和关键能力。音乐学科核心素养主要包括审美感知、艺术表现、文化理解三个方面。《义务教育艺术课程标准》（2022 年版）也明确提出“核心素养”概念，强调：核心素养是课程育人价值的集中体现，是学生通过课程学习逐步形成的适应个人终身发展和社会发展需要的正确价值观、必备品格和关键能力。艺术课程要培养的核心素养主要包括审美感知、艺术表现、创意实践、文化理解等。上述高中和义务教育阶段课程标准有关核心素养的表述，标志着音乐核心素养成为了贯穿中小学音乐教育的整体要求和核心目标，这不仅为社团指导教师指明了开展社团活动的基本原则、方法和方向，也明确了中小学音乐社团活动的主要目标。

不难发现，中小学音乐社团、音乐（艺术）课程标准与核心素养的关系就像一个闭环中的三个环节，三者相辅相成、相互促进。音乐（艺术）课程标准是开展音乐社团的理论依据，音乐社团是课程标准的实践方式，最终促进学生核心素养的养成这一最终目标。（图 1-1）

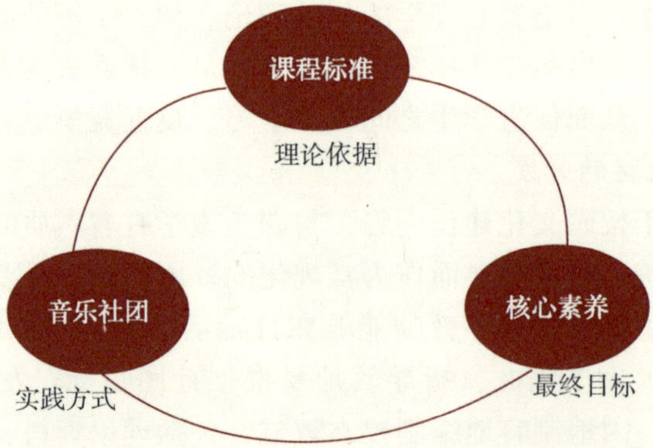

图 1-1　音乐社团、课程标准、核心素养关系图

一、音乐（艺术）课程标准是开展音乐社团的理论依据

（一）音乐教育理念

《义务教育艺术课程标准》（2022 年版）明确指出音乐课程的三个基本理念：坚持以美育人，重视艺术体验，突出课程综合。其中在“坚持以美育人”中强调“以习近平新时代中国特色社会主义思想为指导，以落实核心素养为主线，引导学生积极参与各类艺术活动，感受美、欣赏美、表现美、创造美，丰富审美体验，学习和领会中华民族艺术精髓，增强中华民族自信心与自豪感；了解世界文化的多样性，开阔艺术视野。充分发挥艺术课程在培育学生审美和人文素养中的重要作用”。在“重视艺术体验”理念中强调“重视学生在学习过程中的艺术感知及情感体验，激发学生参与艺术活动的兴趣和热情，使学生在欣赏、表现、创造、联系/融合的过程中，形成丰富、健康的审美情趣；强调艺术课程的实践导向，使学生在以艺术体验为核心的多样化实践中，提高艺术素养和创造能力”。

《普通高中音乐课程标准》（2017 年版 2020 年修订）也提出了六个基本理念：彰显美育功能，提升审美情趣；强调音乐实践，开发创造潜能；深化情感体验，突出音乐特点；弘扬民族音乐，理解多元文化；丰富课程选择，满足发展需要；立足核心素养，完善评价机制。

显然，不同阶段的课程标准为音乐社团的创建提供了理论依据，也对音乐社团的开展提出了具体要求。因为，音乐社团是以学生发展为根本、以学生音乐兴趣爱好为出发点、强调学生音乐审美体验和个性化发展的艺术实践活动。同时，其丰富的活动内容和活动类型也从不同维度践行了学科的综合性与音乐文化的多样性。因此，在社团建设过程中，指导教师要始终遵循音乐课标的理念，以学生的音乐核心素养养成为核心，以学生的兴趣爱好为基本动力，保证每个学生都有参与音乐社团的机会，并依据学校特色、学生特点，结合相应的音乐文化背景，开展多元的音乐社团实践与个性化的专业指导，从而实现其开发学生创造潜能、弘扬民族音乐、彰显校园美育的功能。

（二）音乐教育内容

《义务教育艺术课程标准》（2022 年版）共包括音乐、美术、舞蹈、戏剧（含戏曲）、影视（含数字媒体艺术）5 个学科。3—7 年级开设音乐、美术，融入舞蹈、戏剧（含戏曲）、影视（含数字媒体艺术）；8—9 年级开设艺术选项，包括音乐、美术、舞蹈、戏剧（含戏曲）、影视（含数字媒体艺术），每位学生至少选择 2 项学习。有条件的地区和学校，可在 7 年级开设舞蹈、戏剧（含戏曲）、影视（含数字媒体艺术），供学生选择。新课程标准的巨大调整，是将舞蹈、戏剧（含戏曲）两个艺术学科提到了更加重要的层面。这也对音乐社团的开展及其内容选择指出了明确的方向，使舞蹈、戏剧社团成为课堂教学的重要延伸和丰富学生艺术实践的重要形式。

《普通高中音乐课程标准》（2017 年版 2020 年修订）对高中音乐课程内容进行了优化，包括音乐鉴赏、歌唱、演奏、音乐编创、音乐与舞蹈、音乐与戏剧六个必修课程，合唱、合奏、舞蹈表演、戏剧表演、音乐基础理论、视唱练耳六个选择性必修课程，和

学校安排开设、学生自主选择修习的选修课程。三者互相联结，共同构成了高中音乐课程体系。其中选择性必修课程就是将原本属于“音乐课外活动”的合唱、合奏等音乐实践活动提高到了学校应该开设的音乐课程层面上。按照课程标准所规定的要求开设，并遵循分层组织教学的形式，由学生根据自身发展需要选择修习，以此提升学生的音乐实践水平与能力。而选修课程由学校根据自身的办学理念和学生兴趣爱好、学业发展、生涯规划及当地特色文化资源、民间艺术传承等，由学校确定开设，学生自主选择修习。① 这类课程包括江南丝竹、福建南音、越剧、昆曲等地方性音乐种类，具有地域性和独特性。

这一改动从宏观层面明确了高中阶段开设音乐社团的必要性，音乐社团被明确列为音乐第二课堂，必须开展，学生可获得有效学分。学校可以任意选择其中的几个模块，将音乐社团作为面向全体学生的选择性必修课或是选修课，纳入学生音乐学科的考核，成为学生学业评价中的重要内容。

（三）音乐教育目标

《义务教育艺术课程标准》（2022 年版）强调，通过艺术课程学习，学生应能达到感知、发现、体验、欣赏美的目的，并积极参加各类艺术实践活动，提高艺术实践与表现能力。《普通高中音乐课程标准》（2017 年版 2020 年修订）在课程目标方面，也做了进一步优化，强调在音乐情境、音乐实践中培养学生的音乐审美感知能力与表现能力。如：在音乐情境中，能够认知音乐特征与背景、体裁与形式等，以此提升音乐审美能力；在音乐学习过程中或社会文化生活中，能积极参与实践、体会实践、理解实践，从而提升对实践的深化理解，增强自信心，培养团队精神。显然，这些课程标准也为音乐社团提供了开展活动时应该追求的主要目标。

（四）文化多样性与弘扬民族文化

从义务教育阶段到高中阶段的艺术（音乐）课程标准，无一例外都在凸显传统音乐文化的价值，强调培养学生的创造力和对音乐人文内涵、多元文化的理解。多样的社团活动则是实现这些目标的最佳路径之一。中小学可以根据学生情况、学校情况、地域文化资源条件开设各类民乐团、戏曲社团、管弦乐团等，以增进学生对民族音乐的了解、认知，从而实现文化传承，增强学生文化自信的目标。

二、音乐社团是促进学生核心素养形成的实践方式

近年来，“核心素养”作为我国课改的重要概念，已经全面贯穿到中小学教学实践中。这一教育理念的践行，主要聚焦于让学生通过学科学习而逐步获得正确价值观念、必备品格和关键能力。与此相仿，欧美国家在中小学教育中也非常强调和重视对学生关键品质的培养，如德国的“关键能力”、法国的“共同文化”、美国的“核心知识”等。

音乐社团作为音乐教育的重要实践方式之一，能有效地弥补音乐课堂中的不足，更深入地促进学生音乐核心素养的形成。《义务教育艺术课程标准》（2022 年版）中明确

① 肖本武. 邵阳市贫困县高中舞蹈教学现状研究［D］. 武汉：华中师范大学，2018：27.

提出，要以习近平新时代中国特色社会主义思想为指导，以落实核心素养为主线，引导学生积极参与各类艺术实践活动，从而感受美、欣赏美、表现美、创造美。具体来说主要由以下几个方面构成：

第一，聚焦审美感知、艺术表现、创意实践、文化理解等核心素养，围绕欣赏（欣赏·评述）、表现（造型·表现）、创造（设计·应用）和联系/融合（综合·探索）4类艺术实践活动，以任务驱动的方式遴选和组织课程内容。

第二，要求学生能探究、发现、领略音乐的艺术魅力，培养对音乐的持久兴趣，涵养美感，和谐身心，为良好审美观的形成打下基础。同时培养学生积极乐观的生活态度，促进身心的健康发展。

第三，要求学生参与丰富多样的音乐实践活动，学习并掌握必要的音乐基础知识和基本技能，具有良好的音乐表现力。

第四，学生能够通过音乐学习拓宽文化视野，认识中国民族音乐文化的博大精深。

《普通高中音乐课程标准》（2017年版2020年修订）对音乐核心素养提出了明确的要求，如在审美感知方面，通过课堂教学和课外艺术表演实践，使学生掌握音乐基础知识和基本技能，培育在联觉机制作用下对音乐音响的综合体验、感知和评鉴能力，提升艺术素养和人文修养。在艺术表现方面，激发学生参与音乐表演和创作实践的兴趣，提高艺术表现水平，同时促进学生在集体活动中的人际交往，增进人与人之间的沟通和交流，强化社会责任感。在文化理解方面，通过音乐课程教学，使学生认识中国民族音乐文化的博大精深及丰富的精神文化内涵，坚定文化自信；让学生了解其他国家的音乐文化，以平等的文化价值观理解世界音乐的多样性。

因此，音乐社团在活动开展的过程中，可以潜移默化地对学生进行核心素养的培养。所有音乐社团活动都是让学生领略音乐魅力的有效方式，感知体验音乐美的有效途径。同时，参与音乐社团活动，能有效促进人与人之间的沟通交往，培养团结合作精神。实践类社团更能使学生通过自身的音乐实践来体验音乐的魅力，培养学生的音乐兴趣、涵养、音乐美感，并提高音乐技能水平。而民乐团、地方性民族乐团（戏曲和地方曲种、乐种），更是认识中国民族音乐文化的载体，可通过校内演出活动对全校学生开展民族音乐文化教育，让学生在认知、认同本民族音乐文化传统的基础上，平等地对待其他国家的音乐文化，理解文化的多样性。

第四节　中小学开展音乐社团的意义

在中小学开展音乐社团可以从不同维度给学生、指导教师及学校的发展带来积极的意义，具体表现为以下七个方面。

一、发展学生音乐兴趣爱好

中小学各类音乐社团以学生的兴趣爱好为出发点，为学生提供参与音乐实践活动的平台，使学生在有趣的体验中，主动地掌握音乐技能与知识，获得对音乐的好奇心与满足感，由此增强对音乐学习的兴趣和信心，为学生在今后的人生中能有音乐的陪伴、感知音乐之美打下坚实的基础。

二、培养学生音乐特长

音乐社团面向全体学生开展，同时注重学生的个性发展，是培养学生音乐特长的最佳途径之一。不论是普通社团还是专业社团，都为学生提供了深入学习音乐的机会，学生能够进一步挖掘自己的音乐潜能，展现自己的音乐能力。社团指导教师也可以留心学校中具有音乐天赋的学生和音乐学习积极分子，发现并培养音乐特长生，发挥他们在社团中的骨干作用，使他们的音乐特长进一步得到拓展和提升。参与音乐社团活动甚至会对学生的未来人生规划产生重要影响，而很多音乐社团也有可能会成为未来职业音乐家的成长摇篮。

三、提高学生审美体验能力

音乐社团可以使学生真正参与到音乐实践活动中，能够有效陶冶学生的审美情操，丰富学生的音乐审美体验，不断培养学生感受美、欣赏美、表现美、创造美的能力。在音乐社团的开展过程中，教师指导学生体验各种丰富多彩的有声世界，并力图通过活动来创造、表现音乐，点燃学生的情感火花，打开学生的心灵窗口，使学生零距离地感受音乐的无穷魅力，享受音乐带来的审美愉悦，在情绪的迸发中感受美感，陶冶情操，提高自身的审美素养。

四、加强学生团结协作意识

音乐社团活动是锻炼学生人际交往能力的重要途径，是加强精神文明建设的重要阵地。绝大部分的音乐社团都是群体性活动，特别在合唱团、民乐团、管弦乐团等具有复杂编制、能表现多层次音响效果的社团中，对学生的集体意识、合作精神都有很高的要求，参与音乐类社团活动有利于培养学生关心集体、团结友爱、遵守纪律的良好品质。如不同声部的学生应该在什么时候加入，在什么时候成为突出的主要旋律，在什么时候又变成弱化自身的伴奏声部，都是对学生集体观念、纪律观念和协作观念的历练。

五、丰富校园文化生活

音乐社团是校园文化生活的重要组成部分，对于丰富学生的课余生活，构建美丽校园文化具有很大的作用。在当下国家重视校园美育的背景下，音乐社团是校园美育的重要载体，其通过丰富多彩的活动，灵活有趣的组织，可以促使每个学生都成为校园文化建设的主角，以主人翁的姿态更加投入地参与到音乐的体验与表现过程中去，使个人的课外生活和校园的整体氛围和谐统一。不同类型的音乐社团也能从各个维度打开学生的视野，扩大学生学习音乐知识、理解文化的深度和广度，这也符合青少年精力旺盛、求知欲强的生理、心理特点。

六、促进民族音乐文化传承

坚定文化自信，关注文化多样性是当今国际社会发展的主要趋势。在我国，青少年对于民族文化的认知度、认同度仍有待提高，音乐社团作为传播音乐文化的重要载体，对于民族音乐的发扬和传承有着重要意义。越来越多的学校选择开设与中国传统音乐文化相关的社团，这不仅对参加社团的学生有着直接的积极影响，也通过社团活动引导全体学生潜移默化地感知中国传统音乐文化的魅力，丰富学生对于不同音乐文化的了解，以及对世界文化多样性的理解，从而树立文化自信，自觉传承传统文化。

七、强化教师专业技能，创建学校特色品牌

音乐社团的开展不仅对学生的身心发展有着重要的作用，还对社团指导教师及学校的发展起到推动作用。音乐社团的开展是强化教师专业技能的有效途径。教学相长，教师在社团活动中不仅能进一步提高自身的专业水平与业务能力，而且会在不断学习、探索的过程中，提升其他相关能力，如指挥、创作、编排、戏曲演唱等音乐专业技能，从而促进自身的全面成长。

音乐社团还可以成为一个学校的特色品牌。当一个音乐社团逐渐走向成熟，获得社会认可的时候，它就会发挥出更大的作用，带动整个学校的音乐教育事业和美育事业向着更高、更深的程度发展。由此，成功的音乐社团便成了学校美育的象征，即一个独具特色的美育品牌。

模块二

中小学音乐社团的发展与现状

【模块构图】

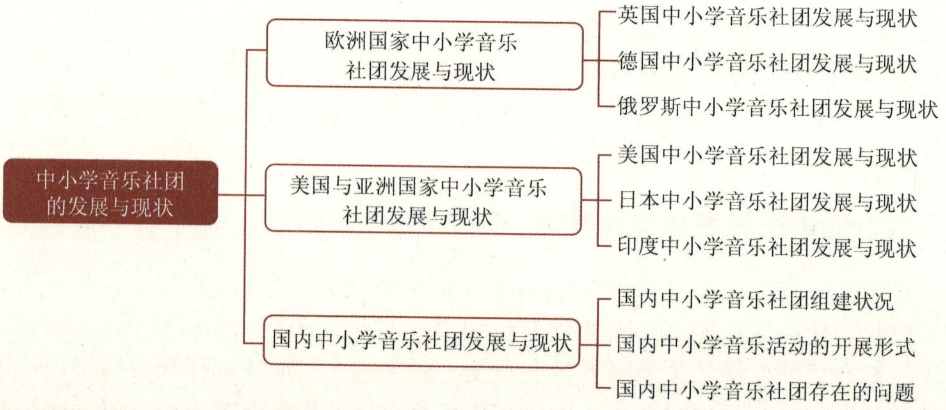

【模块概述】

本模块是对国内外中小学音乐社团发展与现状的综述。欧洲国家（英国、德国、俄罗斯）、美洲国家（美国）、亚洲国家（日本、印度）的中小学音乐社团发展与现状和社团的具体内容各有不同，但也有共性，即中小学都非常重视音乐社团建设，将音乐社团作为学生学习音乐的一个重要路径，且建设与发展非常成熟。相比而言，我国中小学音乐社团虽然经历了一段时间的发展和建设，但总体还处于起步阶段。

【学习目标】

1. 了解不同国家中小学音乐社团的发展与现状。
2. 了解我国中小学音乐社团的发展与现状。

【学习重难点】

1. 国内外中小学音乐社团发展的差异和原因。
2. 当前国内中小学音乐社团存在的问题及对策。

第一节　欧洲国家中小学音乐社团发展与现状

一、英国中小学音乐社团发展与现状

英国的教育体系已有几百年的历史，已经相当完备。如政府规定，孩子从 5 岁开始接受学校教育，核心课程是数学、科学、英语，基础课程是公民、艺术、体育、信息与通信技术等。① 音乐课属于基础课程中的选修课，在学校教育中居于重要地位，上课形式是每周一次，每次一个小时。其他艺术课程，如美术、舞蹈、戏剧等也基本相似。尽管音乐课每周安排的课程时间并不长，但总体来看，英国音乐教育的效率很高。学生可以在这一个小时内，通过弹琴、乐队演奏、合唱、节奏模仿、创作等各种方式充分地体验、学习音乐。

英国的中小学音乐教育包括课堂教学和课外活动两个方面，无论是课堂内还是课堂外，其音乐教育首要注重的是对学生创新能力和实践能力的培养。最典型的是让学生在学习演奏、演唱技能的同时，拥有更多的机会可以自主进行演奏、演唱等表演活动。从教学内容来看，英国中小学更倾向于演奏实践教学，所以大部分中小学生在毕业时都能够熟练演奏一种乐器，优秀者甚至可以演奏多种乐器。这种强调音乐技能训练和注重学生乐器演奏实践能力培养的教育体系极大地提高了国民音乐素养。

为了强化演奏技能训练，英国中小学非常重视学生的课外音乐活动，课外社团活动也被认为是与课堂音乐教学具有同等地位的教育形式。因此，英国中小学课外社团活动的组织和教学内容一般是由学校的音乐教研室（教研组）根据各自学校的实际情况、学生的具体需求进行总体规划，并统一组织开展的。常见的音乐社团类型主要有室内乐团、管弦乐团、爵士乐团和合唱团等，活动的时间一般是在中午或者学生放学之后，有时也会利用周末时间。英国的中小学很少有专职的音乐教师，承担音乐教育工作的主要是兼职教师，因此，大量的兼职音乐教师就成为英国中小学音乐课外活动的核心主体，是开展中小学音乐教育的主力军。这些音乐教师常常会在两三个学校兼职，一般从事器乐教学，例如钢琴、小提琴、单簧管、打击乐器等，有时也会专门教授作曲，上课时间一般是每周半个小时或一个小时。

英国中小学的课外音乐教育除了重视以各种乐器演奏为主体的社团活动外，还强调合唱。这一方面是由于英国社会充满了合唱的氛围，如在城市、乡村林立的教堂中，宗教合唱活动随处可见；另一方面这也是英国学校教育的倾向，合唱被认为是培养学生团队精神和宗教灵魂的重要途径之一。因此，英国中小学的合唱队极为普及，几乎每个学

---

① 张源源. 英国特色学校的课程研究［D］. 温州：温州大学，2013：32.

校都有。合唱队的排练和演出曲目大多是宗教性作品，诸如亨德尔的《弥赛亚》、莫扎特的《安魂曲》等。①

英国中小学音乐教育还有一个典型特点，即重视学生的创新精神，注重给学生提供音乐实践平台，培养学生的自信心。因此，大多数的中小学每学期会组织两次以上的音乐会，面向年级或全体师生。有些学校甚至为了学生的一些具有创新性的作品会专门组织音乐会。除了校内音乐实践活动外，英国各社区、街区都会组织各种级别的音乐比赛，这极大地增加了学生参与音乐演出的机会，激发了学生的参与热情，提高了学生的实践能力。

由此可见，英国的中小学音乐社团通过课外活动的形式得到了充分的发展，其具有完备的组织体系、优越的师资条件、广泛的表演机会及学校支持，且深受学生的喜爱。完善的课外音乐活动不仅是英国中小学音乐教育重要的组成部分，还为英国学生的音乐素养、音乐技能发展打下了坚实的基础。

二、德国中小学音乐社团发展与现状

德国政府对文化教育事业高度重视，音乐被视为一种重要的文化宝藏。早在中世纪时期，音乐课就在德国学校课程体系中占有重要地位。但时至今日，德国的音乐课程并没有全国统一的教科书，各州都有很大的自主权，这也使得德国的学校音乐教育呈现出多元化的局面。② 除了普通学校内的音乐教育活动外，德国政府还开办了大量专门的音乐培训学校来满足周六、周日空闲在家的学生的音乐学习需求。这些音乐学校常常与幼儿园有着密切的联系，会直接从幼儿园选拔有潜能的儿童入学，以便能够进一步有针对性地培养未来的音乐人才。

校园音乐活动是德国学校音乐教育的重要组成部分，也是德国社会音乐生活的有机组成部分。谢嘉幸等编著的《德国音乐教育概况》一书指出，当代德国中小学音乐教育的目标之一是将学生“引进到音乐文化之中”。因此，在音乐教育实践中，强调要向所有人传授积极参与音乐文化生活和其他各种习俗所必需的技艺，即音乐技能的学习和掌握是音乐教育的根本宗旨。在此背景下，德国各中小学非常重视课外音乐教育，学生的课外音乐活动不仅仅是课堂教学的补充，也是学生成长的重要途径。③

德国学校的课外音乐活动包括各种器乐小组、合唱团、音乐剧团、学校艺术节的训练与演出，还包括参观歌剧院、音乐博物馆和交响乐团等众多常规性活动内容。④ 在德国，让孩子学习乐器是一个教育传统，超过一半的学生从小就有学习乐器的经历，这为中小学课外音乐活动，尤其是器乐类社团活动的高质量开展提供了有利的前提。各个中小学非常重视校园乐团建设，一般有管弦乐团、爵士乐团、管乐团等，其中管弦乐团的规模一般在 50 人左右。除了器乐外，合唱活动也得到了广泛的普及，学校内开展的合

---

① 薛瑾．英国中小学音乐教育的特点及启示［J］．中小学音乐教育，2007（7）：39.

② 胡乐乐．社会参与传承文化学校音乐教育在国外［J］．上海教育，2006（7）：36.

③ 谢嘉幸，杨燕宜，孙海．德国音乐教育概况［M］．上海：上海教育出版社，1999：187.

④ 吕屹，蒋虹．“协同发展”视角下的德国学校音乐教育［J］．人民音乐，2017（6）：90.

唱活动类型主要有四声部混声合唱、童声合唱、男声合唱、女声合唱等。

德国中小学不仅有着种类丰富、编制齐全的音乐社团，学校还经常为这些社团提供表演舞台。音乐社团练习、编排的各类节目，在节日庆典、入学典礼、毕业典礼、体育运动会，以及各种传统性活动中散发着耀眼的光芒。许多音乐社团还会代表学校参加对外活动，诸多学校举办的音乐周或者艺术节，还常常邀请家长和社会各界人士参与，成为学校重要的文化活动，也为社会增添了浓厚的艺术氛围。

总之，在德国政府、学校、家长，以及社会各界的共同努力下，德国的中小学音乐社团发展得非常规范和系统，成为学校音乐教育的重要力量。近年来，德国校外音乐教育与学校音乐教育的合作越来越深入，不少专业音乐院校和职业音乐家的加入，为中小学音乐教育和课外音乐活动带来了更多的活力与希望，也进一步促进了学生音乐素养的专业化发展。

三、俄罗斯中小学音乐社团发展与现状

俄罗斯的文化艺术氛围极为浓厚，曾经诞生了一批享誉世界的作曲家、钢琴演奏家，并开创了世界芭蕾舞艺术的高峰，拥有一批顶尖的芭蕾舞表演艺术家和理论家。俄罗斯的民歌常常在中国流传，其音乐教育体系也曾经对中国音乐教育产生较大影响。从目前来看，俄罗斯国内的音乐教育体系主要包括普通学校音乐教育、专业学校音乐教育及大众音乐教育，三者相互融合、有机统一，共同促进学生音乐素养与技能的发展。

具体来说，俄罗斯普通中小学音乐教育分为三个阶段：初级四年、中级五年、高级两年。音乐是强制性的必修课，需要修满九年，同时需要统一使用卡巴列夫斯基的音乐教学大纲，教学内容以音乐专业知识、欣赏和合唱为主。专业学校音乐教育包括专业音乐院校及儿童音乐学校。儿童在普通学校上一年级时，可以根据需求考取一所专门为选拔、培养音乐人才而设立的儿童音乐学校。大众音乐教育最普遍的形式是多样性的群众音乐活动。据统计，俄罗斯约有 4000 余所少年宫、13 万个俱乐部、2 万多个业余音乐团体在组织各种音乐技能培训活动，开展合唱、歌剧、交响乐等演出活动，还有各地的教会、教堂频繁开展的宗教音乐活动等，这为全民音乐素养的形成和普及奠定了广泛而坚实的社会基础。①

在此背景下，俄罗斯中小学也非常重视课外音乐活动建设，其中最为突出的是合唱团，很多学校都组建了规范的合唱团，大部分学生从一年级开始就进入合唱团参加训练，甚至学生可以参加合唱团的活动一直到高中毕业。因此，长期的合唱团训练与演出，极大地提高了学生的音乐素养。另外，很多中小学合唱训练极为规范，指导教师大多从专业院校毕业，或来自专业院团，有着极高的合唱指挥素养。他们注重系统化、科学性的训练，注重曲目选择和声音处理，常常根据学生的年龄特点循序渐进、层层深入地指导，从单声部或简单的二声部入手，逐渐发展到复杂的二声部、三声部、四声部，乐曲难度随着声部的增加而调整。因此，科学的、系统化的训练，严谨规范的教学内

① 王春梅. 现代教育教学模式：中俄音乐对比研究［M］. 长春：东北师范大学出版社，2018：139.

容，严格的合唱训练态度，频繁的合唱演出活动，使俄罗斯的中小学形成了优良的合唱文化传统。除了合唱团，俄罗斯中小学也广泛开展器乐类社团，如管弦乐团、室内乐团、管乐团等，为学习乐器的学生提供了进一步深入学习的平台和自我展现的机会。

第二节　美国与亚洲国家中小学音乐社团发展与现状

一、美国中小学音乐社团发展与现状

美国是一个多元文化融合的国家，各种各样的文化在这里交流碰撞，音乐文化也格外丰富多彩。美国早期的中小学教育较为传统，美国进步教育协会于1934—1942年进行了教育改革，确定了新的教育目标和课程改革内容，对美国近代教育发展起到重要作用，这次改革也被称为"八年研究"或"八年改革"。当然，这一时期艺术教育依然不是核心课程。1965年，美国通过了曼哈顿维尔音乐课程方案，其理论基础是布鲁纳的学科结构思想、发现法和螺旋型课程编写原则。20世纪70年代以来，美国推动了"当代音乐家计划"，其主要方法是让专业的音乐家参与中小学音乐教育改革研究，从而推动中小学音乐教育的专业化发展。①

20世纪80年代以来，美国中小学主流的音乐教育理念是综合音乐素质教育，也称"综合乐感"，其指导思想是，在音乐课程教学中把概念性的知识与技能性的训练结合起来，以培养学生充分感知和理解音乐的能力。② 这在美国著名音乐教育家贝内特·雷默的著作《音乐教育的哲学》中得到了集中体现。1994年，克林顿政府颁布《2000年目标：美国教育法》，编订了全国性的中小学教育标准、课程标准，它首次把艺术增设为基础教育的核心课程，体现了艺术教育的重要地位。

1994年，美国出台了《艺术教育国家标准》阐释了美国艺术教育的核心理念，即艺术教育是为全体学生服务的，不论其背景、天赋或残疾与否，都有权享受艺术教育。具体来说，这个标准总共包括九个方面的内容：独唱或与他人合作演唱一套各类音乐曲目；乐器独奏或同他人合奏一套各类音乐曲目；即兴创作旋律、变奏和伴奏；在具体的指导下，创作和改编音乐；读谱、记谱；听赏、分析、描述音乐；对音乐和音乐表演给予评价；理解音乐与其他艺术学科之间的关系、音乐与非艺术学科之间的关系；理解不同历史与文化中的音乐。③

2000年，《豪斯赖特宣言》勾画了美国音乐教育的新世纪前景，强调音乐不仅代表着人类的基本思维和行动方式，而且是人类创造意义和共享活动的主要途径之一。2001年，美国出台了《不让一个孩子掉队法》，进一步强化了艺术教育的地位。

总体来看，美国的中小学音乐教育只有全国统一的课程标准，但没有统一教材、各

---

① 姚玉珍. 二十世纪90年代以来美国中小学音乐教育改革研究［D］. 北京：首都师范大学，2009：12.

② 马达，许冰. 美国学校音乐教育发展脉络及其特点［J］. 福建教育学院学报，2007（07）：91.

③ 姚玉珍. 二十世纪90年代以来美国中小学音乐教育改革研究［D］. 北京：首都师范大学，2009：16.

州、各社区的中小学音乐教师会根据学情及区域特点自主编创教材，并根据学生的音乐爱好进行教学。这让美国多元文化教育观盛行。其音乐教育的核心是“创造”，强调技能教育，强调多元综合，强调给学生以充分的尊重。这也造就了美国音乐教育的丰富性和差异性，使学生个体能在音乐学习中得到最大的发展。

在美国，合唱团和乐团训练不再是单纯的课外活动，而是音乐课程的一部分，属于课堂教学的范畴。这类课程面向全体学生开设，学生可以根据自身的兴趣爱好进行零门槛的选修，这也是美国中小学生普遍具有较高音乐素养的原因之一。美国小学音乐课程主要分为三类，即“合唱队”（或声乐课）、“乐队”（或器乐课）、“普通音乐课”。到了初中和高中阶段，除这三类课程外，还增设了专为有音乐兴致和特长的学生进一步深造的“音乐技巧培训系列课程”①。进入高中阶段，音乐课程开始实行学分制，其种类也更加多样，如行进乐队、合唱队、爵士乐队的相关课程及钢琴课等，学生只有修满一定学分才可以报考美国的大学。② 在各所学校中，大部分学生都会选择学习合唱队或乐队课程，而普通音乐课则是为了一部分不符合条件或是不愿意选修这两门课程的学生而设立的。在合唱课、乐队课的课堂上，选修这两门课程的学生会聚集在一起，互相学习、互相督促，形成良好的音乐学习氛围。

除了课程标准规定的选修课程，美国中小学还存在着各种各样的俱乐部，涉及音乐、体育、文化等方面，这些俱乐部通常在放学后开展一到两个小时的活动，学校会鼓励学生积极参与。专业的音乐俱乐部有严格的规章制度，学生加入需要进行考核，平时练习有专业教师指导。虽然其是一项课余活动，但在美国的教师与学生看来，俱乐部活动与正常的课程同等重要，它有着详细的规划方案和教学内容，要求学生具有极高的参与意识和荣誉感。很多学校的俱乐部是学校影响力的标志，它们具有悠久的历史，历届成员大多具有较高的演奏水平，参加过许多专业性的演出及比赛活动，并获得诸多荣誉。优秀的俱乐部在当地会很有名望，其演出时，很多家长和校外人员都会自主前来观看，这进一步增强了社会对学校社团活动的支持和信任。

二、日本中小学音乐社团发展与现状

日本的中小学教育理念深受日本文化影响，注重培养有礼貌、有秩序，具有集体主义精神的学生。在此理念的影响下，无论是学校内的课堂教育还是课外活动都非常重视对学生综合能力、生存能力的培养，同时注重创造一切条件让学生接触社会、亲近自然，提升实践能力、动手操作能力。因此，日本的中小学课外活动常常呈现出多样性、丰富性的特点。

在日本，中小学课外音乐教育被纳入教育体系，是学校课程计划“特别活动”中的一个组成部分。20 世纪 60 年代末，日本文部省在修订初中课程计划时，就将“特别活动”纳入课程结构，作为初中课程的一个必要组成部分。实际上，“特别活动”的前

---

① 王通. 政策激励和考评规范：美国中小学音乐教育的两大重点［J］. 山东艺术，2021（1）：50.

② 刘曹芃. 浅谈以实践为核心的美国中小学音乐教育模式［J］. 基础教育参考，2017（21）：10.

身就是“课外活动”。二战以后，日本便把一部分课外活动课程化，称为“特别活动”，主要由班级活动、学生会活动、小组活动和学校常规活动组成，其余部分仍保留原有特点，称为“部活动”。70年代末，日本教育课程审议会认为，“特别活动”对学生的人格塑造起着重要作用，提出应充实这种活动。因此，日本国内对“特别活动”的研究又进一步深化。80年代以来，“特别活动”已逐步发展成为小学和中学课程结构的必要组成部分。①

日本的小学和初中课程基本是由三个部分构成：各科课程、道德教育课程和特别活动课程。其中，特别活动课程在小学一到三年级为每周一个课时，四到六年级为两个课时，初中为一到两个课时，在高中阶段也同样开设。特别活动课程的种类丰富、形式多样，包括班会活动、学生会活动、俱乐部活动、课外兴趣活动、年级活动、节日庆祝活动、文体活动、郊游，以及生产劳动等。② 其中，俱乐部活动、课外兴趣活动等就属于课外音乐活动的范畴，被包含在学校教育体系之中。

这些课外音乐活动，跨越年级和班级，由具有相同兴趣爱好的学生组成，主要包括合唱、合奏活动，其中合奏以吹奏乐为主。受日本传统音乐及欧美音乐的影响，日本中小学十分重视合唱和吹管乐器的训练。在不少学校，都有水平较高的合唱团和吹奏乐团，他们不仅承接校内各式各样的演出、庆祝活动，还积极地参与到社会音乐活动中，很多知名学校乐团在全国甚至世界范围的音乐演出、交流活动中崭露头角。日本国内常常会举办不同层面的各类合唱比赛和吹奏乐比赛，有区域性的和全国性的，频繁的展演和比赛，对于提高各个中小学音乐社团的演唱、演奏水平具有重要作用。在合奏社团中，簧片乐器合奏也比较盛行，主要包括键盘口琴、口琴和手风琴三种乐器。日本每年也会举办簧片乐器合奏比赛，学生同样具有较高的演奏水平。除此之外，舞蹈也是日本中小学中很受欢迎的社团形式之一。

同日本整体的教育理念一样，日本的中小学音乐社团也遵循着均衡发展和集体主义的教育原则。社团对于这两者的独特作用与意义，促使全国各地中小学纷纷组织建设合唱乐团、合奏乐团。日本学校在课外音乐活动的开展过程中，注重班级整体学生音乐素养的提高，不存在对少数或个别学生的单独指导、训练，即日本的课外音乐活动更强调音乐教育的普及性和公平性，而非凸显学生的个性化和专才性。这也是合唱乐团、合奏乐团在日本中小学盛行的主要原因。

除了特别活动课程中的音乐活动外，许多日本学校还会利用短暂的中午休息时间进行音乐活动，但基本不存在利用下午放学后的时间进行课外音乐活动的现象。除非因为特殊情况，如比赛、临时性任务，或额外进行加时练习等。③

总的来说，日本的中小学音乐社团有着自己独特的发展方式，注重均衡发展与集体主义精神塑造，这使合唱和合奏活动在日本课外音乐活动中有重要地位，系统的组织结

---

① 李臣之. 综合实践活动课程开发［M］. 北京：人民教育出版社. 2003：30.

② 缪裴言，缪力，林能杰. 日本学校音乐教育概况［M］. 上海：上海教育出版社. 2011：45.

③ 缪裴言，缪力，林能杰. 日本学校音乐教育概况［M］. 上海：上海教育出版社. 2011：45.

构、严谨的教学理念与丰富的课外音乐活动内容使日本中小学音乐社团的水平得到了有效保障。

三、印度中小学音乐社团发展与现状

印度是世界四大文明古国之一，公元前2000年左右就已创造了灿烂的古代文明，之后它不断与外来文化交流，并融合国内众多民族、部落的独特的语言、宗教信仰及文化传统，形成了独具特色的印度文化。印度传统音乐是印度文化中的一颗明珠，它基本分为北和南两大支派，其中最重要的两种元素是拉格（Raga）和塔拉（Tala）。

在印度，传统音乐的氛围非常浓厚，男女老少都熟悉本邦的传统音乐。印度的音乐教育具有严格的传统音乐教育规定，十四岁以下的儿童需要接受普及性的、免费的和强制性的教育。音乐课被视为美育的重要手段，受到了一定重视。在中小学，音乐课每周两个课时，教学内容全部为民族传统音乐，教师必须受过一定的专业音乐教育。① 印度中小学没有统一的音乐教材，教授的内容都是本邦的传统音乐。因此，不同地区中小学音乐学习内容也存在着较大的差异。教师在上课时采取传统“口传心授”的方式进行教学，均使用印度传统乐器进行伴奏和教学，学生几乎都没有学习过西方音乐。学生在轻松、愉悦的环境中，通过对教师教授音乐的感受和模仿来提升传统音乐素养。②

基于印度传统音乐教育的特点，中小学音乐社团活动内容也几乎都是印度传统音乐，包括器乐合奏、舞蹈、合唱等，同样以本邦音乐为主。印度地域广阔，但是不同地区间的经济、文化差距较大，在贫困地区，多数学校鲜有专业的音乐社团，即使有，其师资配置、生源水平和设备条件等都相对简陋。

除了学校开展的音乐教育活动，印度还开展了广泛而深入的社会音乐教育，其对于学校音乐社团的发展具有一定的辅助作用。各高等院校会开展业余班和夜校，同时各地的专业音乐演出团体和音乐家也会开办私人音乐学校。中小学生放学后可以在这些音乐学校学习，以提高自身的演唱、演奏技能，这可以为高等音乐院校和专业演出团体培养后备职业人才。在印度，还有许多丰富多彩的社会音乐活动，面向不同阶层的人们开放。这不仅是一种文化生活，也是一种免费的音乐教育活动，其对学校音乐教育的发展、学生音乐素养的提升起着潜移默化的作用。

---

① 陈露茜. 印度的音乐教育［J］. 中国音乐，1983（04）：80.

② 刘紫千. 印度古典音乐的传承与教育［D］. 北京：中央民族大学，2009：28-36.

第三节　国内中小学音乐社团发展与现状

一、国内中小学音乐社团组建状况

近年来，我国中小学音乐社团的建设得到各方的充分重视。从政府层面来看，国家在基础教育阶段越来越重视音乐教育对学生综合素质培养及健全人格形成方面的重要作用，这为全国各地广泛开展多样化的音乐社团活动提供了有力的政策保障。从学校层面来说，越来越多的学校意识到，开展音乐社团活动对于校园文化建设、学生音乐素养提升能起到重要作用，故而逐渐加强对音乐社团活动的支持力度。从社会层面来说，国民对于音乐的认同、喜爱度逐渐提高，各式各样的社会音乐活动催生了人们对审美的追求和向往。家长和孩子也越来越愿意在课余时间学习音乐技能，这为学校音乐社团的开展提供了坚实的支撑。

当前，很多城市学校开设了不同类型的音乐社团，许多乡村学校也在逐步加大音乐社团建设的力度。其中，开展最广泛、数量最多的音乐社团是合唱团，因为其要求相对简单。以合唱团为中心，部分学校还发展出合唱阶梯团、合唱预备团，以及各种重唱、小组唱等形式的社团活动，形成了一个系统化的架构。在一些经济相对发达的地区，例如广州、北京、上海、杭州、南京、苏州、深圳等地，中小学合唱团的发展已经有了比较好的社会基础，许多学校合唱团具有较高的演唱水平，也获得了国内外一些重要的合唱比赛荣誉。

不少学校也开设了器乐类社团，其编制以中、小型为主，主要包括民乐团、管乐团、室内乐团、管弦乐团等。器乐类社团的开设与学生课外音乐学习情况息息相关，多数学校会根据学生音乐演奏技能水平来确定所要开设的社团类型，或者以普及为主开设一些相对简单的单一器乐社团，如葫芦丝社团、电子琴社团等。器乐类社团对指导教师的专业水平、教学能力有较高的要求，社团指导教师常常由学校专业音乐教师来担任，或面向社会聘请艺术院团或高校音乐专业教师进行授课、指导。器乐类社团参与社会演出的机会相较于合唱团偏少，但近年来各种类型的比赛、演出等活动也在不断增多，一定程度上提高了学生参与器乐社团的积极性。总体而言，受制于各方面的条件，目前我国器乐类社团发展相对不足，总体水平相对较低，社团之间的水平也存在显著差异。

近年来随着国家对传统文化的重视，戏曲社团在中小学的发展如火如荼。尤其是从2008年开始，教育部宣布在全国10个省市率先开展京剧进课堂的试点活动，随后将这一活动推广至全国各地。[①] 因此，京剧进课堂（戏曲进课堂）活动有效促进了戏曲在中

① 覃子珊. 关于“戏曲进入中小学”校园活动的探索［J］. 戏剧之家，2017（24）：219.

小学层面的普及，催生了一大批优秀的戏曲社团。但从实际情况来看，由于中国传统戏曲剧种的多样性、复杂性、地域性，其推广难度较大。如今，各地区、各类中小学正在开展的戏曲社团数量仍然不多，大多存在于本土戏剧文化相对发达的地区。在这些地区，地方戏曲比较流行，大众的认同度高，拥有发展完备、深受地域民众喜爱的社会专业剧团，这为学校戏曲社团的开展提供了丰富的资源。

舞蹈社团也是我国中小学开展较为广泛的一类音乐社团，学生参与热情较高，学校、家庭也比较认同。舞蹈学习能够充分调动学生的肢体语言，发挥学生的积极性，提升他们对艺术的学习兴趣。

在我国，中小学音乐社团的开设主要集中在小学和初中阶段。在小学阶段，各个学校几乎都会开展各种各样、种类丰富的音乐社团，城市中的学校基本能保证每周至少一次，每次至少一个课时的活动频率。在初中阶段，社团活动的开展也基本能得到保证，一个学校可能会有几个常规的音乐社团，但社团对学生的筛选要求相对较高。进入高中阶段，不少普通高中仍然会开设音乐社团，但是社团活动的时间、频率难以得到保障。有许多社团都是为了参加比赛而进行临时排练，缺乏开展的延续性。但在一些艺术特色学校，或者职业高中，音乐社团的发展则较为规范。

二、国内中小学音乐活动的开展形式

国内中小学音乐活动可以划分为校内和校外两大类。校内音乐活动的开展形式比较灵活，如许多学校都会在节庆日（如六一儿童节、元旦、国庆节、建党节、校庆日等）筹备一台晚会或者展演。有条件的学校甚至会举办校内的音乐比赛，如班级合唱、器乐比赛、舞蹈比赛等。此外，在接待校外宾客或者校际交流时，也会组织专门的音乐、舞蹈演出活动。

校外音乐活动的种类则更加丰富，形式更为多样，包括各种演出、比赛、学习交流活动等。演出的组织单位可以是政府机关，也可以是各种协会、行业组织，或企业、学校联盟等。在我国，面向中小学生最为重要的比赛就是各个层级的艺术节，比赛内容通常会囊括所有艺术活动形式，诸如合唱、器乐、舞蹈、戏剧、美术、书法等，参与艺术节的选手由各个学校层层选拔，从校、区、市、省再到全国，艺术节是我国中小学生目前参与最广泛、最受重视的比赛之一。此外，各地区也会自行举办各类音乐比赛，比如中小学生合唱节、中小学生器乐展演、中小学生管弦乐比赛、中小学生管弦乐（合奏类）校际邀请赛、中小学生民族器乐独奏比赛、中小学生舞蹈艺术节展演等。

三、国内中小学音乐社团存在的问题

尽管我国中小学音乐社团的发展越来越规范，但仍存在着一些共性问题，具体表现如下。

（一）社团师资力量不足

一个出色的社团离不开优秀教师的悉心指导，许多专业社团不仅要求教师具有优秀的音乐技能，还需要有良好的指挥技术、排练经验和团队管理能力。但并非所有的校内任职教师都具有这样全面的能力，有时需要借助校外专业人员的帮助和指导。不同地区、不同学校也努力挖掘各种资源，弥补社团师资力量的短缺。如北京市实行专业院团和职业院校教师进中小学计划，一定程度上缓解了中小学音乐社团指导教师能力不足、资源不足的问题。

（二）社团缺乏组织性和系统性

目前国内大部分中小学社团活动的开展缺乏有效的组织，缺少规范的制度化建设，这导致社团排练时间没有保障，排练过程缺少科学的、系统的安排，缺少有效的指导教材，造成学生在社团中难以真正提升自身的音乐能力，社团的整体水平也难以让人满意。此外，许多学校社团没有梯队建设，缺少长远规划，社团成员在换届时青黄不接，影响了社团的持续性发展。

（三）社团的建设过于追求功利性目标

在我国，受多方面因素制约，作为美育核心内容的音乐教育长期得不到重视，尤其是在初中和高中阶段，受制于升学的压力，教育的功利化导致音乐活动流于形式，不少学校甚至没有音乐社团活动。很多音乐社团只是为了一时的比赛或演出而临时组建，并没有长期的活动规划。有学者在广州市进行中小学社团活动调研时发现，有60.84%的学校属于临时组队参加比赛，50.35%的学校合唱团没有固定排练时间，往往有比赛了才排练。① 这种为了比赛获奖而组建的短期社团活动，显然并不符合中小学音乐社团活动的目的，不符合当前国家美育工作的导向。

---

① 韦静文，余旭珊. 义务教育阶段合唱团组建现状与对策探析：以广州市中小学为例［J］. 科学咨询（科技·管理），2020（36）：193.

模块三
中小学合唱团建设

【模块构图】

- 中小学合唱团建设
  - 中小学合唱团的发展、现状与作用
    - 中小学合唱团的发展、现状
    - 中小学合唱团的作用
  - 中小学合唱团的组织与建设
    - 合唱的基本知识
    - 合唱团的组织与建设
  - 中小学合唱团的日常管理与教学
    - 中小学合唱团的日常管理
    - 中小学合唱团的训练
    - 中小学合唱训练经典教材介绍
  - 中小学合唱团的常见问题与对策
    - 中小学合唱团建设常见问题
    - 中小学合唱团建设问题的对策

【模块概述】

中小学合唱活动在学校音乐教育中的地位日益提高，《义务教育艺术课程标准》（2022 年版）明确提出要重视并加强合唱教学。因此，本模块以中小学合唱团的建设为主要研究对象，重点梳理、归纳了中小学合唱团的发展、现状与作用，中小学合唱团的组织形式与建设内容，中小学合唱团的日常管理和教学内容，并指出了教师在组织中小学合唱团时常遇见的问题及解决的方法。

【学习目标】

1. 了解中小学合唱团的起源、发展与现状。
2. 理解中小学合唱团建设的作用。
3. 熟悉中小学合唱团的具体组织形式。

【学习重难点】

1. 掌握中小学合唱团日常的管理和训练教学方法。
2. 能够根据中小学合唱团实践中遇到的问题及时提出解决对策。

第一节　中小学合唱团的发展、现状与作用

一、中小学合唱团的发展、现状

人声是最好的乐器之一，古人有“丝不如竹，竹不如肉”的观点，强调了人声歌唱的重要性。早在两汉时期我国就已经出现了“相和歌”的艺术形式，后逐渐演变为汉魏“相和大曲”“清商大曲”及隋唐歌舞音乐的典型代表“歌舞大曲”，它们都包含了群体性乐人歌唱的形式，类似今天所说的合唱。甚至在南朝梁代宫廷还出现了专门的童声歌唱形式，时称“法乐童子伎”，唐代宫廷出现了“小部音声”，宋代宫廷也有类似的童声歌唱乐团。这说明合唱艺术，尤其是童声合唱艺术在中国古代已经形成，并得到发展。

当然，今天所强调的合唱艺术更多是指从欧美国家流传而来的歌唱艺术形式。从历史发展来看，西方的合唱艺术兴起于古希腊和古罗马时期，在很多古希腊时期的戏剧作品中已经大量出现了歌队的表演形式。而真正的具有多声部意义的合唱形式则起源于欧洲中世纪的教会唱诗班，尤其是随着复调音乐的发展，合唱艺术从单声部形式逐渐发展为多声部形式，合唱音乐作品也从简单的奥尔加农、数字低音等演化为复杂的复调织体，其作品的丰富性、艺术性不断得到增强。巴洛克时期、古典主义时期和浪漫主义时期的诸多著名作曲家创作了大量的合唱作品，如专门的宗教合唱作品、歌剧经典合唱片段、艺术性与世俗性兼具的合唱作品等，它们对合唱艺术的发展起到了巨大的推动作用。古典主义代表作曲家贝多芬，将合唱艺术与交响乐体裁融为一体，创作了举世瞩目的经典合唱交响曲《第九交响曲》。后来，欧美的合唱艺术无论是在专业演出领域，还是在中小学音乐教育领域，都有了很大的发展。

合唱在我国中小学的出现，可追溯到清末时期，西方天主教在一些口岸城市兴建教堂，组建唱诗班。到了 20 世纪初，随着新式学堂的建立，一批早期音乐家如沈心工、李叔同、曾志忞等积极投身学堂乐歌的创作和传播，编辑出版了大量的学堂乐歌作品和教材，一些具有合唱性质的乐歌作品也在新式学校广为流传，代表性的有李叔同的《春游》（三部合唱）、《西湖》（三部合唱），赵元任的《海韵》（混声合唱）。

20 世纪 30—40 年代，随着抗日战争的爆发，冼星海、黄自等一批专业音乐家致力于合唱音乐创作，社会上广泛兴起了群众歌咏运动，合唱（齐唱）的艺术形式广为流行，成为人民群众表达心声的重要艺术形式。一批经典的合唱作品也纷纷出现，代表性的有冼星海的《黄河大合唱》《生产大合唱》《九一八大合唱》《牺盟大合唱》，黄自的《抗敌歌》《旗正飘飘》，贺绿汀的《游击队歌》等。

新中国成立以来，合唱艺术的发展迎来春天，无论是专业合唱音乐的创作，还是高校专业合唱的教学，以及中小学合唱教育的普及，都获得了巨大的发展。尤其是改革开放以来，从中小学课堂音乐教学到课外音乐活动，合唱成为最重要的教学内容之一，也是推动学生音乐素养教育、提升学生审美能力的重要途径。在2001年出版的《全日制义务教育音乐课程标准（实验稿）》与2011年出版的《义务教育音乐课程标准》（2011年版）中，都详细提出了对合唱教学的要求：要更加重视并着力加强合唱教学，使学生感受多声部音乐的丰富表现力，尽早积累与他人合作演唱的经验，培养集体意识及协调、合作能力。

近年来，从国家到地方开展的各类艺术比赛中，合唱成为最突出、最普遍的艺术形式之一，如2022年浙江省中小学生艺术节的获奖名单中，声乐类一等奖106个、二等奖125个、三等奖90个，其中绝大多是合唱类节目。除此之外，还有各级合唱学会、音乐家协会主办的一些合唱类赛事，也吸引着很多中小学合唱团参加。

从理论研究的角度来看，中小学合唱课堂教学和课外合唱活动成为音乐教育领域研究的热点，知网收录的相关研究成果有数千篇之多。一些经典的、适合中小学合唱教学的教材也广为流传，代表性的有杨鸿年的《中外童声合唱精品曲选》、雷维模的《童声合唱》、黄荟的《童声合唱》等。

二、中小学合唱团的作用

《义务教育艺术课程标准》（2022年版）在学段的内容要求中没有单独提到合唱，但是在学业要求中做了相应的提示。如3—5年级除了学习齐唱、轮唱、固定音型伴唱之外，还要学习其他形式较为简单的合唱。6—7年级要求与同伴合作进行简单的合唱。而8—9年级特别强调合唱的重要性，在内容要求、学业要求中均强调了合唱的学习，要求积极参与多种形式的合唱，感受合唱的魅力，在演唱实践中不断提高合唱能力，学习基本的指挥图式。学生通过3—7年级阶段的学习，已经建立了良好的理论和实践基础，能够具备良好的音准、节奏、和声意识等，在此基础上要不断培养学生的多声部思维能力，提高他们进行多声部合唱等高水平音乐活动的能力。因此，高年级学生的演唱不能仅仅停留在个人独唱或齐唱的形式上，而应该不断丰富表演的形式，学会如何增强艺术表现力。

《义务教育艺术课程标准》（2022年版）在“独立与合作演唱”部分对8—9年级教学提出的教学策略建议中提到：“要重视并着力加强合唱教学，积极创设条件开展全员参与的班级合唱。可运用模唱、手势辅助、声部叠加、音程构唱等方法培养学生的多声部听觉感知能力和合唱能力。在合唱中培养集体意识及协调、合作能力。”① 由此可见合唱教学的重要性。

（一）合唱是推进美育的有效手段

合唱是一种普及面较广、艺术性较强的音乐表现形式，具有音域广阔、表现力丰富

---

① 中华人民共和国教育部. 义务教育艺术课程标准：2022年版［M］. 北京：北京师范大学，2022：31.

的特点。合唱教学能够不断培养学生的多声部意识，使学生能够有效感受到多声部旋律及音乐作品的立体音效，充分体会团员之间相互合作、互相配合的协同感与责任感，让学生真实感受到合唱作品的旋律美、和声美、音色美。同时，在对众多合唱作品的演绎中，学生需要对作品进行解读和赏析，对作品内涵进行深度挖掘，这些训练、表演过程可以潜移默化地提高学生感知音乐、鉴赏音乐、品评音乐的能力。合唱还是全面贯彻落实党的教育方针，实施素质教育，培养学生高尚道德情操，树立正确人生观、价值观和审美观的有效载体和途径，是学校实施素质教育、美育的途径之一。

（二）合唱是增强学生合作意识和能力的重要途径

合唱是一种团队活动，需要团员之间的相互协调、相互配合，可以培养学生的责任感。合唱团的训练是一个极其严格的过程，合唱是摒弃个性化的一种演唱方式。在合唱中对于作品的诠释要精确到每一个乐句乃至每一个音，“在合唱中，听比唱更重要”，这就需要每位同学做到既能听到自己的声音，又能听到其他声部的声音，通过多次练习不断适应与磨合，以达到完整的演出效果。在最后的作品呈现时，合唱团要做到统一且正确的发声方法、融合的音色、平衡的声部、准确整齐的咬字与吐字、整体协调一致的速度，就连每一个气口、每一次起声收声都要遵循严格的要求。① 因此，中小学合唱团对于培养学生集体意识和合作能力具有重要作用。

（三）合唱团的建设能够让音乐课堂更具实践性、有效性

音乐是实践的艺术，中小学音乐课程标准强调通过各种音乐感知活动，促进学生艺术实践能力与艺术表现能力的提升。因此，实践是音乐教学中必不可少的环节。学生在课堂上学习到的知识大多是理论知识，社团实践就可以将理论与实践相结合，为学生提供平台和载体去真切地感受，将间接经验转化为直接经验，从而更好地提高审美体验能力和艺术表现力。在合唱团中，教师带领学生营造出宽松和谐的音乐氛围，使每一个学生都有加入其中的冲动，从而激发他们的主观能动性，使他们大胆展示自我，同时获得自身创新能力的提高。② 因此，这种实践活动不仅可以作为课堂教学的有益补充，还能有效提高课堂教学的效果。

---

① 刘慧雅. 新课标背景下河南省中小学合唱教学实施研究［D］. 开封：河南大学，2016：10.

② 黄玉松. 浅谈音乐实践在音乐教育中的意义［J］. 软件（教育现代化）（电子版），2017（3）：187.

第二节　中小学合唱团的组织与建设

一、合唱的基本知识

（一）合唱的分类

我们通常说的合唱是一种在集体中利用多声部旋律进行的演唱形式，从声部上通常分为齐唱、对唱、轮唱、合唱和领唱等多种形式；从伴奏形式上分为有伴奏合唱与无伴奏合唱；从人声上分为童声合唱、女生合唱、男生合唱和混声合唱。无伴奏合唱是使用较多的合唱形式，无伴奏合唱就是我们通常所说的“阿卡贝拉”，取名自意大利语“A cappella”，指表演过程中不使用任何乐器伴奏，演唱者需要用人声去模仿乐器，以及通过多声部叠唱的方式创造出丰富的音响效果。

（二）合唱的声部划分

二声部合唱是最常见的一种合唱形式，通常由高声部与低声部两个声部组成，一般来说主旋律是由高声部演唱，低声部作为和声或伴奏声部，使作品的音响效果更加深厚。二声部的作品相对较为简单，适用于合唱团初期的作品训练，这种训练对于团员们打好合唱基础有着至关重要的作用，因此常常应用于中小学合唱教学当中。中小学常见的二声部合唱作品有《让我们荡起双桨》《茉莉花》《雪绒花》《摇篮曲》等。

三声部就是在二声部的基础上加入一个中声部。高声部还是以演唱主旋律为主；中声部属于和声构成的重要组成部分，是使作品达到丰富和声效果不可或缺的元素；低声部仍然作为伴奏声部，能够为作品的呈现奠定坚实的基础。三声部的配置适用于达到一定基础或合唱训练较为成熟的合唱团，由于声部的增加，作品范围逐渐扩大，作品的难度有了明显提升，对于团员们的演唱能力也有了更高的要求。因此，三声部合唱会较多运用在具备一定声乐基础的中学生合唱教学中。中小学常见的三声部合唱作品有《乘着歌声的翅膀》《期待的远方》《萱草花》等。

四声部合唱通常是在二声部的基础上加入两个内声部，由女高音、女低音、男高音、男低音四个声部组成，在合唱谱中常常用“S.”“A.”“T.”“B.”来指代它们。在合唱训练中，女低音声部通常由女中音完成。相较于二声部和三声部合唱，四声部合唱无疑是难度最高的，要求团员有较高的音乐综合素质，且通过合唱训练有扎实的合唱基础和演唱能力，因此较少应用于中小学合唱团。

（三）合唱的特点

1. 音域宽广

合唱是由多声部人声组成的集体性音乐形式，包含二声部、三声部、四声部，甚至八个声部。中小学的合唱教学，通常以二声部和三声部合唱为主，不同的声部的音域总和构成了合唱的音域宽度。变声后的学生音域变化明显，音域宽度也会随之增加。因此，合唱会具有更宽广的音域。

2. 音色丰富

我们常听的混声合唱一般由女高音、女低音、男高音、男低音四个声部组成。由于不同声部是由不同音色的人声构成，而不同音色所呈现的效果也是截然不同的。合唱的效果可以根据作品的题材与风格而定的，既可以表达细腻、委婉的情感，也可以表现极具震撼的场面，音色的丰富性是其重要的特征之一。

3. 表现力强

由于合唱人数基数较大，音量方面可呈现从 ***ppp—fff*** 的强弱效果变化。比如，在雨天，合唱可打造从“小雨沙沙”到“电闪雷鸣”多个维度的音响效果。对比而言，独唱作品注重于演员个性化的情感表达和演唱能力，而合唱要求共性的声音，即所有合唱团员能够统一按要求演唱，从而呈现惊人的音量变化。从音响层次方面来看，合唱中的声部构成可以展示不同的和弦、和弦转位，或由不同的声部进行组合，以达到丰富的和声效果。同时，合唱团整齐的表演、统一的服饰、高度和谐的舞美等多种艺术元素也都是合唱艺术区别于其他艺术形式并广受人民群众长期喜爱的原因之所在。① 因此，丰富的音响效果和艺术表演力，使合唱艺术可以表现不同时期、不同风格的艺术作品。

二、合唱团的组织与建设

中小学阶段的合唱团大多以二声部、三声部合唱为主，部分中学会组织四声部合唱，教师应根据本校合唱团员整体素质水平、音色、音域等条件来决定合唱团的组织形式。一般 30 人以下的合唱团为小型合唱团，30—60 人为中型合唱团，60 人以上为大型合唱团，中小学合唱团大多以 40 人左右为宜。人数太少，声部均衡性不够，音色效果差，且对于学生的演唱技巧和声音有着较高要求；人数过多，整体声音不好控制，音色质量会降低，且增加了教师培训学生的难度。

合唱团团员是整个合唱团组织与建设的核心，所以在选择合唱团员时要有一定的标准和要求。

（一）尊重学生意愿

兴趣是最好的老师。歌唱本身就是一项兴趣性的活动，加入合唱团的学生首先要具备的条件是对歌唱、对合唱充满学习兴趣和热情，这样在之后的合唱训练中才能够保持他们学习的积极性和主动性。因此，在招收团员时，应充分遵循学生的意愿，采取让学生自愿、主动报名的方式进行招募，而不能以“凑人数”为目的采取强迫的方式选拔，抑或是过于依赖教师、学生的推荐。更为重要的是，合唱团是一个整体，一个人的懈怠会影响整个团队。

---

① 周倚帆. 论合唱共性的训练［D］. 长沙：湖南师范大学，2014：1.

（二）设置考核项目

童声合唱团招收的对象处于低龄阶段，整体上音乐基础比较薄弱，因此，对团员进行音乐素质考察就非常必要。总体而言，一名合格的合唱团员必备的音乐素养包括：较好的节奏感、音准、声音条件，能胜任本声部的音域范围，敏锐的听觉，对音乐有足够的感受力与强烈的表现欲望等。在对小学高年级、初中生及高中生的考核中，可以适当加入识谱环节。

1. 节奏考核

节奏感知和表现能力是学生乐感的重要体现。指导教师对学生节奏能力的考查有多种形式，常见的方式是由教师唱（击打）出一条节奏，学生随即进行模仿，这种形式比较适合小学低年级的学生。或者是让学生把教师事先准备好的节奏谱直接用视奏的形式呈现出来，这种情况比较适合小学高年级、初中段和高中段的学生。当然，节奏型的难易程度要根据学生的年龄或学段进行适度变化。与其他基本要素不同的是，节奏能力是可以通过学习、训练而有明显提高的，教师不必过于强调学生的先天节奏感，或过于强调音乐天赋。

2. 音准测试

对音准的把握是考核学生的重要内容之一。对于低年级的学生来说，视唱的难度可以适度降低，如让学生准备一首歌曲用清唱的方式参与考核，在演唱过程中教师应细心倾听旋律中的音程关系是否清楚准确；或是教师在键盘上弹 2—3 组旋律音程或分解和弦让学生进行模唱。对于高年级的学生，可以根据学生实际音乐能力，设计视唱曲谱，增加不同难度的视唱内容，如增加临时变化音、调式变化音等。

3. 音域分析

合唱训练由分声部训练和合作表演两部分组成，学生的音域对于声部划分、声部均衡非常重要。所以，学生进合唱团之前要进行音域测试。常见的测试方法是模唱，即教师运用半音或全音上移的方式让学生模唱，从而确定学生的基本声区和音域。教师应仔细记录每个人的音域，并判断其属于哪一声部，将其与本团已拟定的声部配置、音域相比较，以合理分配学生所属的声部。

第三节　中小学合唱团的日常管理与教学

一、中小学合唱团的日常管理

合唱是一项群体活动，它需要团员团结一心且具有极强的责任感。一场优秀的合唱表演是需要所有团员经过长期训练、磨合才能够呈现的。所以，教师及全体团员，必须对组织建设问题给予足够的重视并付出持之以恒的努力，才能使合唱团的日常训练得到保证，演唱水平得到提高。

（一）建立考勤制度，确保团员出席率

从合唱团建设来看，出勤率一直是学生合唱团的一大问题。相对而言，小学合唱团的出勤率会好一些。初中阶段的学生随着课业增加、作业繁重、学生个性彰显等因素的出现，出勤率会随年级增长呈显著下降趋势。所以，教师要建立合理的考勤制度，及时跟踪每位学生的出勤情况，定期总结。对于出勤率高的学生给予一定奖励，让他们能够再接再厉、继续积极参加训练；对于出勤率低的学生，教师要及时询问他们的近期情况，了解未出勤原因，积极鼓励学生尽量克服困难及时参加训练。若有难以克服的原因，教师应尽快寻找替补学生，适当调整合唱人员，以确保合唱训练能够正常进行。

（二）充分发掘社团骨干力量，建立良好梯队

在合唱团里，每位团员的演唱水平、对合唱的重视程度各不相同。教师应在平时的排练中发现表现优异、十分热爱合唱的团员，肯定他们的努力，同时有意识地培养他们的责任感和团队意识，形成社团的骨干力量。在安排合唱团员站位时，应将骨干团员与一般团员、老团员与新团员穿插排列，发挥骨干团员的带头作用，起到以老带新的训练模式。骨干团员的数量一般不可少于总人数的 1/3。当出现各声部的声音比例不平衡时，教师应设法调整声部团员，避免出现因声部中缺少骨干团员而声音质量不高或音量薄弱的情况。

（三）关注学生嗓音生理变化，及时进行声部调整

童声合唱与成人合唱不同，成人的音色、音域等都已定型，其演唱的声部也相对固定。而童声合唱团中的团员处于快速生长期，嗓音条件随着年龄的增长而有所改变，其适合的声部也会常常发生变化。因此，教师应关注每一位学生，细心观察，发现这些变化并及时调整声部。①

---

① 孟大鹏．童声合唱训练［M］．北京：高等教育出版社，1997：7.

二、中小学合唱团的训练

（一）阶段区分

中小学生的年龄跨度较大，合唱团团员的年龄一般在 6 岁至 15 岁之间，各学段之间学生的生理、心理都极具差异性。严格来说，6—15 岁都属于童声阶段，所以教师要先了解各个学段学生的特点，才能更高效地进行训练。

6—8 岁（小学 1—2 年级）为童声前期，此阶段是对学生进行合唱基础训练的关键时期，应尽早培养学生的多声部意识，为之后的合唱教学打下良好的基础，是合唱教师教学的重中之重。

9—12 岁（小学 3—6 年级）为童声成熟期，这一年龄段学生的理解能力已经优于小学低年级了，所以在这一阶段可以选择一些较复杂的曲子进行排练，其合唱总音域可从小字组 g 至小字二组 g^2，横跨两个八度。

12—15 岁（初中 1—3 年级）为童声后期，这一时期的合唱团通常称为少年合唱团。其音域较小学阶段的更宽，低音可至小字组 e，高音可至小字二组 a^2。此阶段学生的音乐素养、合唱技巧及表现能力等方面都可达较高层次，也通常被认为是童声合唱的高峰期。当然，这一时期也是最为特殊的。由于生理发育，在这个年龄阶段中，有些学生可能已经进入了变声期。对于女生来说，其变声期较短，少则数周，长则八九个月，所以这一阶段的合唱团以女生为主。而男生的变声期较长，可以安排处于变声期的男生在低声部轻声演唱。有些教师认为学生处于变声期时不能唱歌，这是不可取的消极想法。实践证明，正确的演唱方法有助于缩短学生的变声期，所以作为教师不应直接采取消极的“噤声”措施。面对学生发育期的特殊情况，教师要尽量让学生了解声带保护的重要性，了解声带的基本生理特征，掌握在生活中和歌唱中有效保护声带的方法，不应该剥夺这一时期学生歌唱的权利，应该鼓励他们参与到合唱训练及演唱活动中，并传授其科学的发声方法。①

（二）训练准备

卡尔·皮特·奇拉在《童声合唱团指导手册》中写道：“在合唱中，一系列相互紧密协调的肌肉群是歌唱呼吸和发声的组成部分，为了正确运用这些肌肉，需要进行热身和准备。”② 在合唱训练中，教师应通过课前练习为学生的演唱做好准备工作，让每位学生的全部身心进入正确的歌唱状态，以保证整个合唱训练高质、高效地进行。

1. 放松练习

在演唱过程中，身体的放松程度是至关重要的，身体紧张、四肢僵硬会在一定程度上影响演唱状态，因此，在演唱之前进行放松练习是必要的。如果合唱团是初次排练，师生之间不熟悉，那么整个训练氛围不免会让学生有些紧张。这时教师可以让学生通过

① 杨鸿年. 童声合唱训练学［M］. 北京：人民音乐出版社，2002：3.

② 卡尔·皮特·奇拉. 童声合唱团指导手册：实用建议［M］. 于嵩楠，译. 北京：中央音乐学院出版社，2013：139.

一些小游戏或肢体活动提高他们的学习兴趣，同时让师生之间的感情迅速升温，快速熟络起来，这些活动可在日常的训练环节适当开展。教师也可准备较为贴近学生喜好的开场白和自我介绍，以此快速拉近与学生之间的距离。

在合唱团日常排练中，教师可以带学生做一些肢体动作放松身体，如上身呈 90 度鞠躬式，这个动作可以帮助学生快速找到肩、背、双手的放松状态。合唱训练中经常使用的放松动作还有手臂拉伸、腿部拉伸、扩胸运动、肩部转体、扎马步下蹲、前后同学互相捏肩、拍背等，教师可以根据实际需要，选择其中的一种或多种动作，让学生身体尽可能地放松，从而迅速进入演唱状态，提升合唱训练效果。

除了身体上的放松外，面部肌肉的放松也非常重要，很多合唱团的排练会忽视这一点。面部肌肉的放松是为了让学生在演唱过程中口型更加自然，为此，可以让学生做一些夸张的面部表情，比如将眼睛睁到最大、嘴巴张到最大、眉毛挑高、面部肌肉突然松紧等，做完后可以让学生迅速感受到面部的放松状态，有利于改善表情管理能力，提升演唱过程中的表现能力。

2. 气息练习

气息是演唱的重要影响因素，正确的呼吸是唱歌技巧的基础，也是提升演唱能力的重要保障。古人云："善歌者必先调其气也。"演唱前的吸气，不是吸得越多越好，而以吸气量能够唱完乐句为宜，重点在于气息的保持及运用。歌唱时的呼吸状态与自然的呼吸状态并非完全相同，而是在后者的基础上更夸张一些，以达到唱歌时的呼吸要求。与自然的吸气相比，歌唱时的吸气要更深，也就是我们常说的"气沉丹田"，呼气时需要根据不同作品的情绪进行气息的控制，以更好地完成作品的演唱。对于低龄段的学生来说，不需要对他们灌输"胸式呼吸""腹式呼吸"等较学术化的概念，而是要注重用生动形象的比喻及教师亲身示范让他们感受、体会并进行模仿学习。

在做呼吸训练时首先要求学生双手叉腰，进行自然呼吸，在自然呼吸的基础上运用口鼻同时吸气以增加吸气量，让双手感受腰腹的起伏。同时，吸气时教师一定要提醒学生不要憋气，胸和肩部要保持放松，吐气时要求要做到匀、慢、稳，尽量拉长吐气的时长。气息练习时，可以用气息发出轻声的"si"，这样就可以从听觉上检查气流是否平稳、均匀，有效地掌握气息的运用。

气息练习时，教师从听觉、视觉两方面对学生的气息运用情况进行监督校正，由浅入深，逐渐引导大家掌握好强、弱、快、慢各种气息的运用。在练好自然吸吐（自然吸气—吐气—停—吐气—停—急速吐气）、缓吸缓吐（缓吸—缓吐—停—吐—停—吐—停—急速吐气）、急吸急吐（急吸—停—吐—停—吐—停—急速吐气）后，可逐步加上适当的停顿（停顿不超过 6 秒）。①

除了上述的练习方法外，还有我们常听到的"狗喘气"，朝远方呼唤"a-i"等教学方法，可以让学生有效地感受到腰腹肌对气息的控制与自身的振动。另外加入一些动作或咬字也有利于增强学生对气息的感受与运用。对于一些高年级学生，可以采取吹纸

---

① 杨鸿年. 童声合唱训练学［M］. 北京：人民音乐出版社，2002：8.

的实物练习法，以更直观地练习气息，为演唱打好基础。

3. 节奏练习

在中小学合唱团中，学生大多没有经受过专业训练，缺乏音乐基础知识的学习，音乐综合素质水平参差不齐。节奏训练是合唱训练的重中之重。节奏感好的学生在学习作品时速度较快，把握作品的能力相对较强。对于合唱团来说，加强节奏练习，培养学生节奏感是首要问题，具体的训练步骤如下。

在学习的初级阶段，应以提升学生的学习兴趣为主，通过聆听了解生活中的音乐，感受不同的节奏变化，培养对音乐节奏的感受力。系统教学中，由单声部节奏训练开始基础练习，学习音乐中常用的音符、节奏、节拍等知识，并正确掌握不同音符组成的节奏型，由简入难、循序渐进地学习。在此阶段可以充分运用击拍、口念节奏、加入肢体动作等学习形式，这有利于提高学生的学习效率。对于较复杂的节奏，可使用将节奏型进行分解再组合的方式，用不同方法进行多次练习。待学生打牢节奏基础之后，可适当增加难度，尝试让学生进行自主学习或设置节奏编创练习，帮助学生更熟练地掌握不同节奏组合，并培养学生的创新意识和自主学习能力。

在节奏训练中，部分教师惯用照谱念、打节奏的方法进行教学，这种方式较为传统，在教学初期会有一定的效果。但此方法如长期使用，容易让学生感觉枯燥、乏味。在中小学教学中，应注重多种教学形式相结合，提升学生的主观能动性。例如，模仿练习，由教师做示范，随后团员进行模仿，先从较为简单的四二拍的节奏型开始。待学生完全掌握后，教师可增加难度，句长可由四句慢慢扩充至八句，直到学生感觉模仿比较吃力后暂停。此方法可以让教师快速了解学生的学习水平，还能激发学生的学习欲望。此外，还可适当运用接续练习方法，先由教师用双手拍击一遍 4—8 小节的节奏型，然后拍击第二遍时空出任意小节，再由团员依照记忆进行填补。该方式的难度较大，更适用于高年级学生。这些练习法可有效激活学生的听觉记忆，提高学生对节奏的敏感度和活跃度，同时也会让刻板单一的节奏训练更具趣味性。

4. 音准练习

杨鸿年先生曾经说过，多声部合唱在技术手段上最基本的要求是：良好的音准，准确的节奏，理想的音色变化。因此，良好的音准是保证合唱音响效果的前提，在合唱中，应当只有集体并无个人，如果出现个别人的音准问题，将很大程度地直接影响到声部间的融合与平衡，从而破坏作品的整体呈现。所以合唱团的训练应把音准训练置于重要位置。虽然每个合唱团在建团之前，都对合唱团员进行了音准的考核，但还需要教师对其进行系统的训练，使每个团员在脑海中形成良好、系统的音准概念。①

合唱中的音准有横向和纵向两方面，横向为旋律，纵向为和声。在初级阶段，教师通常会用钢琴弹奏，让学生以构唱、模唱的方式准确地捕捉音高，并进行发声模仿，再按照单音模唱、音程模唱及和弦模唱的顺序逐步培养学生的多声部思维。这可以有效地提高学生耳朵的灵敏度，帮助学生构建音高概念。待学生有一定的音准基础后，可适当

① 梅晗. 厦门市第六中学合唱教学研究［D］. 厦门：集美大学，2019：15-17.

增加听辨训练，对于低年级的同学来说，能够熟练、准确地掌握小字一组的基本音级的听辨即可。

在音准训练当中，通常以掌握调式中的自然音级开始帮助学生建立调式音准。聆听、模唱调式音阶（谱例3-1）是常用的感知调式自然音级的基本方法，从“跟琴”到“脱琴”循序渐进地在学生脑中形成固定音准概念。西方大小调式和中国的五声调式，其调式音级均由稳定音和不稳定音组成，同时它们的不稳定音均有倾向于稳定音的特性。所以在演唱时要有意识地唱出各个音级的倾向性，从而唱出具有活力感的音准。

谱例 3-1

柯尔文手势常用于中小学音乐课教学与合唱团音准训练中，是一种肢体语言形式，其利用手势动作在空间中表示音的位置与倾向，可以让学生通过简单、易学且具体的手势动作，直观、形象地了解音的高低变化和倾向性，构建准确的音高概念和音准意识，能够有效促进教师和学生之间进行音高音准的调整与交流。在教学中，利用柯尔文手势做音准练习或解决一首歌曲的音准难点，是极为有效的训练方法。教师在进行合唱训练时可用柯尔文手势带领学生做音阶练习，如果音准出现偏差也可以让学生跟着钢琴反复练习。另外，教师可以随机做出手势让学生唱出音高，考验学生的反应能力，同时激发学生的学习兴趣。

牢固建立横向音准概念后，可以着手练习纵向音准概念，由单声部到多声部逐渐转化，尽早培养学生的多声部意识和多声部思维。教师可以用钢琴弹奏和弦，让不同声部的学生捕捉他们对应的音高，准确地进行模唱，同时用手势展示出来。小学阶段的学生在进行合唱训练时，可运用慢速的柯尔文手势进行旋律的视唱，这不仅能够训练他们的视唱能力和听音能力，也有助于他们形成准确的音准概念。

当然，无论是横向音准还是纵向音准，都应按照由简入难的顺序进行练习。具体练习要求如下。

（1）准确唱出自然大小调的音阶

学生先跟琴练习自然大小调的音阶，最终能够根据标准音A的固定音高准确地唱出音阶；区分全音和半音之间的音高差异，感知音和音之间的联系，强化自身的音高概念。

（2）三度音程练习

在合唱中，三度音程是构建多声部的基础，通常被认为是最和谐的和声关系。因此，合唱训练中要以三度音程练习为主，打好和声基础，为将来的多声部合唱训练做好准备。

（3）四度以上的音程练习

在合唱作品中，四度及四度以上音程也常常出现，因此，在掌握二度、三度音程的基础上，可通过搭桥的方法加强四度、五度等度数较大音程的练习，为后续的作品学习打下坚实的基础。

（4）变化音练习

在高年级的合唱作品中，有时会出现变化音，用来丰富作品的音响效果。在训练中，教师可以在学生熟练掌握基本音级的基础上适当增加变化音，提高合唱团的整体训练水平。

（5）注重团员识谱能力，加强视唱训练

视唱是音准训练的重要途径之一，它要求学生有一定的识谱能力。视唱训练要从平稳的节奏、级进的旋律开始，音域不宜太宽。对未经过正规合唱训练的团员来说，应首先让他们了解基本的音乐知识，认识简单的音符、节奏等。之后由教师弹奏钢琴，带领他们进行音阶及音高模唱练习，帮助他们逐步形成音高概念，引导他们将学过的知识和掌握的技能运用到旋律的识谱及视唱当中。起初的练习过程中，学生会感觉较为困难，这时需要教师发现问题，及时帮助纠正错误，通过长期、持续的练习，使学生快速且准确地进行识谱，从而具备成熟的视唱能力。①

5. 发声练习

学生掌握正确发声方式是非常重要的，一方面可以让整个合唱团的音色更加融合，增强和声感；另一方面可以保护学生声带，帮助学生的嗓音更加饱满、圆润。对于中小学生来说，其演唱的作品难度相对较低，因此发声练习可以首先从嘴巴“打嘟”开始，运用气息的冲击使上下嘴唇持续振动，便于将口腔的空间打开，从而感受正确发声的位置。其次，可以通过哼鸣练习的方式寻找“高”位置的感觉，也就是教师们常说的“往高唱，找眉心位置”的感觉，以此帮助学生找到共鸣的感觉，用自然、饱满的声音进行发声训练。

对于练声部分，低年级学生可以用五个元音“a、e、i、o、u”作为基础练习，通过结合简单的旋律进行跳音、咬字、长音的混合练习，如谱例 3-2。

谱例 3-2

---

① 郭文德. 校园合唱训练［M］. 北京：新华出版社，2008：8-12.

在学生练声时要时刻关注他们的口型和身体姿势，因为歌唱时的口型会影响咬字的清晰度。例如开口音要将嘴巴张大，口腔打开，软腭提起，形成共鸣感；闭口音则要注意口型的变化，将口腔的空间适当缩小，避免出现声音虚的问题。关于身体姿势，教师要提醒学生背部挺直，不能乱动、乱晃，保持积极的歌唱状态。另外还要注意气息的运用，针对不同训练规定呼气与吸气的支撑位置，以保证声音效果。由于合唱要求声音的"统一"，教师要严格要求学生，引导学生正确发声，养成良好的歌唱习惯，从而更好地开展合唱教学。

高年级的学生可适当以作品中咬字较难的字作为发声的音结合简单旋律进行练习，例如"liang""jiang"等，也可以就作品中涉及的乐句旋律进行练习，从而有效提升学习效率。

6. 和声训练

在合唱中，学生是否能聆听到和声效果是关键问题，这就需要合唱团在训练中必须长期坚持进行和声训练。

首先，和声训练的第一阶段是培养学生学会聆听多声部音乐，教师可以从简单的练习入手，通过二声部和三声部的练习，锻炼学生主动聆听其他声部声音的习惯。之后可以适当选择卡农曲作为训练内容，提高学生的学习兴趣，使学生能够逐渐在演唱时与其他声部相互配合，能够感受到多声部音乐的和声效果及表现力。

其次，和声训练要注重协调各声部之间音色、音量的平衡及声部间的交流，当较好地解决了音色问题后，需要提醒学生时刻注意运用贴近共性的声音进行演唱。在和声训练时先由一个声部进行音高的保持，无误后再加入第二声部，此时需要教师关注两个声部的平衡，并及时指导，使两个声部相互融合，达到平衡状态，进而体现和声感。以此类推，可以继续加入三声部、四声部，让学生感受无法听到自己声音的感觉，将自己完全融入和声中，充分感受和声的氛围和表现力，促使合唱训练的顺利进行。

三、中小学合唱训练经典教材介绍

教材是教学工作开展的重要保证。对于合唱教学来说，选择合适的教材能够更有针对性地对不同学段学生的合唱训练进行指导和帮助，从而达到事半功倍的教学成果。下面选取 5 本代表性的教材进行简要介绍，希望能够为读者在选择合唱教材时提供参考。

1.《合唱从这里开始：中小学合唱用书》

《合唱从这里开始：中小学合唱用书》是由北京市特级教师李桂英任主编，湖南文艺出版社于 2020—2023 年出版的一套合唱训练教材。整套教材共 8 册，是以零基础为起点，贯穿小学到高中的合唱基础教学，针对不同阶段学生的学习基础和学习特点进行编写的系列教材。教材内容包括音乐理论基础知识、合唱相关理论、视唱练耳、练声曲与歌唱基础知识及合唱作品，从理论到实践，由易到难、由浅入深，内容丰富，对中小学合唱教学具有积极的指导意义。此外，教材中的合唱作品均配备音频资料，以备教师教学前进行参考，有助于学生展开自主学习。值得注意的是，此教材采用学生用谱与教师用谱分开的呈现形式，贴近合唱团活动的实际需要，既方便学生学习乐谱，也方便教师用钢琴伴奏引领学生学唱，能够有效指导合唱教学的开展。

2.《合唱实用训练曲集》

《合唱实用训练曲集》是由任宝平教授担任主编，武汉出版社于2018年出版的国内首套涵盖小学、中学、大学及童声、混声的体系化合唱训练教材。全套教材共7册，针对中、小学合唱教学的各有2册。教材中强调了有关合唱的热身、练声、气息、节奏、发声共鸣、多声部和声练习、音准听觉训练等相关内容，以循序渐进的方式，为学生的合唱学习打好基础。教材综合了中外合唱训练中有效的方法和手段，并编写了针对中国合唱作品风格的合唱训练方法和练习曲。另外，教材中提供了许多流行、动听的合唱曲谱，除了适合各类合唱专业人士使用以外，也非常适合不同基础水平的合唱爱好者自学使用。

3.《中外童声合唱精品曲选》

《中外童声合唱精品曲选》是由杨鸿年教授任主编，人民音乐出版社于2004年和2005年出版的一套经典合唱教材。此书收集了174首中外经典、优秀的合唱作品，根据音乐风格分为中国、西欧、俄罗斯·东欧、美国·美洲·亚洲及其他国家四册，并根据不同合唱团的学习需要，出版了五线谱版与简谱版。另外，曲选中的作品大多为三声部合唱，适用于中小学合唱教学。书中的外国作品主要采用中外文两种语言对照的形式呈现，极少数歌曲采用了三种文字对照的形式呈现，以此来满足不同合唱团的学习需要。

4.《儿童合唱基础训练教程》

《儿童合唱基础训练教程》是由韩瀚编著，人民音乐出版社于2013年出版的一本合唱训练基础教程。其特点是实用性、易解性与科学性兼备，简明、易学，适用于低龄段学生学习。教材内容分为歌唱前的发声训练、歌曲配套发声练习及乐谱两部分。发声训练部分有助于教师开展课前训练，减少备课时间，同时提高授课效率。第二部分的配套发声练习是从作品中提取出的学生难以掌握的音程，其中还包括一些需要掌握的单旋律及二声部训练。教材通过重难点的训练，既能使学生更快、更准确地学唱作品，又可以帮助教师有效地培养学生感受合唱的和声效果。在教学中，优先学习作品中的重难点有助于后期学生进行自主训练，发挥学习的主动性。另外，每首作品都包含五线谱版和简谱版，方便教师针对不同水平的学生开展合唱教学。

5.《童声合唱实用训练教程》

《童声合唱实用训练教程》是由陈巧姑、陈姬姜编著，西南师范大学出版社于2018年出版的一本专门根据童声合唱教师的实际需求而编写的教材。内容编排从教师急需解决的问题出发，通过案例解读的形式，从作品艺术表现与合唱排练要点两个方面为一线教师提供具体的教学范本，以此来解决教师在合唱团训练中遇到的实际问题。其内容涉及合唱历史、童声合唱的基本知识、少年儿童歌唱的发声原理、童声合唱的发声训练、合唱指挥等，有助于教师在合唱教学与训练中进一步改善童声合唱的教学方法，增强自身的指挥技能，提升合唱教学能力。

第四节　中小学合唱团的常见问题与对策

一、中小学合唱团建设常见问题

（一）合唱团管理制度欠缺

“没有规矩，不成方圆。”当前，中小学合唱团主要以社团的形式出现，训练活动集中于艺术节或文艺活动前。在此情况下，教师大多以口头传达的形式对团员的行为进行约束，并没有成文的管理制度，因此存在着管理制度不明确或是不全面的问题。合唱团是一个集体，由多位团员组成，在日常管理与训练中，如果没有统一的制度或管理规定，很容易出现教学和管理相脱节或团员认知不清晰的情况，从而造成团员训练散漫、教学效率不高等问题，这将会影响到整个合唱团的训练效果和形象。

（二）合唱团团员稳定性不足

合唱团的主体是团员。中小学的学生都面临着不同程度的升学或学业压力，在参加合唱团时容易出现参加基础训练时间较少的情况，这导致一些团员在刚刚具备一定演唱技能且能够取得一些成绩的时候就要面临退团的情况。因此，中小学合唱团团员人数不稳定、团员专业水平不稳定等现象较为常见，这对合唱团整体的训练和发展带来了消极影响。

（三）专业师资力量存在局限

教师是一个合唱团的主导力量，其专业能力很大程度影响着合唱团的发展。在合唱教学中，教师队伍需要配备合唱与指挥教师，负责对合唱团的演唱进行完整的教学与指挥；声乐教师负责处理团员发声及音色的问题；艺术指导教师主要负责对作品的处理及与钢琴伴奏之间的配合，不同专业的教师承担着不同的教学任务。就当前中小学教师队伍建设来看，普遍存在着一位社团指导教师同时担任合唱与指挥教师、声乐教师、艺术指导教师等身兼数职的现象，很难达到由不同专业的教师组团进行教学的要求。因此，在中小学的合唱团建设中，存在着教师专业化程度不高、专业能力不全面的问题，这本质上是中小学合唱团缺乏师资力量的问题。

（四）团员训练规范性不够

科学有效的训练方法是合唱训练中必不可少的，它能够让团员高效稳定地提升合唱专业水平。一般来说，指导教师的训练方法是根据合唱团的性质、团员的构成及团员自身的专业水平而设定的，不同的合唱团一般会使用不同的训练方法，而教师训练方法的合理性、有效性、规范性和科学性将直接影响合唱团的成长进度及作品的呈现效果。当前中小学合唱团的训练方法大多依次为热身、练声、唱歌这几个基础部分，然而，这并非是一个面向所有人皆有效的训练方法和训练程序。因此，团员在进行训练时普遍存在训练规范性不够的现象。

（五）学校管理部门持续关注度不够

由于中小学合唱团是校内的社团活动，因此，校领导及相关管理部门支持与否对合唱团的训练和发展有着重要的作用。当前，一些学校对于学生的艺术素养重视度不够，其中的主要原因来自校领导的办学理念，尤其是他们对于合唱教学意义认识有些偏差，还没有意识到合唱对于中小学生成长的价值，没有意识到合唱对中小学生艺术素养和审美能力提升的重要性，很容易出现社团虽然成立了，但资金不到位，师资和教学设备欠缺的现象，导致合唱教学和相关活动难以顺利开展。

（六）合唱教学场地与设备不足

教学场地和教学设备都是合唱团进行正常训练的必备条件。对于合唱教学来说，由于合唱团的团员人数相对较多，因此在排练时需要一个空间较大的教室或排练厅，最好配有专门的合唱台和钢琴。但是，当前中小学合唱团常常是在音乐教室或普通教室中进行训练，缺少专业的教学设施与设备。

（七）社团演出机会较少

合唱是实践的艺术，演出机会的多少直接关系着团员演出经验的积累。中小学合唱团表演机会一般为校内艺术节或合唱比赛等。就目前来看，校内合唱团每年演出次数较少，团员得不到足够的锻炼机会。

二、中小学合唱团建设问题的对策

（一）制定团员管理制度，规范团队建设

制定制度的出发点是制度执行的落脚点，管理制度是一个集体稳定、有序发展的根本保证。合唱团作为一个团体，制定合理且有效的管理制度是重中之重，其能够对团员们的行为进行管理、规范和制约。在合唱团管理实践中，可根据合唱团团员的整体水平设立考核制度，定期对团员进行各项音乐基础考核，以此检验团员的训练成果，明确下一步的训练方向；设立考勤制度，规范排练纪律，避免出现迟到、早退甚至逃课等现象；设立排练制度，用来规定合唱团固定的排练时间、时长、场地及排练时的注意事项，不断提升训练效果；设立奖惩制度，对于表现好的学生给予鼓励，对于表现较差的同学及时提醒，必要时进行个别辅导，激励团员相互学习，不断进步。

（二）优化团员招收制度，做好人员储备工作

在合唱团建设中，一定数量的团员是社团持续发展的基本保证。中小学合唱团的建设要充分考虑升学等涉及人员稳定性的问题，明确团员招收制度，提前制定招收计划，做好团员储备工作。

团员的质量也直接影响整个合唱团的发展，因此选拔团员是重要的一环。中小学合唱团在招收团员时要“早抓”，在低年级做好基础培训工作，定期进行音乐基础素质考核，选拔成绩优异的学生成为预备团员，随着学段的上升，不断丰富他们的合唱经验，并从中挑选出综合素质强的团员加入合唱团。这样做能够使人员流动性较强的合唱团始

终保证团员质量，从而保障合唱团的稳定发展。

（三）加强师资队伍建设，提升专业水平

师资队伍是一个合唱团良好发展的关键因素。当前中小学的音乐教师大多具备一专多能的综合素质，但对于合唱这门综合实践艺术来说，需要同时具备声乐、合唱指挥与艺术指导等专业技能的教师。因此，提升合唱团的专业水平，需要从教师队伍建设抓起。可以招录不同专业特长的教师来充实师资队伍，或对现有音乐教师进行专业化培训，不断提升他们的教学技能和指导能力。

（四）构建专业教学体系，保证教学质量

合唱训练是一个长期持续的过程，合唱团首先需要根据准备活动、音准练习、节奏练习、声音练习、律动教学、歌唱教学、作品训练等一系列教学内容制定科学、合理且具有专业性的训练计划，形成适合社团自身特色的专业教学体系，从而有效地提升教学效率和质量。其次，教师应根据实践经验，针对不同声部采用不同的教学方法，做到因材施教。另外，合唱团的作品选择也尤为重要，这将直接影响到合唱团最终舞台的呈现效果。中小学合唱团以二声部和三声部为主，因此，教师在选择训练作品时要注意作品的声部配置与演唱难度，最大程度保证教学质量和演出效果。

（五）明确合唱教学理念，提高合唱团的影响力

合唱教学是学校美育工作的重要组成部分，是推进美育工作的有效手段，对提升学生核心素养具有积极作用。基于美育工作应面向全体学生的原则，学校应设置有关合唱的美育课程，营造氛围，使领导、教师与家长充分了解合唱教育的意义，明确合唱对学生成长发展产生的积极作用。此外，合唱团经过长期有序、高效的排练，能够为学校艺术节或文艺晚会等贡献力量，甚至通过参加比赛获得优异的成绩，成为学校美育的一张名片，以此来提高合唱团的影响力。

（六）完善教学场地设施，保障基础训练

教学环境从一定程度上关系着教学质量。合唱排练厅的场地大小，以及排练厅内电教仪器、钢琴、教材及其他乐器，都是合唱团基础设施建设需要考虑的要素。优质的基础设施建设将保障合唱团的教学效果，能够有效提升合唱团整体水平，甚至会帮助合唱团在更多活动和比赛中取得更好的成绩。因此，学校要从落实美育工作的高度，配置专门的教学场地和教学设备，为团员们提供良好的训练环境，使合唱训练更具专业性和规范性。

（七）促进团员展演常态化，培养团队意识

合唱是集体性的艺术，合唱团的训练与演出既是对作品磨合的过程，也是团员们互相磨合的过程。《义务教育艺术课程标准》（2022 年版）中也提到要在齐唱、合唱、重唱、歌唱等群体性表演活动中，有意识地引导学生学会宽容和理解、相互尊重和配合，形成良好的集体观念与合作意识。因此，教师应综合校内外资源，不断丰富合唱团演出形式，增加表演机会，逐步形成展演常态化模式，这既有利于增加团员的演出实践经验，又能培养团员的团队合作意识。

模块四
中小学管乐团建设

【模块构图】

- 中小学管乐团建设
  - 中小学管乐团的发展、现状与作用
    - 管乐团的基本构成与发展历史
    - 中小学管乐团的发展、现状
    - 中小学管乐团的作用
  - 中小学管乐团的组织与建设
    - 树立正确观念
    - 提升师资水平
    - 规范建设流程
    - 加强品牌建设
  - 中小学管乐团的日常管理与教学
    - 重视乐团管理，健全规章制度
    - 选取适宜内容，提升排练效率
  - 中小学管乐团的常见问题与对策
    - 排练内容枯燥与学生兴趣问题
    - 演奏姿势与气息问题
    - 初学者运舌发音问题
    - 合奏意识与演奏张力问题
    - 乐团音准与声音融合问题
    - 学生练习过少问题

【模块概述】

管乐团是中小学常见社团活动之一，本模块主要介绍了中小学管乐团的发展历史及现状；管乐团的基本构成，包括乐器组合、乐器分类、编制、座位安排等；中小学管乐团建设的意义。本模块针对中小学管乐团的组织与建设，提出要树立正确的观念、提升师资水平、规范建设流程、强化品牌建设的建议。在日常管理中，要健全规章制度，选取适宜内容，提升排练效率。最后针对中小学管乐团的常见问题，提出相应的对策。

【学习目标】

1. 了解管乐团的基本构成、发展历史、现状与作用。
2. 了解中小学管乐团的组建流程、管理与教学方法。

【学习重难点】

1. 掌握中小学管乐团建设的理论与方法。
2. 熟悉中小学管乐团建设中常见的问题与对策。

第一节　中小学管乐团的发展、现状与作用

一、管乐团的基本构成与发展历史

（一）管乐团基本构成

管乐团是常见的一种由铜管乐器、木管乐器与打击乐器组成的器乐合奏团体。刘灏在《西方管乐艺术史》中将其概念进一步泛化，强调“只要是由管乐器（包含其家族乐器）为主体，且与打击乐器所组成的任何形式的器乐团体，都可以称作管乐团”。①

一般而言，管乐团是根据乐团的人数来分配各声部的乐器数量的，大型的管乐团一般是 60 人以上，中型的管乐团一般是 40—50 人，小型的管乐团一般只有 20—30 人。管乐团中的乐器主要分为三大类，分别是木管乐器、铜管乐器和打击乐器。有时为了使低音区音色更加浑厚柔和，也会增加低音提琴来补充。如果按照音域来划分乐器，管乐团的乐器可以分为：超高音区、高音区、次高音区、中音区、次中音区、低音区与倍低音区乐器。

从两个管乐器组分类来说，木管乐器组主要有长笛、短笛、单簧管、双簧管、萨克斯、巴松等乐器；铜管乐器组主要有小号、圆号、长号、次中音号、上低音号、大号等。其中，有很多乐器都有自己的家族体系，又可细分为高、中、低、倍低音乐器等，如长笛家族有短笛、长笛、中音长笛、低音长笛、倍低音长笛等，其中长笛和短笛是管乐团中常用的乐器；单簧管家族有♭E 调的高音小单簧管、A 调高音单簧管、♭B 调高音单簧管、♭E 调中音单簧管、♭B 调低音单簧管、♭B 调倍低音单簧管等，其中 A 调单簧管、♭E 调小单簧管和♭B 调低音单簧管在管乐团中较为常用；② 小号家族有小号、短号、富鲁格号、高音小号等，其中小号和短号在管乐团中最为常用。

打击乐器种类繁多，是管乐团中非常重要的一部分，对管乐团的音乐色彩与表现力发挥着重要的作用。其基本上分两大类：第一类是有音高的打击乐器，如定音鼓、木琴、马林巴、钟琴、颤音琴、排钟等；第二类是无音高的打击乐器，如大鼓、小鼓、大镲、吊镲、铃鼓、三角铁等。

表 4-1 是不同编制的管乐团乐器配置方案，各学校管乐团的乐器配置，需要根据学校具体情况进行编配。

---

① 刘灏. 西方管乐艺术史［M］. 上海：上海音乐出版社，2007：155.

② 李华山. 单簧管艺术史［J］. 齐鲁艺苑（山东艺术学院学报），1987（1）：46.

表 4-1　不同编制的管乐团乐器配置方案

乐器名称	40 人编制	60 人编制	80 人编制
长笛	4	6	8
单簧管	6	12	14
萨克斯	4	6	8
双簧管	2	2	3
巴松	2	2	3
小号	4	6	8
圆号	4	6	8
长号	4	6	8
次中音号	2	4	6
大号	3	4	6
打击乐	5	6	8

现代交响管乐团乐器编制更加丰富，全体演奏员演奏时发出的声音会为听众提供立体的音响效果。每个声部都配备含有高音、中音、次中音、低音区的乐器，下面是一个中型交响管乐团的常规乐器配置情况。

木管声部：

短笛：1—2 支

长笛：6—7 支（兼中音、低音长笛）

双簧管：2 支

单簧管：9—12 支（1 支中音单簧管、1 支低音单簧管）

巴松：2 支（兼低音巴松）

中音萨克斯：2 支（兼高音萨克斯）

次中音萨克斯：2 支

上低音萨克斯：1 支

铜管声部：

圆号：4 支

小号：2—4 支（首席兼小号）

短号：2 支

长号：3 支（2 支次中音长号、1 支低音长号）

上低音号：1—2 支

大号：2—4 支

打击声部：

定音鼓：1 套

大镲：1 个

小军鼓：1 个

交响大鼓：1 个

吊镲：1 个（兼小件打击乐器）

键盘类的乐器：钢片琴、木琴等 1—2 架

弦乐声部：

低音提琴：2—4 把

注意乐团除了低音提琴以外，没有其他弦乐器，否则就是交响乐团，而不是交响管乐团了。现代交响管乐作品中，打击乐器特别丰富，如遇到打击乐演奏员不够的情况，可由其他声部团员在作品中临时兼任打击乐器演奏员。

管乐团目前没有规定绝对的各乐器声部人员座位，为了一个总体的平衡，通常根据乐团整体音响、音色、声部强弱、声场与声音传播、和声均衡等因素进行安排。有些管乐团是长笛在指挥的右手边，也有不少乐团是单簧管在指挥右手边，还有的乐团是大号和长号一起。如有一些乐团乐器编制不齐全，则要根据各团声部人员情况入座。图 4-1 是一个中型交响管乐团各乐器声部人员的座位参考图。

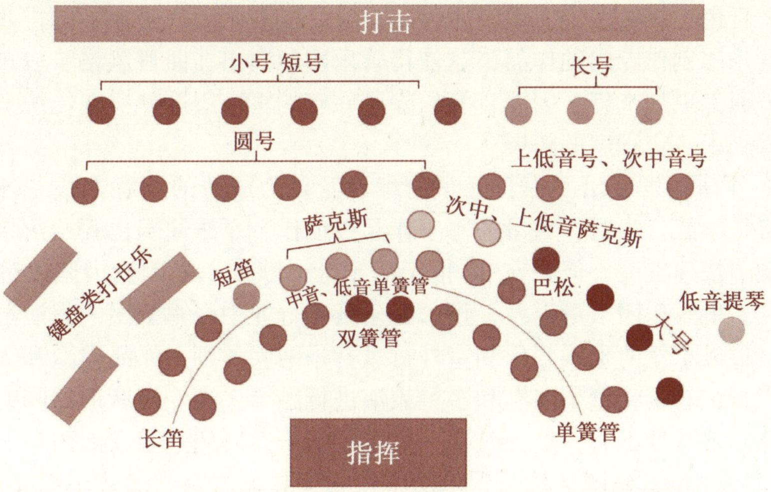

图 4-1　中型交响管乐团各乐器声部人员座位参考图

（二）管乐团的发展历史

我国早在新石器时代就出现了打击类乐器，“予击石拊石，百兽率舞”是中国原始人类的乐舞场景。号角乐器则可以追溯到青铜器时代。古埃及时期，簧片类乐器、长笛类乐器及简单的打击乐器已被用于仪式或者娱乐演奏中。而实际上中国早在西周时期已经产生了按照乐器材质进行分类的乐器分类法——“八音”，这一时期盛行的打击乐器有鼓、缶、钟、磬等，吹管乐器有笛、篪、箫、排箫等。

古希腊时期，管乐得到了进一步发展，阿夫洛斯管是西方现代管乐器的先祖。古罗马时期的管乐发展更为繁荣，产生了各种形状的号角类乐器，由于号角洪亮的声音与强大的穿透力可以提升军队的士气，所以其常运用于行军中。胜利的军队，也是由号角手

带领凯旋的。由此开始，管乐团与军乐团的发展紧密相关。中世纪的军队常常用肖姆管、风笛、号角及鼓的组合进行演奏。

管乐团发展的另一条线索是管乐合奏音乐的发展。中世纪的中后期，管乐团逐渐进入教堂，被运用于教会音乐。15 世纪时，随着世俗文化的繁荣，管乐在市民、贵族、宫廷中颇为流行，被频繁运用于民众的日常生活、娱乐演出及社交等场合，这标志着管乐的普及化发展。

文艺复兴时期，军乐团发展出多种管乐器组合形式，而且逐渐规范性和体系化。17 世纪上半叶，军乐成为军队发展的重点之一，军乐团也由此得到较大的发展，并产生了与军队前进步伐一致的进行曲。17 世纪下半叶，更多的管乐器加入军乐团，双簧管代替了原先的肖姆管，低音管（圆号的前身）、长号等低音乐器也加入军乐团中。

18 世纪的军乐团又加进了蛇形大号、单簧管等乐器。法国典型的军乐团编制中就包含有单簧管 6 支、短笛 1 支、低音管 3 支、自然号 2 支、号角 1 支、蛇形大号 1 支，以及多个鼓。其中，大鼓、三角铁、钹、铃鼓等打击乐器被广泛使用。军乐团所演奏的乐曲体裁依然以进行曲为主，大多由乐团指挥作曲，也有部分来自海顿等知名作曲家。

19 世纪，随着工业的高速发展，社会科技水平进一步提高，部分管乐器得到了改良，在音准、音色、灵敏度等方面有了显著提升。随着乐团演奏水平的进步，更多的作曲家开始为管乐团创作专门的作品，这使得管乐团的演出在曲目风格、表现形式、作品题材、体裁方面都更加丰富。因此，管乐除了原有的军事用途外，在传统世俗音乐方面的用途上也得到了一定程度的拓展。

20 世纪，军乐团发展出了一套完整的编制及较为成熟的训练方式，各国都建立了本国的军乐音乐学院。当时，大量的军乐作品被创作，军乐演奏也开始由室外走进了室内，军乐得到了快速发展。但是在 20 世纪后半叶，欧洲军乐团发展陷入停滞。随着二战结束，美国大批军乐团人员返乡，投入音乐教育行业中，军乐团的表演形式也渐渐转为室内管乐，形成了室内坐式管乐和室外行进管乐两大类别，作品类型和表演方式也更为丰富，其中行进管乐将管乐演奏和多种表演进行融合，在变换队形的同时进行音乐演奏，极具动感和视听冲击力。这一时期，美国的管乐发展超过了欧洲国家。

21 世纪，美国的军乐团与校园管乐团均领先于其他国家，随着国际交流活动增加，日本、新加坡等国家的校园管乐团也受到各国的推崇与学习。

（三）我国管乐团的发展历程

据记载，清康熙年间，外国传教士向清政府进献了西洋管乐器，民间也开始有西洋管乐器流传。1793 年，乾隆皇帝接见英国马戈尔尼使团的仪式上，五名英国乐师组成的以木管乐器为主的小型仪仗队随队进行了演出，这是清统治者第一次见识西洋管乐团的演出。鸦片战争后，西洋管乐器更多地被引入中国。

随着清政府的洋务运动和政治、军事变革，西洋管乐团在我国应运而生。其中，以张之洞组建的自强军军乐团和袁世凯组建的北洋新军军乐团影响力最大。① 为了满足各

① 姜磊. 探索中小学管乐队建设与发展之路：以浑南新区学校为例［D］. 沈阳：沈阳师范大学，2016：2.

地军乐人才的需求，清政府于1903年在天津开办了军乐学校。① 上海、北京等大城市的军乐团、民间管乐团、音乐学校纷纷筹建，但是管乐人才极为稀缺，教学、演奏也都不够规范。1935年，洪潘作为被国民政府首次公派去维也纳学习的留学生，经过六年的留学生活，回国后于1942年在重庆复兴关筹办了中国第一所培养管乐专门人才的学校——陆军军乐学校。洪潘办校期间，成立了中国近代史上最大、最正规的管乐团，这也标志着近代中国的管乐演奏水平有了显著的提升，人才培养开始走向规范化。②

新中国成立后，党和国家高度重视军乐团建设，中国人民解放军军乐团于1952年成立，新中国的管乐艺术发展也迎来了春天。火热的新中国建设为艺术家们提供了无尽的创作源泉，许多以军队文化和社会主义建设为题材的优秀管乐曲目如雨后春笋般涌现。与此同时，国家开始系统地培养管乐艺术人才，第一批在国外留学的管乐表演艺术家也纷纷回国，为中国的管乐建设贡献力量，中国管乐艺术发展进入快车道。

改革开放后，中国的管乐事业得到了高速发展，无论是人才培养还是乐团建设方面都重新进入正轨。社会上也不断涌现自发成立的业余管乐团，极大地丰富了人民群众的精神文化生活。20世纪90年代后，随着中外交流的增加，在多方努力下，管乐艺术不断朝着专业化、系统化方向发展。各种管乐学会成立，频繁的管乐比赛进一步推动了管乐艺术的发展。大中小学、企业也都纷纷组建了自己的管乐团，社会管乐艺术活动蓬勃发展。

二、中小学管乐团的发展、现状

我国的管乐团发展起步较晚，与美国、日本等发达国家的管乐团存在较大差距。近年来，全国各地校园管乐团如雨后春笋般涌现，目前许多中小学都有管乐团。据业界人士统计，截至2020年，北京市就有700多支管乐团（含中学、大学及社会团体），深圳市几乎每一所学校都有管乐团，一些学校甚至发展有十几个分团，这其中不乏高水平的中小学管乐团。

中小学管乐团建设受经济基础影响较大，因此各地发展状况不平衡。在北京、上海、深圳等大城市，学校管乐团发展较好。无论是从乐器编制方面，还是师资观念等各方面，农村地区或中西部落后地区的中小学管乐团往往与大城市的中小学管乐团存在明显的差距。

（一）观念传统，功利性强

部分地区对于管乐团的认知，仍停留在传统鼓号队或者民间婚丧演奏乐队的阶段，不了解现行管乐团的编制，对演奏乐曲的了解也停留在传统曲目中。因此，很多学校并不支持管乐团建设。

此外，管乐团具有见效快的特点，因此一些学校会为了比赛、演出而临时建立管乐团，并在训练过程中拔苗助长，不重视基础训练，注重表演形式和比赛结果。组建管乐

---

① 万俪婷. 武汉市青少年管乐教育现状调查与策略研究［D］. 武汉：华中师范大学，2013：11.

② 解晓瑞. 西方管乐艺术在近代中国的发展述论［J］. 中国音乐学，2015（2）：77.

团的真正目的是给学生提供长期训练的平台和音乐素养提升的平台，而不能仅限于应付短期的检查、校园文化建设或比赛，造成功利化倾向。

另外，管乐团的建设也受到家长和其他文化课教师的影响。管乐团需要定期训练，但有时候训练时间会与文化课的学习时间有冲突，其他课程的教师便认为参加管乐团会对文化课学习产生消极影响。在学业优先的观念下，一些家长会根据孩子的学业成绩来决定是否支持孩子学习管乐，在学习成绩下降时，就不支持孩子学习管乐。因此，校园管乐团建设阻碍重重。

（二）师资匮乏，结构不平衡

管乐团在中小学发展受限的一个主要原因是师资不足。国内中小学音乐教师队伍中，具有管乐特长的教师相对较少，其中不少有管乐学习经历的音乐教师并不是管乐专业出身，而仅仅是在高校学习期间选修过管乐器，因此，真正能够承担管乐教学的音乐教师非常少。这种师资匮乏的现状，迫切需要一专多能的音乐教师，即当前中小学需要能够一人承担多项乐器教学的教师。比如萨克斯教师需要同时教授单簧管，小号专业出身的教师需要兼低音号、次中音号、大号等乐器的教学。从更为专业的角度来说，不同专业教师的数量也存在严重不均衡的现象，同是管乐，木管类器乐教师相对较多，而铜管类器乐教师极为匮乏。

我国中小学管乐团常见的教学模式是一个教师团队对十几种乐器进行分声部教学后再进行合排。而个别学校为了节省开支，会尽可能减少管乐团外聘教师的数量，比如传统鼓号队，一个教师就能承担管乐团所有乐器的教学。虽然日本许多优秀的管乐团的确可以做到一个教师承担整个乐团的教学，但这并不符合我国的国情。日本中小学不少高年级的学生能够直接像声部教师一样对低年级学生进行教学。在我国学校初级管乐团中，若仅由一位教师进行十几种乐器、二十几个声部的教学，效率将非常低下，更何况能掌握每一种乐器技能并进行教学的管乐教师并不常见。

管乐师资队伍中还存在着鱼龙混杂的现象。一些业余爱好者也在从事中小学管乐团的教学。一些管乐教师素质较低，利益导向明显。还有部分教师在教学模式、教学方法、合奏意识等方面的认知仍停留在过去，采用落后的观念进行教学。此外，教师的个人演奏水平并不意味着教学水平，一些专业演奏水平高的教师并不一定擅长教学。

（三）编制不齐全，多为入门级乐器

我国中小学管乐团大多存在着编制不齐全问题，除了缺少短笛、双簧管、巴松外，许多乐团低音乐器的数量也明显低于乐团的编制需求。因为双簧管、巴松等乐器价格昂贵，入门难度高，相应专业的管乐教师也非常少，所以基本上没有学生在校外学习这两种乐器。而短笛、低音单簧管、低音萨克斯的缺少主要是因为没有相应的乐器。学习大号、长号等低音铜管乐器的学生非常少，一方面是因为师资的不平衡，本身在校外学习这些冷门乐器的学生就非常少，另一方面是因为中小学生与家长对管乐不了解，只认识部分常见的乐器，认为长笛、单簧管、萨克斯、小号等乐器比较好听，方便携带，在很多场合可以独奏，而低音铜管乐器笨重，不易携带，在乐团中多演奏伴奏部分，音色不够悦耳。还有一个造成编制不齐全问题的重要原因是，学校购买的乐器数量不足，家长

也不愿意购买，尤其是低音铜管乐器。

不少家长因为不确定孩子能否坚持认真学习音乐，于是不舍得一次性在乐器上投入过多的金钱。因此，家长或学校购买乐器时大多会选择比较便宜的乐器，所以常常存在发声不易、音准音色差、容易漏气、寿命较短等问题，这些质量较差的乐器，进一步增加了合奏的难度。加之，许多学生保养乐器的意识淡薄，对于乐器并不十分爱护，吹奏完毕不仔细保养擦拭，甚至水也不排就装回盒子里，经常造成乐器生锈的情况。即使教师时刻提醒，乐器也会被学生不小心摔碰，于是，教师经常要在维修保养方面费心。

（四）教学内容缺乏规范性和系统性

各省市每年都有中小学生艺术节，从区（县）级选拔到市级、省级比赛。为了能够呈现好的效果、展现乐团水平，乐团选曲通常不会太简单。而大量仍处于初级水平的中小学管乐团指导教师，在各种压力下只能拔苗助长，减少基本功训练时间，把大量的时间放在比赛曲目的训练上。此外，国外的一些优秀训练方法并未得到推行普及，管乐教师虽有兴趣研究这些方法，却受限于语言问题，只能似懂非懂地依样画葫芦，不知其所以然。

目前市面上适合中小学管乐团训练的教材书籍较少，基本上都是引进国外原版教材，曲目多为外国作品或练习曲，缺乏中国曲目。据调查，管乐团常用的教材有布鲁斯·皮尔森编著的《管乐队标准化训练教程》、普罗亥与泽普的《首套 3D 式管乐队基础训练教材：成为优秀管乐队的三维方法》，也有学校在使用《雅马哈管乐队训练教程》《Super Sound Training 管乐基础声响练习》等教材。实际上这些在国外非常有名且训练效果较好的教材，在我国中小学管乐团的使用率并不高，或是用了一段时间就停止了。这是因为，书中大量循序渐进的教学内容进度相对较慢，并不能引起学生的兴趣，也不适用于比赛、演出。因此，以比赛、演出为导向的管乐团的教学内容，常常缺乏规范性和系统性。2018 年 12 月，中国管乐学会出版了我国第一部完全为中国乐曲而编写的教材——《管乐队标准化训练教材》，这套教材的出版弥补了中国没有管乐教材的空白，对于我国西洋管乐的民族化发展具有里程碑式的意义。

（五）学生个人演奏水平差别大

学生的音乐基础具有一定差异性，有的学生在校外学过管乐器或者其他乐器，识谱能力强，学得快，而有的学生年龄小，刚处于小学二三年级，理解力、自控力都不如高年级学生。加上乐团需要梯队建设，师资紧张的乐团可能需要新老团员一起上课，教师通常一个人需要兼顾多种乐器、多个声部，每组被分配到的教学时间有限。管乐教师在这样的挑战下，即使关注到每个学生存在的问题，也很难花时间在个别学生身上针对性地解决问题，只能多多提醒，顾全大部分学生的进度，这就客观上使得团员之间的演奏水平参差不齐。

中小学的元旦、艺术节、运动会、新生开学、六一活动、毕业仪式等活动丰富多彩，这也意味着乐团在有限的训练中，拥有较多校内演出的机会。因此，不少乐团日常训练的作品以合奏曲为主，每首作品都是为了比赛或者演出准备，学生在管乐团中接触独奏曲的机会并不多。乐团分声部训练的内容大多数为合奏曲目的分谱教学，加上教学内容缺乏规范性和系统性，如果学生没有在校外一对一地上课，那么学生的个人独奏水平通常较低。

许多学生不懂乐器演奏基本功的重要性，每次只练习乐曲，单次练习时间非常短，简单吹几遍就结束了。虽然教师再三强调长音、音阶的重要性，但是很多学生认为基本功练习较为枯燥，经常敷衍了事，长此以往，学生个人的演奏水平便得不到有效提高。

（六）学生普遍课后练习时间少

目前，中小学生学业压力较大，同时文化课优先的观念根深蒂固。《关于进一步减轻义务教育阶段学生作业负担和校外培训负担的意见》（后文称“双减”）发布后，周一到周五学生以文化课学习为主，周六周日参加各种特长班、兴趣班，从而分配给管乐团训练的时间就更少了。到了初高中阶段，升学的压力更大，能够坚持学习管乐的学生少之又少。

另外，很多学生认为乐器练习过程枯燥无趣，无法坚持。因为，课后练习的内容大多是乐团合奏曲目，许多地方都是伴奏，旋律性不强，学生或家长或许认为并不好听。有些乐器同一个指法对应很多音，初学的学生经常不能一下子吹准，有些高音上不去，家长听来也不知道孩子在吹什么。还有一些学生不知道正确的练习方法，每次都从头到尾吹，简单的地方就吹得快，难的地方就一直停顿，慢慢便失去兴趣，也不愿意练习。

缺少乐器练习也是中小学管乐团建设的问题之一，一些由学校购买的乐器，只能在学校使用。即使学校允许带乐器回家练习，但一些大件乐器比较沉重，也不方便来回带，因此课后学生基本上没法练习。

（七）管理处于探索阶段，制度不健全

中小学管乐团训练对纪律有着非常高的要求，教师无论是对某一声部进行教学，还是进行个别指导，都必须要求其他学生保持安静。可是学生脱离了文化课的学习环境，加之指导教师一般不是本校教师，这就容易使得学生学习态度松散，出现开小差的行为，例如玩乐器、玩谱架、玩调音器等，甚至聊天，从而导致整个乐团缺少纪律性。

乐团建立初期，学生都比较认真，非常配合教师。但是如果没有一个明确的规章制度，后期就会出现许多的问题。比如，教师制定的一些要求，总是当时有效，一段时间后，学生又忘了，同一办法在后期可能就达不到初期的效果了。因此，在乐团成立之初，建立明确的规章制度，包括乐团排练制度、乐团作业制度，并与所有的团员约法三章，才能够有效推动乐团建设。

（八）除比赛、演出外的其他活动较少

乐团应有自己的固定活动，诸如组织观看音乐会、校际交流活动、新团员入团仪式、毕业生退团仪式、集体生日会、外出团建活动等，但这些都需要学校、管理教师、家长的支持与配合，也需要一定的资金支持。因此，社团需要常规的运营经费，来支持乐团除比赛、演出等重要活动之外的一些其他活动，从而增加乐团凝聚力。

近几年，各地管乐学会和教育部门组织了各种管乐赛事与活动，例如每年的全国优秀管乐团队展演、“中国音乐小金钟”全国中小学生管乐独奏展演等。中国管乐学会每年都会举办全国性质的管乐指挥培训班、全国行进管乐师资培训等教师培训，邀请国内

一流的管乐专家授课，帮助管乐教师更好地进行管乐团的辅导，各地的交流也因此大大增加。在互联网技术极其方便的今天，国内已经有不少管乐群、管乐公众号。此外，各种资讯、曲目等都会在中华管乐网和中国管弦网上及时更新，这些都推动了中小学管乐团的发展。但是，我国中小学管乐团离真正的繁荣、全面普及仍有较大差距。

三、中小学管乐团的作用

管乐团是丰富学生校园文化生活的重要途径之一，可以有效提升学生的审美能力与音乐素养，具有锤炼意志品质，培养团队精神，锻炼组织能力，提升综合素质等多重作用与优势，是德育、美育、智育、体育的综合载体。

管乐团是学校音乐教育的重要组成部分，是音乐课堂的补充与拓展。大部分的学校，每周上两节音乐课，每次 35—40 分钟。相比教育部规定的学生每日校内外体育活动不低于一个小时的要求，音乐活动时间非常有限。音乐课堂通常以歌唱、欣赏音乐内容为主，器乐所占比重较小，因此管乐团是音乐课堂的有效补充。通过管乐器的演奏，可以使学生对音乐作品的理解更深入，进而提升学生的审美情趣与鉴赏能力。因此，管乐团也是实现美育的重要途径。

管乐团能够有效提升中小学生的音乐素养与演奏水平。管乐团作为音乐类活动社团，不仅能提升乐团学生的音乐素养，还能让其他未参加管乐团的学生在耳濡目染中对管乐产生更多兴趣，借此能够了解更多管乐知识。管乐器的入门学习相对容易，许多中小学管乐团都会招募零基础的团员，通过一段时间的学习，其识谱能力、音乐基础知识、节奏感、音乐表现、合奏水平等都能得到明显的提升。而那些本身就具有管乐特长的学生，在乐团合奏中不仅能够聆听交响化的立体声效果，习得审美感知，还能够通过长期的训练有效提高节奏感、乐感、合奏意识。

管乐团能够锤炼中小学生的意志品质、提升他们的精神面貌。管乐练习过程锻炼了学生吃苦耐劳、坚持不懈的精神。学习过程中，学生常常会遇到各种困难，需要放慢演奏速度，逐渐学会让身体各部分完美配合，通过手指的精密运动、眼睛的提前识谱、耳朵的聆听判断、气息的积极调动等，演奏出流畅的旋律。初学阶段的学生或许仅仅演奏十分钟就感觉疲惫，但经过耐心学习，逐渐可以坚持吹奏半个小时甚至一个小时。显然，一遍遍地重复练习，需要学生高度的耐心与专注。因此，长期的管乐学习，有效锤炼了学生的意志品质。

管乐艺术作为需要所有团员积极参与配合的团体艺术，可以让中小学生学会合作与协调，培养团队精神与集体荣誉感。管乐团有内部的组织架构及严明的纪律，可以提升中小学生的组织能力与领导力，提高综合素质。

管乐团教育作为美育的一部分，与智育、德育、体育相辅相成，能全面促进学生身心健康，树立健全人格。研究表明，管乐演奏会让大脑皮层处于高度活跃状态，有效提高学生的注意力和记忆力，这也是我们常说的“学习音乐会让孩子更聪明”。管乐作品大多为积极向上的作品，所表达的精神和主题是德育的一部分，学生在音乐中抒发情感，同时也释放了学业的压力。管乐演奏让学生的身体得到锻炼，精神得到放松。此外，管乐演奏对于身体也有一定的好处，例如演奏时要求的姿势可以帮助学生改善一些弯腰驼背的体态，培养中小学生像军人一样的精神面貌；管乐器对于气息运用有较高的要求，长期吹奏练习可以有效提升学生的肺活量；手指的精细运动也大幅提升了手指灵活度；等等。

参加乐团的体验也是中小学生人生中一段宝贵又难忘的经历，给他们的学生时代留下深刻的印象。这些参加管乐团的学生们，今后在大学乃至社会的管乐团中依然可能扮演着主力军的角色。相比其他艺术形式来说，管乐团的演出可以做到多种场合适用，可以成为展现音乐育人、校园文化的美育品牌。

总之，管乐团建设对国内中小学生德、智、体、美、劳“五育融合”来说，具有重要的、积极的意义。

第二节　中小学管乐团的组织与建设

一、树立正确观念

管乐团建设作为美国、日本等发达国家普遍推广的素质教育形式，对团员来说，具有培养团队精神、锤炼意志品质、锻炼组织能力、提升综合素质等多重作用与优势，是德育、美育、智育的重要载体，也是校园文化建设的重要载体。

教育主管部门应加强政策引导，颁布一系列利于推广管乐、发展管乐团的方案。例如协同地方管乐学会举办管乐展演、比赛等活动，加强管乐师资交流培训，深化高校管乐人才与中小学对接等。教育部门通过文件下发、申报项目、校长会议等措施，引起各校的重视，并为建设中小学管乐团的学校提供帮助。在这方面，福建省教育厅的做法比较值得学习，福建省于 2017 年 4 月启动了学生乐团建设项目，分层次、分期培育建设 15 个示范性高水平学生乐团和 85 个普及型学生乐团，并对每个乐团的建设提出了具体的要求。当然，政府在颁布政策的同时，需加强对正确观念的引导，减少各校在乐团建设方面的功利性。

国内许多地区的中考有艺术特长生加分政策，这在一定程度上刺激了管乐学习的发展。学校可以通过一些政策，推广管乐团，激发家长、学生、班主任的积极性。比如管乐团团员可以优先评选三好学生、乐团人数较多的班级可在先进班级的评比中加分、在班主任考评中增设附加分等措施。学校的乐团可以与当地相对专业的管乐团进行对接，学校乐团中表现优异的学生经过考核可以优先进入官方的半职业化管乐团，享受更优质的管乐教育，甚至在一些名校的招生考试中可适当增加额外招生名额。同时也要注意避免过多的功利性观念，变成为了获奖、加分、升学而去参加管乐团。让管乐教育更多的面向大众，具有一定的普适性，让每一个参加管乐团的学生都能体验到合奏的快乐，体验到音乐的美。

发挥社会媒体的宣传功能，让更多人认识管乐团，感受到管乐艺术的魅力。日本有一些关于管乐方面的动画片，如《吹奏吧，管乐团》《吹响吧，上低音号》等讲述学校管乐团的故事，以及宣传管乐团带给学生的成长。又如连续剧《敬仰吾师》中宣传了日本管乐教育的方法、理念。这些动画片、连续剧为管乐艺术的宣传与普及做出了重要的贡献，非常值得我们学习。

音乐教师可在音乐课堂教学中加入更多管乐相关知识，进行管乐的普及化教育。音乐教师可以设置丰富的管乐教育活动，让每一位学生都能对管乐产生兴趣。例如管乐器的认识与听辨、管乐团作品的欣赏、管乐动画的观看、管乐器进课堂等。学校及管乐教师可以通过家长会等形式，帮助家长正确认识管乐团、明白学习管乐器的好处，并纠正一些错误的观念。家校合作，践行育人理念，于学生而言，这不仅是学习一门乐器，更能促进自身全面发展，真正提升核心素养。

此外，学校要尽可能为乐团建设提供充足的资金。管乐团在乐器、师资、服装、乐谱等方面都需要一定的经费，合理利用资金，在质量、价格上寻求平衡，尽可能购买高质量的乐器，以使乐团的整体声效更为和谐。当然，也不需要走向另一个极端，因为经费宽裕就为初学者购买昂贵的乐器，这一定程度上会造成浪费。在打击乐器与色彩性乐器的购买上，要争取一次性到位，至少要保证所采购的乐器能有 10 年左右的寿命。

二、提升师资水平

师资是中小学管乐团建设的核心。总体而言，目前国内提升中小学管乐团师资水平有以下几点举措。

1. 创新高校人才培养模式

积极建设高校管乐团，加大管乐人才的培养力度。有条件的院校可以开设管乐教育专业，如四川音乐学院 2012 年起开始开设管乐教育专业（现为管乐与乐队训练专业），面向全国招生，通过管乐器的演奏、管乐指挥、管乐教学、室内乐与行进乐排练等课程，为各地培养专业的管乐师资。管乐上手较快、见效快、合奏演出效果好，有音乐教育专业的本科院校也可以积极开设管乐选修课程，该专业学生经历两三年的管乐团学习、排练、演出，学成后也能承担中小学管乐团的相关教学与管理工作。

2. 打通高校与中小学的校际合作

对具有管乐特长的高校学生进行教学方法的相关培训后，可以让他们进入中小学管乐团进行教学实践或顶岗实习。这一方面可以弥补目前管乐师资不足的现状，另一方面也可以为管乐师资的培养提供实践平台，使具有管乐教学经验的毕业生在就业市场上更具有优势。

3. 走校教学，打破学校壁垒

为了解决中小学管乐教师师资不足问题，可以采取区域内师资走校制，比如 A 校有长笛教师，B 校有单簧管教师，C 校有小号教师，这些学校可以打破壁垒，相互合作，A 校长笛教师可以进入 B 校、C 校等其他多所学校社团教授长笛，B 校单簧管教师则也可以进入其他学校社团教授单簧管，以此类推，相互借用。这样有利于充分利用当地管乐教师资源，发挥各专业教师的优势，加强管乐教师之间的合作与交流，共同提高当地的管乐整体水平。

4. 举办管乐师资培训班

由各地管乐学会与教育部门牵头，举办管乐师资培训班，邀请国内外管乐专家进行授课，纳入教师学时培训课程体系中。管乐师资培训班应考虑不同教师群体的需求。针对无管乐基础的中小学音乐教师，可以开设基础管乐器入门、管乐团指挥、组织管理等课程，通过考核后，给予他们一定的学时培训学分，助力其更好地管理管乐团，并在音乐课堂中融入更多的管乐普及性知识。针对专业的管乐教师，可以提供更多专业的教学内容、教学方法培训，可开设各乐器专业提升班、管乐教学法提升班等，由专家进行指导并在考核合格后，颁发师资认定证书，助力其掌握更多的教学法，从“奏好”走向“教好”，提升管乐教学水平。除线下师资培训，高校及管乐学会等还可以通过开发线上管乐精品课程，让各地管乐教师更方便、更系统地接受专业管乐教学指导，以随时解决日常教学中的问题。

5. 加强管乐教师队伍管理

中小学一方面可以依托学校制定的规章制度，以及和社团运营、考核有关的规章制度，来规范管乐师资队伍；另一方面可以与当地音乐家协会或行业协会联合起来，通过行业协会来对管乐教师进行专业化管理。这会在一定程度上保证管乐教师队伍的纯洁性。

6. 举办管乐教学技能比赛

教育部门举办相关赛事对教师的演奏水平、教学技能、指挥、优质排练课等进行评比，不仅要面向校内音乐教师，也要面向社会管乐教师。将优秀的教学方法、案例进行推广，进行乐团排练观摩，打造各地示范管乐团品牌、优秀管乐教师名片。通过一系列相关赛事活动来提升管乐教学水平。

7. 建立教师管乐团

有条件的地区可以在当地音乐家协会的指导下，成立教师管乐团，并定期邀请专家对教师管乐团进行指导。让管乐教师在参与合奏中提升自我，同时加强管乐教师间的交流。

三、规范建设流程

（一）取得学校支持

第一，管乐团需要取得学校领导的支持。在乐团组建过程中可能会遇到各种问题，诸如确定管乐团日常的训练场地、训练时间、师资、乐器购买等。如果有学校领导的支持，许多问题就能迎刃而解。

第二，训练场地方面，应尽量争取一个管乐团专用的大教室及多个分声部训练教室。训练时间根据各校情况安排，例如从晨读、午休、放学后的托管时间和社团活动课、周末等时间中选择分声部教学时间与合排时间。

第三，乐团中十几种乐器的教学需要足够的师资，在师资较为匮乏的情况下，一位教师可能需要兼任多个声部的教学，例如小号教师兼上低音号、次中音号声部教学，萨克斯教师兼单簧管声部教学等。通常是校外教师进行教学，校内教师主要进行管理与组织工作，会管乐的教师也可承担一些教学工作。

第四，资金充足的学校可以按照编制要求购买全部乐器，利于后续招生。如果资金紧张，可先行购买打击乐器，比如交响大鼓、小军鼓、定音鼓（2—4个）、大镲（建议购买专业大镲，声音效果差别较大）、吊镲、木琴或马林巴、钟琴或颤音琴、管钟、铃鼓、音束、三角铁、牛铃等。个别打击乐器可根据曲目需求，后续购买。一些相对冷门的低音乐器也建议学校将其作为乐团固定资产进行购买，例如大号、上低音号、次中音号、低音单簧管、上低音萨克斯、低音萨克斯等。在经费允许的情况下，尽量选择大品牌的乐器，好乐器发出的声音更协和悦耳，保养也会更轻松。从乐团整体考虑，同一品牌的乐器利于整体声音的融合。

第五，确定管乐团招生面向的年级范围。许多管乐器最好是等学生换牙后或手臂够长时再开始学习，一年级学生在理解能力与自控力等多方面与其他年级学生仍存在差距，因此小学阶段的管乐团招生可面向二到五年级，及基础较好的六年级学生。初中阶段，因学业压力较大，基本上是面向有一定管乐基础或特别热爱管乐的学生。

（二）宣传与通知

可以在音乐课堂上介绍管乐器及管乐团，激发学生对管乐的兴趣。例如演奏管乐器、听辨管乐器、欣赏管乐演奏音视频、播放管乐动画片等。将相关宣传内容及初选通知发给各班主任或音乐教师，由班主任或音乐教师转发至任教班级家长群。在保证面向全体学生的基础上，尽量让班主任推荐有一定音乐基础或各方面表现较好的学生来报名参加。如果学生因为学业成绩差经常会被留下来补作业或者订正作业，会影响到后续的管理与教学。

（三）选拔学生

学生音乐素养好不好、适不适合学习管乐器、能否遵守纪律，对管乐团后续的建设很重要。选拔学生时，可将座位根据乐器进行分组，如长笛组、单簧管组、萨克斯组、小号组、打击乐器组、任意组等。让学生先根据自己有意向的乐器选择座位，如果没有明确的意向可以先入座任意组，由教师视学生的条件与乐团编制进行分配。

初步入座后，进行乐器介绍，在了解各种乐器的基础上，再根据学生自身的条件提出一些个性化的建议，如嘴唇厚薄程度、牙齿整齐情况、手臂手指长度等。例如长笛声部最终需要 8 人，但初选入围名额可以略多，为 12 人，然后再通过以下方法进行再次选拔：让学生嘴唇闭上后说“pu”，说“pu”时口风尽量小，如唇珠过大使得嘴唇中间出现两个小洞，口风呈“M”状，则不建议该学生选择长笛。再如大号声部最终需要 2 人，可初选入围 3 人，再选择嘴唇偏厚、力气大一些的学生。在实际操作过程中，选择长笛、萨克斯、小号等乐器的学生可能偏多，而选择低音铜管乐器的学生一般会偏少，对此，教师可多多鼓励学生选择相对冷门的乐器，尽量保证编制平衡。

任意乐器组的学生进行初选分配后，各分声部教师需在声部内根据学生身体条件对其进行更细致的确认，并进行音乐素养测试。通过测试的学生可以收到乐团录取通知单。发出的录取通知单数量可超过实际录取人数，因为一些家长可能会不同意学生加入管乐团。录取通知单可包含录取祝贺语、乐团简介、师资简介、训练时间及开课时间、训练地点、家长会时间地点、咨询电话、微信群等信息。

（四）举办家长会

家长会是帮助社团指导教师与团员家长沟通的平台，也是充分引导家长支持社团排练的重要桥梁。教师在家长会中可以介绍加入管乐团的好处、乐团师资及乐器情况等，同时也要给家长树立正确的观念，家校合力促进学生管乐学习。有很多过时的传统观念限制了家长的一些判断，比如女孩不适合吹铜管乐器，嘴唇厚的不适合学小号、圆号等乐器，这些观念，现在已经被认为是不科学的，日本很多管乐团都是由女孩吹奏铜管乐器，而且不分嘴唇薄厚都可以学得很好。实际上，乐器学得好坏，不仅仅取决于自身条件，更重要的是科学的训练方法及充足的练习时间。若是由学生自行购买乐器，可提供多种价位的乐器由家长进行选择，在家长会的最后，建议教师留一些时间为家长们答疑解惑。

四、加强品牌建设

（一）共创乐团品牌

管乐团教育是美育的一部分，我们需要加强乐团品牌文化建设。例如让学生自己设计乐团的团名、团旗、团徽、团服等，形成乐团品牌。在各种活动中展示团名、团旗、团徽，以及统一的团服，无形中加强对乐团的宣传，更加强团队的凝聚力。

教师也可以给每个学生发放团员证（图 4-2），证件内容包括乐团的团员守则、注册记录、考核记录、活动记录、退团手续等，便于加强对每一个团员的管理。毕业后一本小小的团员证将是学生对乐团满满的回忆。

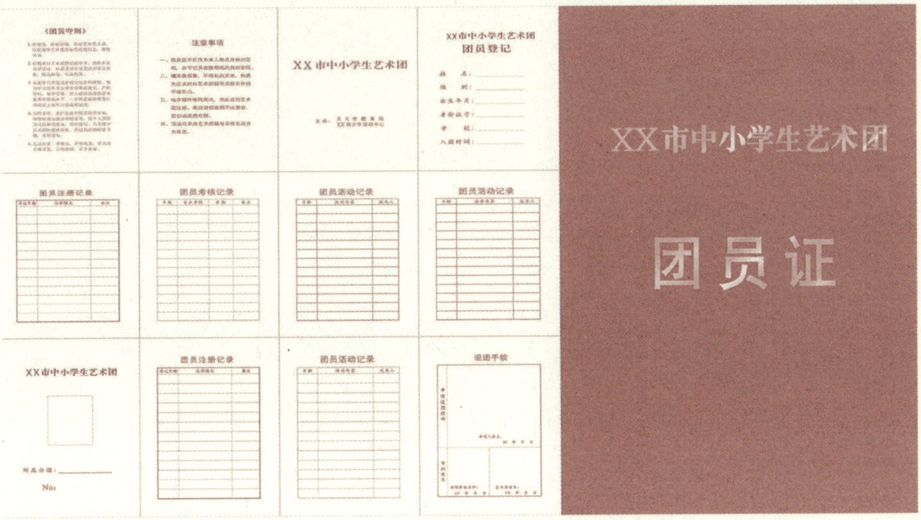

图 4-2　某中小学生艺术团团员证

（二）制定年度计划

管乐团教师团队可以制定年度计划或者学期计划，包括招新、家长会、比赛、演出、音乐会等各种活动计划，也包括专业训练安排与德育工作计划，甚至还可以包括教师发展计划，如定期的教研活动、教师排练、教师专业提升活动等。定期举办活动是乐团文化品牌建设的重要部分。教师要注意避免过度训练，如果乐团长期都只有排练、演出，却没有其他的活动，一些学生就可能会产生消极的情绪，对管乐失去兴趣。管理教师可以建立管乐团家委会，组织各项活动。除了比赛、演出以外，可以安排集体生日会、聚餐活动、毕业生离队仪式、颁奖仪式等多种形式的活动，增进师生情谊、同学情谊，加强乐团团员凝聚力，让乐团成为学生另一个温暖快乐的大家庭，让每一位学生爱上乐团。

（三）成果汇总与宣传

管乐团的品牌文化建设离不开乐团的实力，而成果一定程度上是乐团实力的证明。每次的比赛活动后，教师都要整理相关的成果与活动资料，包括照片、视频、奖状、曲谱等，撰写宣传稿发布在学校公众号上进行宣传，有条件的也可以联系媒体进行报道。乐团每学年都需要将成果进行汇总，包括乐团成果与学生个人相关成果，对照片与奖状的电子稿进行存档。

第三节　中小学管乐团的日常管理与教学

一、重视乐团管理，健全规章制度

没有规矩，不成方圆，为了管乐团的长久发展，健全的制度建设是必要的，并且最好在乐团成立之初就加以落实，并在每一次招收新团员进乐团时进行强调，逐渐让学生习惯相关的规章制度，形成乐团公约，自觉落实。以下是一些有效的措施。

（一）课堂管理

1. 按时参加训练

学生按时参加排练，由各声部组长进行点到。迟到、缺席需要扣除个人分数，并由管理教师联系班主任了解缺课原因。特殊情况请假需提前，不得由同学代为请假。

2. 排练过程需保持安静

学生不能随意讲话，或者使调音器、谱架等发出声音。如有问题可以举手提问。

3. 教师发言，学生全程注视

教师发言，学生全程注视。该要求看似过于严格，但是有一定效果。一则对学生的注意力提出了要求，学生注视教师时往往不会做其他与课堂无关的事情。二则是引导学生尊重教师，在教师讲话时认真倾听，培养学生尊师重教的意识。

4. 相关常规制度

制定相关常规制度。例如学生提前早到五分钟自行按照调音器调音；教师做“收”的手势动作时学生停止演奏，等待教师讲话；用口令管理课堂秩序，如教师说“一二三”，学生集体回答“静下来”等。

（二）物品管理

管乐团的物品包括乐器、谱架、桌椅、曲谱书籍、多媒体设备、服装、办公用品等。

1. 乐器维护

训练结束后需对乐器进行清洁保养后装回乐器盒，打击乐器只允许在教师同意的情况下演奏。教师可以在每次训练结束前，专门留两三分钟的时间，让学生清洁、整理乐器，使学生养成良好的习惯。一些学生对乐团丰富的打击乐器充满好奇，喜欢随意敲打使其发出声音，这不利于打击乐器的保养。一味禁止并不是个好办法，教师可以专门抽出时间简单介绍每种打击乐器的演奏方法，并让每位愿意共同保护打击乐器的学生简单尝试演奏并定下相关保护公约。

2. 乐器盒、谱架等需放置在指定位置

每个学生都有固定的乐器、谱架放置位置。排练前从指定位置拿出乐器后，乐器盒需放回原位，而不是放在学生座位附近，这样便于教师走入学生中间进行指导。排练后乐器、谱架要放回指定位置，有利于教室的整洁。

3. 每次排练结束后将桌椅、谱架恢复成排练前的状态

有个别管乐团学生，训练一结束就离开教室，留下一片狼藉。管乐教师可以制定具体而细致、操作性强的行为规范。比如细致到某一排的椅子要对齐某一根线，谱架高度与某处平齐等。

4. 卫生值周轮流表

学生按照值周轮流表顺序和内容，进行常规排练后的卫生打扫，并由组长进行检查。

排练结束后，教师及时关闭多媒体设备、灯、门窗等。一些长期闲置的乐器，乐团管理教师需要定期给其上油，做好保养工作。如有损耗，需及时上报学校。除了常规清洁，还要定期请专业人士进行乐器保养维修。

（三）学生管理

发挥学生的能动性，建立清晰的组织构架，进行学生管理。乐团教师可以设立尽可能多的职务，让更多学生担任职务、参与乐团建设，如团长、副团长、木管组长、铜管组长、声部长等职务。这有助于增强学生的责任心、锻炼学生的领导能力、组织能力与协作能力，同时也促进了各项制度的落实。以下是某管乐团学生理事会管理细则。

×××管乐团学生理事会管理细则

一、管乐团学生理事会设立理事长一名、理事若干（负责组织、学习、纪检、生活后勤），声部长按声部编制情况各声部设立一名，协同学生理事会进行管乐团的日常管理工作。

二、管乐团理事会每年竞选一次，竞选程序：

1. 团员向团长申报，由团长根据团员实际表现确定候选人名单。

2. 候选人进行竞选演说，全体团员投票表决。

3. 由团长主持理事会会议确定分工，并发放理事聘书。

三、理事会成员工作原则：

1. 理事会成员以服务团队为本，管理上应遵循客观、公正、公平、民主的原则。

2. 理事会成员只负责自身职责与能力范围内的事项，对于超出职责与能力范围的事项，应及时递请负责老师解决处理。

3. 理事会成员之间既分工明确，职责清晰，又要密切沟通，协调配合。

四、理事会成员工作细则：

• 理事（组织协调）

负责团队日常排练与活动的总点名；协助指导老师组织各类会议、演出和活动；搜集、整理团员档案；及时征集团队意见与建议上报。

• 理事（专业业务）

协助老师做好有关专业测评、考核等工作；分发、管理乐谱等学习资料；及时了解和帮助学习中有困难的团员；在专业学习中起示范带头作用。

• 理事（纪律监督）

负责团队日常排练、演出和各类活动的纪律管理；及时表扬团队生活中的好人好事，及时纠正团队生活中的不良行为；负责每月考勤表、考纪表的统计、填写及反馈。

• 理事（生活后勤）

负责训练场地的卫生督导工作；协助老师进行活动过程中的餐饮管理、演出服装管理。

• 声部长

协助老师及理事会成员对所在声部进行管理，在声部中起到骨干带头作用。

五、理事会应在团长的指导下开展各项工作，其主体工作是服务，其次是团队管理。

六、理事会应根据团长指示，制定理事会的工作计划并定期举行理事会会议。

学生管理不局限于各项制度的落实，在管乐学习的内容上，演奏水平高的学生可以担任助教。乐团要鼓励新老团员进行结对，提倡老团员带新团员。日本许多优秀的管乐团可以仅由一位教师管理整个乐团，其中一个重要原因是高年级的学生会以老带新的模式，协助声部教师完成教学，极大地提高了社团教学与管理的效率。

（四）资料管理

管乐团的资料包括曲谱与书籍资料、活动演出资料（音视频、照片、新闻宣传等）、人员信息资料、课表、招新资料、家长会记录、各类通知等。目前许多中小学管乐团大多在资料管理方面较为欠缺。所以，建议乐团在成立之初，指导教师就应加强资料收集和管理工作。有精力的教师可以登记每一位学生的相关信息，为每一位团员建立个人乐团档案。管乐教师还要有意识地建立乐团曲目库，包括曲谱与音频、视频资料，其中曲谱与书籍资料应注重版权保护。这些资料是每一位团员的宝贵经历，也是乐团成长的见证。

（五）其他方面

乐团的管理可以积极运用斯金纳的强化理论，进行正强化、负强化，即奖励、惩罚。例如运用积分制度确定一系列行为相应的得分与扣分。积分制度要明文规定，并进行公示，而不能仅停留在教师口头上，具有不确定性和随意性。再如，把每次排练中表现最佳的团员发到家长群公示表扬，进行及时的激励。

乐团可以进行定期的技能考核，实行淘汰制或排位赛。淘汰制有利于加强管乐团与预备团或兴趣班学生之间的流动性。技能考核不过关或积分过低的学生回到预备团，预备团中的优秀团员经考核后及时补充进乐团。排位赛则让团员先根据演奏水平、上课表现、练习情况等依次进行声部内的座位排序，后期团员再按座位顺序挑战，队员可以挑战队长，队长可以挑战团长。挑战人的累积练习时间要求大于被挑战人，挑战内容可以是音阶、乐曲等，挑战人挑战成功不仅可获得被挑战人的座位，还可以额外获得奖励。每学年评选优秀团员，对其进行表彰与宣传。以下是某管乐团团员的考核办法。

×××管乐团团员考核办法

为表彰在管乐团学习、活动中表现突出、成绩优秀的团员，促使广大团员积极主动地参与艺术团活动，全面提高自身素质，特制定本办法。

一、基本原则

1. 考核工作应遵循公平、公正、公开的原则。

2. 考核以平时训练、演出活动记录和当年专业考核成绩为主，同时结合参加演出、比赛的实际情况计分。

3. 考核情况以数据量化说明。

4. 每学期统计、评议一次，由团长审定并公布。

二、考核内容

1. 组织纪律：出勤、品行和团队精神等。

2. 专业能力：专业业务水平和演出能力。

3. 活动成绩：参加演出、比赛所获得的成绩（以加分的形式算入总分）。

三、考核方式

1. 组织纪律（总分 45 分）：各团队将团员常规的出勤率和训练情况作为考核的基本依据。出勤率设 15 分，训练情况设 15 分。同时，在团队责任教师的指导下，由学生理事会主持以“民主评议”的形式对团员个体的思想品德及团队精神进行自评和他评，此项设 15 分。

2. 专业考核（总分 55 分）：每学期考核一次，由本专业指导教师依据学期训练内容出题考核。各团队自行负责统计、公示及归档。

3. 附加分（每次参赛加分不超过 2 分）：参加由政府部门主办的市级、省级、全国比赛，个人成绩优秀者可在总分上酌情加分。参与管乐团管理的学生理事会成员集体按统一的标准进行加分。

四、优秀团员评选条件

1. 团龄一年以上。

2. 遵守团规，专业突出，有较强的合作精神，品德优秀，无违章违纪行为，全年各项考核成绩优异。

五、优秀团员评选方法

按团队总人数3%的比例，根据考核得分从高到低划定优秀团员候选人。再由全体团员通过民主投票的形式从候选人中推选出年度优秀团员，优秀团员人数为总人数的2%，并进行网上和张榜公示一周。最后的考核结果以优秀、合格两档登记在团员证上，优秀团员名单上报市教育局。

二、选取适宜内容，提升排练效率

（一）选取合适的教学内容

目前大多管乐团没有体系化的教学内容，适合中小学生的管乐作品也较少。在教材与教学内容的选取上，管乐教师不能一味照搬国外的经验，要注意结合本乐团的情况。管乐教师可以根据学生的学习情况，编创相关练习曲，建立校本教材。尤其要注重基本功的练习，不可拔苗助长或者只排练乐曲。比如用同一个音进行趣味节奏改编练习，或是在同音上做重音、保持音、跳音、循环换气、手指练习、渐强渐弱等训练。在调音与热身练习环节，可以融入大量的节奏练习、强弱变化练习等。在排练曲目的选择上要挑选适合本校管乐团水平的曲目，要考虑编制、难度、风格等。除了排练应对比赛的较高难度作品外，也可多排练学生喜欢的流行曲目。

（二）教学形式多样化

线下教学与线上教学相结合。每一次线下课后，教师可以把本课练习内容与注意要点、示范视频等发给家长，辅助学生更好地练习。也可以定期在微信或者钉钉家长群中发时长2—5分钟的乐理知识、视唱或视奏练习、乐曲欣赏等视频内容，以全面提升学生音乐素养，同时督促学生在家练习。

教学与音乐实践活动相融合，课外活动也是教学的一部分。每年举办乐团专场音乐会、独奏展示等，以演出激发学生学习乐器的积极性，使其学会演出礼仪，培养其自信、大胆的台风。带领学生参加丰富的校外音乐实践活动，例如观看音乐会、参加大师课等。

（三）选择规范的教材

目前国内已经出版了很多优秀的有关管乐团建设和管乐团排练的教材，这需要指导教师根据实际建设需求来选择使用，本节择要介绍其中几本。

1.《管乐队标准化训练教程》

《管乐队标准化训练教程》由布鲁斯·皮尔森编著，上海音乐出版社2006年出版。本套教程几乎涵盖了管乐团中的所有管乐器及打击乐器的训练。内容从乐器到乐器历史，从简单旋律短句到完整乐曲都有详细介绍，包括演奏索引、乐曲指法表等内容。值得一提的是，此教材对音乐理论知识和管乐演奏技能均采用了由易到难、循序渐进的教学方法，且每项新内容都用有针对性的世界名曲进行配套训练。另还有指挥专用的配套总谱《管乐队标准化训练教程配套曲集——乐队总谱及教师用书》，其中包括了所有出现于《管乐队标准化训练教程》各分谱中的曲目。

2.《管乐队标准化训练教程》

《管乐队标准化训练教程》由于海主编，首都师范大学出版社 2018 年出版。该教材是国内第一部由中国人编写，内容全部为中国乐曲的中国化管乐队教材。教材试图将不同地域的民歌、不同风格的曲调等中国音乐元素运用在教材的作品中，旨在通过作品体现中国的文化风格，让管乐学习者在学习管乐的同时，潜移默化地传承中国音乐元素和中国传统音乐文化，培养爱国情怀，增强文化自信。具体来说，该教材主要由以下三部分内容组成：各乐器基本演奏方法；乐队基础训练，如节奏、音程、音准、吐音练习；委约作曲家专门为本教程创作的新的中国管乐作品 24 首。

3.《雅马哈管乐队训练教程》

《雅马哈管乐队训练教程》由日本乐队诊所（Japan Band Clinic）委员会编撰，上海音乐出版社 2019 年出版。该套教材秉承“从发音到音乐表现”的全程贯通理念，尽可能地编入了大量从个人练习到大合奏的多种组合练习内容，包括演奏理论的解释、乐团的指导方针等，充分考虑了乐队演奏实践的需求及当今吹奏器乐的变化和发展现状。

4.《首套 3D 式管乐队基础训练教材：成为优秀管乐团的三维方法》

《首套 3D 式管乐队基础训练教材：成为优秀管乐团的三维方法》由詹姆斯·普罗亥和乔治·泽普编著，中央音乐学院出版社于 2013 年出版。该套教材配有 1 本指挥总谱和 17 本乐器分谱，内容分为三个部分：调音—热身；调训练；节奏训练。总体思想是建构三维方法，减轻排练压力，达到事半功倍的效果。

此外，还有一些优秀的管乐教程，如理查德·威廉姆斯、杰夫·金的《根本管乐合奏教程》（*Foundation for Superior Performance：Warm-ups and Technique for Band*）等，指导教师可根据乐团情况进行选择。

第四节　中小学管乐团的常见问题与对策

一、排练内容枯燥与学生兴趣问题

一些管乐教师演奏水平高但不擅长教学，教学内容枯燥，排练效率低，甚至课堂秩序混乱，致使学生逐渐失去学习兴趣。教师在教学过程中可以融合更多先进的教学方法，多多关注知识性与趣味性的平衡，如可以把乐曲中的困难片段拆分以降低难度，采用闯关等游戏化形式，每一关都提出新任务，逐步达到目标要求与效果。

为了引导学生集中注意力，应避免长时间的疲劳训练。教师说话声音可以抑扬顿挫，声音大小适度变化，甚至发出一些“怪声”，以便引起学生的注意。例如，教师可以举一些贴近生活的有趣例子，用风趣幽默的语言提出演奏要求与注意事项。法无定法，长期使用一种办法，学生也会感到疲惫。教师可以综合运用各种教学方法，调动学生学习兴趣，引导学生集中注意力。在结束基本训练后可以让学生自由发言，回顾总结当日训练的要点。

管乐教育作为音乐教育的一种，同样要以审美为核心，培养学生的兴趣。多进行音乐素养的培养，音乐基本知识的讲解，引导学生感受音乐的美，体验合奏的魅力，而不是把学生变成演奏的机器。

二、演奏姿势与气息问题

演奏姿势问题看似简单实则不然，许多乐团都因姿势问题在各类比赛中吃亏。管乐教师要注意日常对学生演奏习惯的培养，而不是到演出比赛前再纠正。常见的姿势问题有：肘部夹紧身体、乐器下垂、弯腰驼背、歪头等。比如教师要督促学生注意坐立演奏萨克斯时应将其尽量放于双腿中间，个别学生手指按不到按键时可以将其放于右侧，但要注意坐端正。

气息是管乐演奏的重中之重，管乐、声乐的学习书籍都会介绍呼吸方法。一些学生因为初学时没有掌握正确的呼吸方法，甚至每一个音换一口气，造成乐句不连贯。管乐教师可以多让学生进行长音与气息的练习。管乐演奏所需的胸腹联合式呼吸，对于小学生来说难以理解，管乐教师可以参考以下易于小学生理解的呼吸教学方法。

首先提问学生：古人说气沉丹田，请问丹田在哪？再回答：丹田在肚脐眼下三厘米左右的位置。但是，气永远在肺里，它无法穿过胃到肚脐眼下三厘米左右这么深的位置。难道古人说错了？秘密就在于横膈膜了，横膈膜是分隔胸腔与腹腔的肌肉，它位于胸腔和腹腔中间，大致在肋骨下面。横膈膜往下一拉，气就被气压压进肺里；横膈膜往上一抬，气就被挤出去了。和学生讲解时，可以用针筒举例来帮助他们理解气压。针筒的活塞，往针头方向一推，水就被挤出去了；往针头反方向拉，水就被吸进来了。横膈膜就像活塞，横膈膜往下，气息就被气压压进来了；横膈膜往上，气息就被挤出去了，周围一圈的肌肉会和横膈膜一起收缩，包括丹田这一块。接下来，教师可以让学生模仿小狗喘气，用快速的呼吸来感受肚子的力量，同时进行快吸快呼的练习。除此以外，低头弯腰手臂下垂呼吸、躺下呼吸，都可以帮助学生找到气息正确发力的位置。同时需要提醒学生主动和被动呼吸的区别，针筒里的水是被动吸入、排出，和我们的气息是被动进出一样，当我们把注意力放在肚子上，呼吸便会更加自然和放松。

另一个可以增加上课趣味性的气息练习小游戏是把一小块纸片或纸巾吹到墙面上，让纸片保持尽量久的时间。这是一个气息长度与集中度的练习，需要控制气流的方向，把所有的气息集中吹到一个点上，把小纸片定住。需要注意的是多让学生去感受肚子的力量，并且保持与吹奏乐器时一样的口型。在这一过程中，如果学生进行了大吸大呼则是无效练习。

三、初学者运舌发音问题

初学者需要强调运舌发音，一些初学的学生在运舌发音方面比较薄弱，比如不区分连线与吐音，甚至每次吐音都需要换一口气，导致音乐不连贯。教师可以举例教学，气流就像水流，舌头切断气流就像手切割了水流，同时水源源不断地流出，气也要不停地送出，让学生用同音长音进行吐音练习，以此解决学生每次吐音需换气的问题。吐音音头过重会破坏音乐的美感，也要让学生多留意音尾的音准，控制气息。

四、合奏意识与演奏张力问题

如何解决学生合奏意识不强的问题？教师在日常训练中要让学生树立合奏的意识，重点关注聆听。例如进行多声部听力游戏，由教师指定曲目的片段，所有学生闭眼演奏的同时聆听有哪些声部在演奏，这会训练学生下意识去听其他声部的声音。在正常的演奏中，学生不仅要听个人和本声部的声音，也要听到整个乐团的音响，明确自己的角色，有分寸地在乐团中演奏，让自己的声音和整体声音融合在一起。在需要突出表现自己时，又能够让人捕捉到自己的声音，这需要做到音准、音色、速度、力度等统一。有一种声音融合的方法：让一位演奏员领奏音阶，然后其他乐器的演奏员进行音色、音准、音量的模仿，各乐器依次轮流，完成音阶的声音统一练习。

此外，学生要树立用余光看指挥的习惯。一些乐团在演奏过程中，学生常常只关注谱面，接收不到指挥给的提示，所以要经常提醒学生养成正确的演奏习惯。有些乐团在训练过程中，会存在越吹越慢或者越吹越快的现象，指挥甚至控制不了大家的速度。在乐团排练中可以使用节拍器，使学生逐渐树立正确的速度观念，一些有经验的乐团指挥常常会在热身环节进行各种节奏游戏，来解决这些问题。

力度的控制对于学生来说有一定难度，可以在基础热身阶段，进行强弱变化练习。教师平时可以做力度控制游戏，比如由一位学生将一张纸藏在某个学生的谱夹里，另派一位学生（藏纸时蒙眼）去寻找，其他同学演奏某一长音，根据其与谱夹的距离调整力度，距离越近，演奏的力度越强，以此提示纸的位置，直至该学生找到纸。在积极的方法作用下，乐团整体的演奏张力会很大，但同时要提示学生注意音准。

五、乐团音准与声音融合问题

乐团的调音不只需要调准标准音，因为即使标准音已经调准，也会存在许多其他音不准的现象。因此，国外一些优秀管乐团在调音环节可能需要花费一两个小时的时间。在乐团排练时间有限的情况下，即使不能做到非常准确，也不能忽视调音环节。同时，教师要清楚了解影响音准的因素有哪些？个人演奏水平会影响音准，比如，单簧管初学者的音准在乐团中更容易偏低；部分乐器本身不够精准，音准也会不好。此外，自然因素也会影响音准，如管乐器的音准会因温度而变化，温度高音偏高，温度低音偏低；铜管乐器由于受热比木管乐器更快，因此长时间吹奏后，铜管乐器的音会比木管乐器音更高，导致之前调准的音又不准了，所以，可以在乐团进行热身练习后再次调音。

日常排练过程中，建议每位学生用调音器实时关注各自的音准，并用拾音线连接调音器，防止互相干扰。此外，可以在热身练习中融入一些音准专项练习。

六、学生练习过少问题

针对普遍存在的学生练习时间过少的问题，一般教师可以采取让学生进行视频打卡、设立练习奖励等办法。这些方法的确有一些作用，但是依然无法解决学生练习时间紧张的问题。那如何让学生在繁重的学业压力下，保证练习时间呢？管乐专家荣艾国提出了十分钟练习法，不仅让学生能够保证练习时长，提高练习效率，而且还不占用文化课学习时间。以下是十分钟练习法的具体操作步骤：

（1）打开乐器盒、组装乐器，放置于安全的位置（不吹奏）。

（2）计时 40 分钟写作业、学习等（到点即停止）。

（3）计时 10 分钟进行管乐练习，这十分钟要注意效率，只能练习乐器，不能做其他事情（不允许超时）。

（4）计时 40 分钟写作业、学习等（到点即停止）。

（5）计时 10 分钟进行管乐练习。

……如此循环上述步骤，可依据个别学生注意力情况调整具体时长。

最后，将乐器认真地擦好放回乐器盒，培养学生保护乐器的意识。

这个练习方法有几个好处。第一，与文化课学习绑定，管乐训练作为文化课学习过程中的休息环节，既培养了学生每日练乐器的习惯，保证了学生每日的练习时间，又潜移默化地使学生对待乐器的学习像文化课学习一样认真；第二，每一个十分钟都是效率极高的十分钟，而不是一会儿喝水、一会儿休息的低效率练习；第三，科学研究发现这十分钟的音乐学习会帮助文化课学习后大脑皮层更快恢复，甚至比躺下休息十分钟，大脑得到的休息更有效；第四，此方法有助于学生专注力的培养和提升。

模块五
中小学民乐团建设

【模块构图】

- 中小学民乐团建设
  - 中小学民乐团的发展、现状与作用
    - 中小学民乐团的概念界定
    - 中小学民乐团的历史沿革
    - 中小学民乐团的作用
  - 中小学民乐团的组织与建设
    - 中小学民乐团的基本类型和特点
    - 团员的选择与储备
    - 师资力量的建设
    - 其他条件的创设
  - 中小学民乐团的日常管理与教学
    - 合理有效的管理
    - 系统完善的教学
    - 丰富多彩的实践
    - 经典中小学民乐团训练教材介绍
  - 中小学民乐团的常见问题与对策
    - 中小学民乐团的常见问题
    - 中小学民乐团问题的对策

【模块概述】

我国中小学民乐团萌芽于近代音乐教育，作为学生艺术实践的重要组成部分，其得到了一定的重视与普及。但就中小学民乐团发展现状而言，仍存在着诸多问题亟待解决。本模块主要从中小学民乐团的组织与建设、管理与教学、问题与对策来搭建脉络、梳理流程，以期为有志于组建中小学民乐团的教师提供一些思路与方法。

【学习目标】

1. 了解中小学民乐团的发展历史与作用。
2. 熟悉中小学民乐团的组织与建设。

【学习重难点】

1. 总结中小学民乐团日常教学的基本规律。
2. 针对中小学民乐团常见问题进行对策分析。

第一节　中小学民乐团的发展、现状与作用

一、中小学民乐团的概念界定

民乐团，是以中国民族乐器为基础而组建的演出团体，也是我国近代以来伴随着西方音乐的传入，而逐渐体系化、规范化的乐团形式，是中国人极为喜闻乐见的民族音乐演出团体，也被称为“民族管弦乐团”。

中小学民乐团，顾名思义是在中小学建立起来的民族管弦乐团，团员均为在校中小学生，一般人数为30—60人。

从具体的乐器演奏方式来看，主要是吹、拉、弹、打四类。

具体来说，吹管乐器主要有：梆笛、曲笛、新笛、高音笙、中音笙、低音笙、高音唢呐、中音唢呐、次中音唢呐、低音唢呐、管子等。

拉弦乐器主要有：高胡、二胡、中胡、革胡、低音革胡等，但更为常见的是使用西洋音乐的低声部乐器大提琴和低音提琴。①

弹拨乐器主要有：柳琴、琵琶、中阮、大阮、三弦、古筝、扬琴等。

打击乐器相对丰富和复杂，主要有鼓类（排鼓、大鼓、板鼓、堂鼓、定音鼓、小军鼓、大军鼓等）、钹类（小钹、大钹、吊钹等）、锣类（小锣、大锣、风锣、泰来锣、云锣等），以及钟、磬、缶、梆子、镲、木鱼、铃、三角铁等。②

二、中小学民乐团的历史沿革

在中国近代音乐教育中，学校体制内就已出现民族器乐的相关教学活动以及民族器乐组织。1914年8月山东省立第一师范学校开设艺体专修科，音乐课程有歌曲、乐器。1915年刘天华在常州任中学音乐教师时，组织了学生丝竹乐团。1916年4月北京高等师范学校成立校友会“音乐会”，设雅乐班、管乐队、歌咏队、竹笛队、步号队、昆曲组、高级音乐练习班等，师生员工皆可参加。③ 1918年上海梅溪小学音乐教师周石僧组织成立了丝竹演奏团体“国声社”。五四新文化运动后，西乐兴起，中国民族器乐艺术的教学发展空间比较有限，但一些新式知识分子纷纷组建起各类有关国乐的教育组织，比如由吴梦非、丰子恺、刘质平等发起的“中华美育会”，由郑镇昌、秦仲功发起的“国乐研究社”等，都一定程度上推动了民族器乐教学的发展。1920年9月河南第一师

---

① 康秋雅. 周煜国民族管弦乐配器技法研究［D］. 西安：西安音乐学院，2021：31.
② 吴蓉蓉. 悠扬的笛声第八课低音5的吹奏练习［J］. 中小学音乐教育，2018（8）：45.
③ 魏婷婷. 北京普通高校音乐教育发展史研究［D］. 北京：首都师范大学，2008：60.

范学校音乐研究会成立，下设多种民族器乐小组。同年，蔡元培发表《普通教育和职业教育》演说，提出民族器乐也能用于教学，批评一味模仿西方音乐教学的现象。1922年10月，“中华教育改进社”提出设法筹款创办管弦大乐队。1923年4月，段刚仁在上海《民国日报》的周刊上发表了《宣传国乐和改造国乐的我见》一文，建议“中学以上学校在校外音乐活动中应注意开展国乐活动”。①

1924年郑觐文组建了仓圣明智女学30人的女子古乐团，分弦、管、簧、械四组，并于当年6月8日举行了日夜两场古乐舞大会，这是我国近代历史上第一次以新的乐队观念组建的一支极具规模的民族管弦乐队。② 南京国民政府时期也曾出台关于学校音乐教育的相关规定。新中国成立后，颁布了多个“中小学音乐课标”，明确提出要在音乐教学中加入民族器乐教学、乐团艺术实践等内容，中小学民乐团趋于活跃振兴。

三、中小学民乐团的作用

2019年6月23日，中共中央、国务院在《关于深化教育教学改革全面提高义务教育质量的意见》中明确提出要坚持“五育”并举，全面发展素质教育。其中对学校开展艺术特色课程做出了明确要求，鼓励学校建立特色艺术团队，从而推进中华民族优秀传统艺术文化的校园建设进程。优秀传统文化的传承不仅是形式上的继承，更应该是培养学生发自内心的民族自豪感和自我认同感，而民乐团是我国优秀传统音乐文化的重要载体之一，通过民乐团排练，学生既可以轻松活泼的方式了解中华优秀传统音乐文化，又能够在亲身体验的过程中培养合作意识、主动探究意识，提升演奏水平、审美能力，增强自身核心素养。

（一）弘扬民族音乐，传承民族文化

《普通高中音乐课程标准》（2017年版2020年修订）提出：应将我国各民族优秀的传统音乐文化作为音乐课重要教学内容，通过学习民族音乐，使学生了解和热爱祖国的音乐文化，增强民族意识和爱国主义情操。2019年以来颁布的中小学音乐课程标准更加强调了民族音乐的重要价值，指出民乐团是学生感受民族器乐的魅力、感受不同乐曲审美风格特征的重要途径，是增强学生民族自豪感和民族文化认同感的重要手段。

（二）延展课堂，提升素养

在学校音乐课堂教学中，教师一般更注重对学生的歌唱教学和音乐欣赏教学，在歌唱、律动讲解中让学生了解乐理知识，培养学生的音乐欣赏、表达、创造能力。音乐课堂教学常注重理论知识的掌握而缺乏与实践的结合，民乐团则有效地延展了课堂教学，让学生在乐器演奏过程中强化对乐理知识的学习，加深理解，懂得运用，提升听音识谱能力；在乐曲讲解与处理中，提升学生音乐鉴赏与理解能力，培养学生个人的审美表现能力。因此，乐团的实践，能够使学生真正做到知、行、意的融合，实现音乐素养的提升。

① 李茉. 上海市初中学校民乐队现状调查与对策研究［D］. 上海：华东师范大学，2008：16.
② 乔建中. 国乐新说［M］. 上海：上海音乐出版社，2023：121.

（三）培养兴趣，发展特长

在“全面发展”的教育背景下，家长越来越重视孩子的综合能力，愿意培养孩子的音乐特长，学习一项或多项乐器。如杭州市大关小学要求人人会民乐，每位同学都有自己擅长的民族乐器。民乐团为学生提供了教学师资、搭建了互相学习的平台，同时各类表演、比赛，也让学生有了更广阔的表现舞台，去展现自己的特长，获得成就感。除此之外，民乐特长的培养还可以帮助学生顺利升学。不少学校都建立了自己的民乐团，为保证民乐团的衔接传承，学校通常会降分招收具有民乐特长的优秀生源。

第二节　中小学民乐团的组织与建设

中小学民乐团的组织与建设首先离不开学校的支持，其中包括乐器采购、活动组织、场地建设、师资配备、曲目收集等经费的支持，还包括排练保障、课务安排等政策的支持，这样才能确保学生有足够的时间进行训练、提升。同时，民乐团的团员选择、人才储备、师资建设、排练质量等关键要素也影响着乐团水平的高低，以及发展的长久性。

一、中小学民乐团的基本类型和特点

中小学民乐团受生源及学校条件等各方面因素的影响，其编制多为中小型。其中，小型乐团人数最少为 10 人左右，一般由 20—25 人组成，最多不超过 30 人；中型民乐团人数为 30—60 人。

（一）中小学民乐团的基本类型和常规编制

根据不同的组合方式，中小学民乐团的基本类型又可分为传统组合类型和特殊组合类型。传统组合类型有吹管组、弹拨组、拉弦组、打击乐组，四类组别齐全，但根据学情、校况，各组别乐器配置上可存在差异，常规编制如表 5-1。

表 5-1　中小学民乐团常规编制

组别	乐器种类	小型民乐团编制人数	中型民乐团编制人数
吹管组	梆笛	1	1—2
	曲笛	1	1—2
	高音笙	1—2	0—1
	中音笙		1—2
	低音笙		1—2
	键盘笙		0—1
	高音唢呐	0—2	1
	中音唢呐		1
	低音唢呐		1
	管子		1

续表

组别	乐器种类	小型民乐团编制人数	中型民乐团编制人数
弹拨组	柳琴	1—2	2—3
	琵琶	1—2	3—4
	中阮	1—2	1—2
	大阮	0—1	1—2
	低音阮		0—1
	扬琴	1—2	1—2
	古筝	1	1—2
拉弦组	高胡（可兼板胡）	1—2	4—6
	二胡	3—4	6—8
	中胡	1—2	3—4
	大胡（大提琴）	1—2	2—3
	低音革胡（低音提琴）	0—1	1—2
打击乐组	鼓类、钹类、锣类等	2—3	3—4
合计		16—30	36—57

传统组合类型在各组别乐器配置上应当遵循以下特点：第一，保证乐器音色的对比，形成四个乐器组别；第二，保证各组别内高、中、低音区的对比；第三，保证各组别间音量、音响的均衡。

此外，受到各种条件限制，有些学校无法建构起完整的四个乐器组，因此会组成单一乐团类型，比如吹管乐团、弹拨乐团、拉弦乐团、打击乐团。

（二）常见民族乐器的音色特征

1. 吹管乐器

梆笛，音高较高、音色清亮、具有穿透力，多用于北方戏曲的伴奏。

曲笛，音高较低、音色醇厚、旋律表现力强，多为江南丝竹、昆曲的伴奏。

笙，运用气息带动簧片发声的乐器，兼具金属和竹类乐器的双重音色，能够演奏和声，高音区清亮、中音区甜美、低音区柔和，分有高音笙、中音笙、次中音笙、低音笙，是乐团中重要的和声伴奏乐器。

高音唢呐，不同音区的音色对比较大，强奏时音色豪放粗犷、声音洪亮，高音区音色尖锐，演奏技巧丰富、表现力较强。

中音唢呐，低音区强奏音色浑厚、弱奏音色甜美，中音区逐渐明亮，高音区柔和单薄。

低音唢呐，高音区穿透力强，中低音区浑厚，适合演奏长音伴奏旋律。

2. 弹拨乐器

柳琴，弹拨乐组的高音乐器，音色明亮，辨识度高，擅长特点鲜明、活泼跳跃的旋律，演奏和弦时力度较强。

琵琶，音域宽广，音色具有颗粒性且多变，一弦清脆、二弦柔和、三弦醇厚、四弦苍劲，既能演奏单音，也能演奏和弦，表现力极强。

中阮，音色柔和优美，共鸣较大，其音色在乐团中具有较高的融合度，是中音声部的中坚力量。

大阮，音色醇厚扎实，多承担低音声部的和弦伴奏任务。

扬琴，音域宽广，为十二平均律排列，转调方便，音色变化丰富，低音区洪亮、厚实，余音共振较明显。中音区为主要演奏音区，音色明亮、清脆，高音区音色清亮鲜明，擅长演奏和弦、琶音，表现力极为丰富。

古筝，音量对比鲜明，低音区浑厚、中音区柔美、高音区清脆，演奏技法丰富，擅长增添乐曲色彩。①

3. 拉弦乐器

高胡，属于高音声部，音色明亮，更具穿透力。

二胡，属于中音声部，是整个拉弦乐组中表现力最为丰富的一件乐器，音色近似人声。低音区音色醇厚、较暗淡；中音区音色柔美、较明亮；高音区音色纤细、音量较小。二胡主要演奏线条性旋律，有时也承担伴奏任务。

中胡，属于中音声部，音色宽广、饱满且醇厚，适合演奏歌唱性的抒情旋律。

大胡、低音革胡（或大提琴、低音提琴），属于低音声部，音色低沉、厚重，通常承担节奏音型的伴奏任务。

4. 打击乐器

大鼓，强击声音洪大、宽厚，增加乐曲气势，弱奏营造紧张不安氛围，有鼓心、鼓框、鼓边、铆钉四个敲击位置。

定音鼓，乐团的最低音乐器，音色圆润、浑厚，共振明显。

排鼓，由小到大共有5个鼓组成，具有音高变化，穿透力强，常作为领奏、独奏出现在乐曲中。

木鱼，有单个和大小排列的木鱼组合，音色圆润、富有特色，可单击、双击、轮奏，音量适中。

梆子，音色清脆、扎实，可强可弱，属于高音乐器。

大锣，低音乐器，声音洪大悠远，余音较长。

京锣，高音乐器，音色嘹亮、余音较长。

小锣，高音乐器，音色轻盈、灵动。

小钹，属于高音乐器，音色清脆明亮。

中钹，音色高亢、响亮。

---

① 郑哲澄. 论弹拨乐组在民族管弦乐队中的作用［D］. 上海：上海音乐学院，2015：41-48.

大钹，属于低音乐器，音色洪亮、音量较大。

二、团员的选择与储备

团员个人演奏水平及综合能力往往关系着一个乐团的整体水平。因此，团员的挑选与储备是民乐团成立的首要任务。在这一方面，小学与初中有很大不同，小学为六年制，学校在经过生源挑选后，乐团往往可以从一年级开始培养团员，根据乐团编制规模的设定，进行分声部教学，搭建后备团，至小学中高年段，便可从后备团挑选出优秀团员组建民乐团。一般来说，小学民乐团分为一团、二团，二团主要为二、三、四年级的学生，是民乐团的后备力量；一团为四、五、六年级的学生，是民乐团的主力军。而初中为三年制，时间短、学习任务重，通常从有一定民乐基础的学生中挑选民乐团团员，甚至一些初中在招生时，便会考虑招收民乐特长学生，以保证民乐团生源的后续衔接。在团员选拔方面，通常采用面试形式，对团员通过演奏自选独奏曲目、基本功展示、试奏这三个内容进行考核，并由专业教师担任评委，以此选出合适的团员。

三、师资力量的建设

师资是民乐团日常运行的保证。主要包括乐团指挥、各声部教学教师、管理教师。乐团指挥是乐团的核心人物，更是乐团的灵魂，一个好的指挥能快速调动排练气氛、增加团队默契、提升乐团整体水平。同时，乐团指挥音乐素养的高低、能力的强弱决定着乐团的整体素质。各声部教学教师也非常重要，民乐团是一个多声部合作的组织，分为吹管组、弹拨组、拉弦组、打击乐组，各组别又有不同种类的乐器，因此要想成立一个相对专业的乐团，各声部必须安排专业教师进行指导教学，分声部训练，这样才能提高排练效率、排练质量。但一个学校很难集齐各声部教师，因此各声部教学教师多为外聘教师。管理教师，一般为本校音乐教师，主要负责人员的召集、制度考勤的安排、排练时间的协调、排练任务的规划，以及乐团事务的统筹。有的学校为发展民乐团，在招聘教师时会根据本校情况，针对性地聘用具有民乐专长的教师，以扩充民乐团师资力量。同时，乐团教师需积极关注并参与“乐团指挥”类专题培训，以提升自身专业素质。

四、其他条件的创设

除团员选拔与储备、师资力量建设这两个重要因素外，民乐团的建设与发展还需获得学校、学生、家长的多方支持。学校层面，需提供必要的硬件设施和内在支持，比如：建立民乐排练专用教室；购置乐团所需乐器；聘请专家指导；协调教务与乐团培训，确保学生有时间、有规律地排练；为乐团创设展示舞台，支持乐团的各类活动。学生层面，民乐团团员要热爱民乐、热爱舞台；具有团队协作精神；愿意参与乐团的排练并能够遵守规章制度；能够积极主动完成训练任务；敢于挑战自己。家长层面，不唯分数论，注重对孩子兴趣特长的培养，肯定乐团的价值意义。因此，一个优秀的中小学民乐团，往往是各方力量共同努力造就的。

第三节　中小学民乐团的日常管理与教学

由于不同学校的师资、生源、学校支持情况不同，中小学民乐团在日常管理与教学方面也有着很大的出入。但运行良好的民乐团一定离不开合理有效的管理、系统完善的教学、稳定充足的训练、协同包容的氛围。

一、合理有效的管理

（一）建立团员信息库

团员是民乐团的基石，每一位团员都是民乐团不可或缺的一部分。团员情况的建档留存，一方面有助于指导教师熟悉学生情况，另一方面有利于日常管理，更重要的是这将成为乐团重要的历史资料。表 5-2 是一般学校民乐团团员信息登记表，团员完成此表后，再由管理教师收集，统一汇总、录入信息库，每年加入的新团员都以此种方式记录归档。

表 5-2　××学校民乐团团员信息登记表

<table>
<tr><th colspan="7">××学校民乐团团员信息登记表</th></tr>
<tr><td>姓名</td><td></td><td>性别</td><td></td><td>出生年月</td><td></td><td rowspan="5">照片居中</td></tr>
<tr><td>民族</td><td></td><td>班级</td><td></td><td>入乐团时间</td><td></td></tr>
<tr><td>专业（乐器）</td><td></td><td colspan="3">专业学习时长（年）</td><td></td></tr>
<tr><td>家长姓名</td><td></td><td colspan="2">联系方式</td><td colspan="2"></td></tr>
<tr><td colspan="3">考级情况（证书由何机构颁发）</td><td colspan="3"></td></tr>
<tr><td colspan="3">是否参加过民乐团，
如参加过请写年限</td><td colspan="4"></td></tr>
<tr><td colspan="3">获奖情况</td><td colspan="4"></td></tr>
</table>

（二）乐团学生干部团队搭建

中小学民乐团的良好运作离不开学生的协同配合，一个好的学生组织更离不开认真负责的学生干部。中小学民乐团一般设立团长、副团长、声部长三个管理层级，社团学生干部分工明确、各司其职。团长是连接管理教师与团员的桥梁，负责统筹安排团中一切事务，必须为专业过硬、具有高度责任心、让学生信服之人；副团长配合团长，需做好考勤点到、乐器管理、曲谱分发、卫生打扫安排、活动资料的整理记录等工作；各声部长负责声部团员的曲谱、调音设备、本声部乐器管理，以及声部练习等工作。

（三）乐器及场地管理

乐器管理方面涉及购买、建档、保养、放置、搬运等诸多问题。有条件的学校应设置专人负责，但一般情况下，乐器均为民乐团的学生干部配合乐团负责教师共同管理。管理的主要内容是清点乐团所有乐器及其配件，列出详细清单，进行登记造册，常见民乐团乐器登记表如表 5-3 所示。

表 5-3　××学校民乐团乐器登记表

××学校民乐团乐器登记表							
乐器/配件	品牌型号	购买厂家	购买时间	单价	数量	总价	备注（破损情况等）

乐团团员大多自备乐器，但大件乐器如鼓、古筝、扬琴等，通常由学校购买，由于部分学生对乐器、排练场地的保护意识较差，因此，设定严格的乐器、场地借用制度十分必要，若遇损坏，需学生自行承担相应责任。同时，需明确乐器具体摆放位置，谱架、凳子对应到个人，避免出现排练结束后设备乱放的现象。

（四）曲谱及活动资料的整理

首先，各个学校应根据自身情况，如团员演奏水平、编制大小等，建立自己的曲目库，曲目难度分为低、中、高三个等级，曲目类型应包含传统、现代等多种风格。从当前各类中小学艺术节等比赛活动来看，民乐合奏曲目的选择更偏向于现当代作品，一般认为演奏新作品的乐团获奖概率比较大。因此，优秀民乐作品的挖掘、新作品的关注、版权的购买显得至关重要。

其次，现当代作品总谱、分谱均为五线谱，而对于中小学生而言，五线谱的读谱难度太高，甚至有些学生无法准确识别五线谱，因此，指导教师需将五线谱转译为简谱再发放给学生，或培养学生的五线谱识谱能力。同时，考虑到学生谱例遗失问题，学校可以安排统一发放谱夹，人手一本，所有谱例统一管理并贴上姓名，以便妥善保管。

最后，优秀的中小学民乐团是在实践中练就而成的，民乐团的水平与各类赛事参与度密不可分，积极参加中小学各类艺术赛事及表演活动，上至全国中小学生艺术节，下至省、市、区艺术节，还有各类文艺会演等，都是对民乐团成长的历练。因此，每次活动的照片、公众号推文、参赛感想都应收集整理成册，以记录民乐团的过往点滴。

（五）切实可行的奖惩制度

“无规矩不成方圆”，乐团需根据自身情况设立独立的团章及管理条例，树立良好的排练风气，制定严格的考勤与排练纪律、业务考核规范。可采取积分制，对认真负责、表现优异的同学给予褒奖加分、颁发奖品、优先“评优”，对于迟到早退、懒散懈怠的同学给予扣分批评，通过奖惩方式让每一位同学都敬畏乐团章程、热爱乐团。

二、系统完善的教学

（一）清晰的教学目标，系统的教学内容

民乐团教学远不止排练曲目、参加比赛这么简单，尽管现在很多学校带着这样的功利色彩，走着比赛、获奖、加分的路径，但是优秀的乐团一定具备有计划、有规律、有方法、有特色的教学内容，有自己清晰的教学目标，有符合自身情况的校本教材，这些都是乐团长久发展的重要因素。

1. 清晰的教学目标

清晰的教学目标是乐团质量、排练效率、团员发展的有效保证。小学民乐团通常分一团、二团，教学目标由二团到一团，循序渐进，程度逐渐加深。

二团教学目标通常为三步走。第一步，基本技能学习阶段。团员能够了解乐器演奏姿势，基本演奏方法，乐器构造与保养；养成良好的学习习惯，培养良好的乐器学习兴趣；学会演奏 1—2 级水平的练习曲和小乐曲；并积极尝试参加各类比赛与考级。第二步，演奏技巧提高阶段。团员能初步掌握乐器的基本演奏技巧，能够演奏有技巧性的练习曲，能够坚持每天回家练琴半小时左右；与各专业课教师进行一对一的小课训练；培养自主学习意识，提升练习兴趣；能独立完成小型乐曲，并按程度接触学习合奏曲目；通过 3—6 级的水平等级考试。第三步，演奏水平达成阶段。团员能够熟练掌握乐器的各种演奏技巧，有较高的识谱视奏能力；坚持与专业教师每周一对一训练，尽量每天能够保证一个小时左右的训练时间；接触各类型、各风格的练习曲与乐曲，能够达到演奏级水平，通过 7 级以上的水平等级考试，其中的优秀演奏者可以进入学校一团。①。

一团教学目标为：团员有较好的音准、节奏感，懂得听辨声部，具有良好的沟通协作能力，能够较快试奏，音乐表现力丰富，能够明白指挥用意，对乐曲有一定理解，愿意参与各类演出、比赛活动，每学期能够完成至少 2 首不同难度的合奏曲目。

初中民乐团在小学一团的基础上要求更高，团员需具备良好的演奏能力、技术娴熟，能够独立完成本声部内容、通过试奏完成初次合排；并且能够对乐曲进行简单的处理，懂得欣赏并理解乐曲内涵，音乐表现力更加丰富；每学期能够高质量完成至少 1 首难度较大的合奏曲目。

2. 系统的教学内容

民乐团作为第二课堂，是音乐课程的延伸，内容的安排需要符合学生的认知规律和

---

① 赵婧伊. 民族器乐教学在小学民乐社团中的实践研究：以北京市海淀区中关村第三小学为例［D］. 北京：中央民族大学，2013：26-27.

教育规律，应配合学生的特点及经验进行教学设计，形式上可分为专业课与合奏课，内容上应包含技术训练、乐理分析、作品理解等方面，其目的是提升学生的音乐素养，培养学生良好的审美能力和艺术修养。

在专业课上，首先，教师要培养学生对音准、节奏、曲调、和声、力度、速度、调式、曲式、织体、装饰音等的掌控能力，不可单一使用“口传心授”式教学。如：音准方面，关注标准音、养成良好的听觉习惯、注重平时视唱练耳训练；节奏方面，培养稳定的恒拍感、准确处理特殊节奏型；速度、力度方面，明确轮奏、运弓、气息等技术的要求。其次，不同的乐曲有不同的风格特征和文化内涵，甚至具有独特的地域性表现方式。因此，教师在教授乐曲时，需通过视频、音频等多种方式，帮助学生理解并掌握必要的乐曲风格，如：蒙古族音乐的三度颤音、河南音乐的滑音、西北音乐的粗犷有力、江南丝竹的连贯缠绵。当然，这与音乐常规课的讲解配合也密不可分。最后，要想准确表现乐曲，良好的演奏技术是成功的前提条件，不同的乐器有其不同的表现手段，每件乐器有其独特的个性，学生需了解自己乐器的性能，并通过左右手的配合，气息、舌头、嘴唇等身体机能的运用，表现乐器的独特魅力。

在合奏课上，学生需明确几个关键点。第一，个性与整体的融合。乐团是一个整体，每位同学在保留乐器个性的同时都应具备协作能力，懂得倾听各声部、关注各声部，建立和声、织体感，及时调整自己的演奏。第二，积极饱满的演奏状态。演奏状态在乐团中至关重要，乐团团员之间彼此影响、互相促进，积极饱满的演奏状态能够让大家快速带入情感、提高排练效率，往往达成事半功倍的效果。第三，严格听从指挥安排。指挥是乐团的核心，对待同一首乐曲，每个人的理解各有不同，而指挥是统一各声部的关键人物。演奏气口、呼吸的一致性、旋律起伏的衔接、强弱对比的处理、个性与共性的协调等，都需要团员与指挥的配合。因此，一个好的指挥能够将乐曲的内涵表现得淋漓尽致，更能激发团员的演奏水平与演奏状态。

（二）稳定的训练时间，有效的评价反馈

乐器演奏是一种技能型的活动，它需要有稳定、规律的训练才能保证身体演奏机能不退化，比如手指的灵活度、气息的稳定程度等。在中小学民乐团的训练中，由于文化课的压力，往往训练时间极不稳定，排练之外的时间也很难保证学生的自主练习。所以，稳定的训练时间、有效的评价反馈是乐团长久发展的前提保障。

1. 稳定的训练时间

民乐团管理与任课教师应开会商讨，并寻求学校的支持与配合，每个学期提前做好本学期的排练计划，具体到每一周、每个声部。排练时间一般为中午自习及放学整理课、活动课、社团课的时间，应确保在校期间每日都能有一定时间进行练习，具体的周训练计划可以参考表 5-4。

表 5-4　××民乐团××学年第×学期第×周排练计划

××民乐团××学年第×学期第×周排练计划 曲目：《××》				
时间	排练方式	排练内容	排练地点	排练教师
周一	管乐分声部	教师指导各吹管乐器单练	教室 1、2	××
	管乐器合排	音准、节奏对应准确（至×小节）	民乐教室	××
	打击分声部	教师指导各打击乐器单练	教室 3、4	××
	打击乐合排	节奏对应准确（至×小节）	音乐教室	××
周二	弹拨分声部	教师指导各弹拨乐器单练	教室 1、2	××
	弹拨乐合排	音准、节奏对应准确（至×小节）	民乐教室	××
	拉弦分声部	教师指导各拉弦乐器单练	教室 3、4	××
	拉弦乐合排	音准、节奏对应准确（至×小节）	音乐教室	××
周三	管乐分声部	教师指导各吹管乐器单练	教室 1、2	××
	管乐器合排	乐段分析处理（至×小节）	民乐教室	××
	打击分声部	教师指导各打击乐器单练	教室 3、4	××
	打击乐合排	乐段分析处理（至×小节）	音乐教室	××
周四	弹拨分声部	教师指导各弹拨乐器单练	教室 1、2	××
	弹拨乐合排	乐段分析处理（至×小节）	民乐教室	××
	拉弦分声部	教师指导各拉弦乐器单练	教室 3、4	××
	拉弦乐合排	乐段分析处理（至×小节）	音乐教室	××
周五	乐团合排	聆听、讲解乐段、标注演奏处理	民乐教室	××
	乐团合排	乐段细节处理	民乐教室	××

排练一般采用分排与合排两种形式。分排使得民乐团的排练更加机动灵活，各声部有更多的时间熟悉乐谱、纠正错误，解决技术难点，大大节约了课后练习时间。而合排则是对全体学生一周内的练习程度和质量进行综合性的检验反馈。在合排中，教师需要注重作品整体呈现效果，学生可以对之前所学、所掌握的乐理知识与演奏技巧进行实际运用。

2. 有效的评价反馈

有效的评价反馈是对团员学习的督促与激励。评价可分为排练课堂表现、周反馈、期末考核三项。排练课堂表现由指导教师进行评分，采取 10 分制，主要考察练习的专注度、积极性，和考勤、纪律方面。周反馈采取 10 分制，具体指针对团员周末提交练习打卡视频，指导教师给予评分，主要考察内容包括音准、节奏、是否按照指挥要求进行乐曲处理及乐曲的熟练程度等。期末考核采取 30 分制，由正团长、副团长、声部长、指挥组成评审团，取平均分，对团员一学期学习情况进行考核，内容为本学期排练曲目选段、试奏两项内容。最终统计三项评价总分并排序，进行乐团的评优评奖。

三、丰富多彩的实践

“台下十年功”的训练是为了“台上一分钟”的展示，因此，每一次表演和比赛，都能为乐团带来源源不断的动力。丰富多彩的音乐活动，给学生带来了展现自己、锻炼自己的机会，使学生的阅历在一次次表演、比赛中更加丰富，眼界更加开阔，音乐专业水平不断进步，综合素养也不断提升，只有这样，乐团的发展才能更长久。

因此，在乐团建设中要高度重视各类比赛，这是很好的锻炼、学习平台。目前中小学常见的比赛和演出有中小学生艺术节、艺术展演、各类主题的乐团比赛、学校的文艺会演、新生会演、社会性公益活动等。学生在一次次丰富多彩的实践中，获得认可、获得成就感，也更加热爱我们的民族音乐文化。同时，每次活动遇到的问题，如乐器搬运、突发情况，都能让整个团队变得更加团结友爱，同学们的互帮互助、互相关心、共同进步，都将成为他们学生时代难以忘怀的美好回忆，“此生不悔入乐团”，这句话便是最好的证明！

四、经典中小学民乐团训练教材介绍

当前，随着中小学民乐团建设的兴起，以及学校对民族音乐传承的重视，社会上出版了一系列有关民乐团训练、民族乐器学习的优秀教材，现择要介绍如下。

1.《少年民乐队》

《少年民乐队》由慕寅编著，是上海文艺出版社1959年出版的一套经典教材，也是国内出版较早的一部关于中小学民乐团组建与训练的教材。该书从组织少年民乐队的好处、课外民族乐队的任务、课外民族乐队活动的原则、课外民族乐队的组织、分配和使用乐器需懂得的问题、有些乐器没有怎么办、怎样排练乐曲、怎样组织观摩和欣赏活动、演出问题这九个方面进行编撰，并介绍了九首民族器乐曲。

2.《青少年民乐队训练速成》

《青少年民乐队训练速成》由张文禄主编，是上海音乐出版社2011年出版的一套用于民乐团日常排练及演出的系列丛书，共分十册，包括：古筝、二胡、扬琴、竹笛、笙、三弦、柳琴、琵琶、阮和总谱。每个分册均包含上编“基础训练”和下编“重奏、合奏训练”。上编主要针对乐器的演奏技法，包含有针对性的文字讲解，配套练习曲和演奏曲；下编以曲集为主，在学生有了一定的演奏基础后可以进行重奏与合奏的训练。

除此之外，还有许多曲谱类相关教材也十分优秀，如顾冠仁编著的《顾冠仁民族器乐重奏及小型合奏曲集》（上海教育出版社，2012）；黄振奋编配的《新编小型民乐队曲集》（人民音乐出版社，2010）；《新编小型民乐队曲集2》（人民音乐出版社，2017）；周仲康主编的《中国民族器乐合奏曲集（总谱）》（上海教育出版社，2002）；薛军、姚迅编著的《民族小乐队合奏曲集》（安徽文艺出版社，2001）等。另外，有关乐队乐器的性能、演奏方式、音色特点的教材有张希玉编著的《奏：乐器乐队》（黄河出版社，2008），这些教材系统介绍了民乐团四个组别的常见乐器，还包含了小型民乐团的组织、器乐的演奏方式、乐队指挥常识等内容。同时，中央音乐学院编的《民族乐队乐器法》、朱晓谷著的《民族管弦乐队乐器法》（苏州大学出版社，2016）也介绍了各组别乐器的性能，并附有相关谱例进行说明。

第四节　中小学民乐团的常见问题与对策

中小学民乐团作为一个非专业团体，在不断发展的过程中势必会存在各种各样的问题，加之中小学生在参与乐团的同时，需兼顾文化课学习，因此，社会、学校、家长各个方面的因素都会影响到乐团的建设与发展，中小学民乐团依然面临着许多亟待解决的问题。

一、中小学民乐团的常见问题

（一）乐团团员的更换与流失

受升学因素的影响，乐团经常面临团员更换与流失的情况，而培养核心团员又需要一定的周期，因此，乐团中团员断层现象较为明显。在小学民乐团中，一至三年级的团员还处于个人习得阶段，学习演奏技巧、提升演奏能力尤为重要。从小学四年级开始，则可陆续挑选优秀团员进入乐团，这批团员经过一两年的磨炼逐渐成长为乐团核心力量，但六年级的升学又迫使核心力量更迭，导致乐团处于青黄不接的状态。升学导致的核心团员流失速度远远超过了核心团员培养的速度，而在面临比赛时，教师往往会快速搭建编制齐全的乐团，通过集训的方式完成作品，在此情形下，作品演奏质量自然无法保证。而初中民乐团的组建则完全依赖于当年所收生源的情况，团员音乐水平良莠不齐，音乐知识的掌握程度、习得速度也各有差异，很难保证乐团编制的完整性和乐团的质量。由于中考的压力，学生通常只在初一、初二有加入乐团的意愿，甚至常常出现中途退团的现象，因此，初中阶段的民乐团的建设和维持更显艰难。

（二）专业师资力量的匮乏

中小学配备音乐教师的数量和质量参差不齐，地域差异也相当明显。不少偏远地区音乐师资结构不合理、教师缺乏良好的专业素养，更有甚者，音乐教师常年由其他学科教师兼任，此种背景下，民乐团的建设与发展更是无从谈起。目前经济发达地区、城镇中小学一般都配备有专职的音乐教师，这些音乐教师除了担任乐团指导外，还要肩负学校的日常音乐教学、艺术活动组织等工作，很多时候分身乏术，很难全身心管理、训练乐团。另外，民乐团建设对于教师自身的专业水平要求较高，但目前国内中小学的音乐教师多为师范院校毕业的本科生，大都是钢琴、声乐专业方向，并非器乐出身，从小学习民族乐器的更是非常稀少，因此普遍难以专业有效地指导乐团排练，加之每件民族乐器都有其特殊性，指导教师即便是工作之后开始自学，也难以短时间内精通各项乐器，无法给出合适的训练方式，这一定程度上也限制了乐团的发展。

（三）教学管理的松散与盲目

在教学方面，当前运行的中小学民乐团大多较为随意，缺乏系统性与规范性管理。没有清晰明确的教学目标，多围绕“作品”进行盲目排练，缺乏长期稳定的排练计划，排练时间不足，多为赛前突击集训。教学方式效果不佳，针对性不强，排练方式多为集中授课型，无论是集体合排还是分声部排练，都是多人同时进行，这种方式不仅难以快速地传授知识技能，而且容易出现学生“浑水摸鱼”“滥竽充数”的现象。没有约束力的社团排练和混合式教学，导致教师难以同时顾及每位团员并及时解决每个人的问题，只能针对普遍问题进行讲解示范，统一规范，难以做到精益求精，从而很容易导致学生偷懒、不认真，学习缺乏耐心。

另外，教学内容上，当前普遍缺少适合中小学生合奏的优秀作品，导致教师在选曲时常常犯难，排练质量提不上去。在常规管理方面，乐团缺少行之有效的管理机制，导致学生状态松散、排练积极性不高、学习目标不明确，出现迟到早退、频繁请假的现象。有时还要将文化课作业带入乐团排练场“见缝插针”地完成。同时，乐团还缺乏科学合理的学生评价奖励机制，在考评时，通常只针对出勤率、排练纪律进行打分，而学生的艺术实践、技能掌握、乐曲练习等成果往往遭到忽视，并未记录到期末综合成绩中，这势必会影响学生参加活动的积极性。

（四）教学设施的不足

乐团的组建首先需要保证教学设备和场地条件，例如谱架、教室等。但相当一部分中小学存在忽视音乐教学设备配置的情况，社团类活动场地更是少有。有些学校的乐器配置一开始还是比较齐全，但随着乐器使用年限的增加，加之学生的爱护意识较弱，常会出现乐器破损的情况。而学校的不重视导致乐器更新与补充困难是一个非常普遍的现象，甚至会出现学校空有一堆乐器却无法使用的现象。除此之外，民乐团中每个声部常需多件乐器，而学校配备的乐器数量往往不足，需要学生自行购买，这也一定程度上影响了学生的参与度。

（五）家校的重视程度不高

应试教育的背景下，存在家长将音乐课视为“副课”，认为器乐学习不重要，属于“非必要学习”，是“浪费时间”的偏见。因此，音乐学科作为非中考、高考科目，自然成了可有可无的课程。在此观念影响下，有些对音乐感兴趣的同学也会在家长的要求下放弃音乐学习。因此，民乐团中的很多团员往往拗不过家长的意志，提前退团、被迫退团。而愿意支持孩子学习器乐的家长又更倾向于西洋乐器，认为民族乐器不够高雅，不让孩子去选择民族乐器。以上种种问题都是导致民乐团生源相对稀缺的因素。而很多学校一方面希望建设民乐团来参加各级各类比赛，获得奖项为学校增添荣誉；另一方面则又希望民乐团排练尽可能少占用学生的学习时间。在此背景下，学校难以给予民乐团充足的经费支持、排练时间和优秀的师资力量配备。

二、中小学民乐团问题的对策

（一）提高民乐地位，健全培养机制

2019 年 6 月中共中央、国务院办公厅印发的《关于深化教育教学改革全面提高义务教育质量的意见》，明确指出，鼓励学校组建特色艺术团队，办好中小学生艺术展演，推进中华优秀传统文化艺术传承学校建设。民乐团作为学校特色艺术团之一，在弘扬中华优秀传统文化上，具有不容忽视的力量。虽然有相关意见出台，但中小学民乐团却未得到足够的重视和支持。因此希望中小学重视传统文化，给予民乐团政策上的倾斜扶助，大力支持和普及民乐、提升民乐地位，正确引导学生的民族音乐审美意识，鼓励学生参与民乐学习。

优质的生源及良性的生源流动是民乐团发展的保障。一方面，学校要注重民乐特长生的招收，通过政策上的优惠、加分等举措吸纳优秀生源；另一方面，乐团要建立自己的生源库，进行梯队培养，为民乐团储备后续力量，以避出现团员断层现象。同时，有民乐发展意愿的小学、初中可以“手拉手”建立联合培养机制，小升初时，通过相应政策，使团员获得推荐资格，从而形成师资、生源的联动，既解决了生源衔接的问题，又能建立学校的品牌形象。而乐团编制不全的问题，可以根据学生、家长的意愿，采取辅修乐器的方式进行弥补，如琵琶辅修中阮，二胡兼修打击乐等，同时聘请校外专业教师进行教学，以补充乐团乐器编制的不足。

（二）完善教学管理，提升教师素养

规范有效的教学管理将对民乐团良性发展起到积极的促进作用。具体来说，完善的民乐团管理包括民乐团招生、团员选拔制度，乐团的组织管理制度、训练制度、纪律制度，设备、场地管理制度，团员及教师的考评制度、奖惩制度，乐团的活动策划、发展规划、特色建构章程，档案管理制度等方面。这些制度要落实到位，必须根据学校的情况，充分讨论，制定出切实可行、操作性强的细则，并形成各学校自己的教学管理体系。

在师资方面，学校应重点培养校内指导教师的专业素养，提升民乐团指导教师的指挥能力。对于低学段的学生来说，识谱、音准、节奏、乐感等方面可以不完全依靠器乐专业教师，更多依靠音乐教师的课堂教学或校外专业教师的协助指导。同时，学校可支持校内教师到专业音乐院校进修学习，以掌握更多的乐器演奏技巧和相关合奏知识。在教学过程中，校内教师和学生的接触时间更多，更需要注重运用合理的教学方式，尊重每位学生身心发展特点，积极引导和改变学生的合奏意识。单一盲目的教学方法往往会降低教学效率，甚至使学生丧失学习民乐的兴趣。

由于民乐团编制繁杂、乐器种类较多，要想打造相对专业的中小学民乐团，校内师资力量远远不够，专业水平也远远不足。因此，学校还需加强与专业院团、高等院校的合作，聘请专业院团或高等院校的音乐师资定期对学习不同乐器的学生进行专业化的指导与训练等，这种合作模式能够有效地解决民乐团师资不足的情况，更快速、高效地提高乐团排练水平。

（三）进行有效沟通，促进多方合作

一个优秀的中小学民乐团仅靠团员与指导教师的努力还不够，更需要社会、学校、家长的多方协作支持。中小学民乐团是否能够建立，一方面需要国家政策的重视与推动；另一方面则需要学校和家长的高度认同与肯定。学校领导是学校发展的领军人物，决定着学校的课程设置、活动组织、发展规划。因此，中小学民乐团的建立必须预先调研，制定课程的教学目标、教学意义、教学方式，预设教学成果，摸清现有学生的专业情况等。只有得到了学校的肯定，民乐团的后续工作才能顺利开展，如乐器、师资、场地的配备；课程安排、排练时间的保证等。

中小学民乐团作为艺术实践活动课程，在应试教育的背景下，往往处于劣势地位，甚至被认为影响文化课的学习，因此，平衡二者的关系显得极为重要。由于乐团成员来自不同年级、不同班级，排练过程中需要和班主任、任课教师进行沟通协商，应尽可能保证文化课学习和专业训练两不耽误。

家长的重视与理解，是乐团团员稳定参与训练的先决条件。很多家长虽然有意培养孩子的音乐特长，但很大程度依然觉得乐团排练耽误孩子学习的时间，特别是孩子考试成绩下降时，家长往往将其归因于乐团排练，认为其导致学习分心、学习时间不足。但实际上，家长并不十分清楚乐团的情况，更不清楚孩子的状态。民乐团的实践活动，培养了孩子良好的团结协作意识、音乐能力，更重要的是让孩子在表演和比赛中感受到了关注和成就感、增强了孩子的审美体验、增强了孩子对民族音乐的认同感。乐团中大部分团员都是品学兼优的孩子，更是懂得审美、有艺术修养的孩子。家长应该为孩子创设良好的音乐氛围，鼓励孩子、督促孩子，这样才能做到学习和爱好兼顾，不会顾此失彼。

随着新课改的深入推进，美育越来越受到人们的关注，中小学民乐团的兴起，承担了传承民族音乐文化的重任，是素质教育的有效途径。它的发展依然任重道远，没有固定模式，也没有特殊方法，“千团千色”，因此未来还需不断探索、砥砺前行！

模块六
中小学交响乐团建设

【模块构图】

- 中小学交响乐团建设
  - 中小学交响乐团的发展、现状与作用
    - 中小学交响乐团的发展、现状
    - 交响乐团在中小学教育中的重要作用
  - 中小学交响乐团的组织与建设
    - 交响乐团的乐器配置
    - 交响乐团的人员建设
    - 中小学交响乐团的组织与管理
    - 艺术指导团队的建设
    - 乐器购买注意事项
    - 排练场地及其他相关设施
    - 组建三个学生梯队
  - 中小学交响乐团的日常管理与教学
    - 中小学乐团的日常管理
    - 中小学交响乐团的教学
  - 中小学交响乐团的常见问题与对策
    - 编制不齐全
    - 声部之间音量不均衡
    - 如何对多余的管乐演奏员进行安置
    - 关于交响乐曲中的技术难点
    - 青少年初级交响乐作品的缺失

【模块概述】

本模块首先概述了我国中小学交响乐团发展现状及其在中小学美育中的重要作用。分别从乐器配置、人员建设、艺术指导团队建设、乐器购买注意事项、排练场地及其他相关设施等方面介绍中小学交响乐团的组织与建设。在中小学交响乐团的日常管理和教学中，应特别注意学生考勤、乐谱管理与分配、乐器保养、不同级别学生梯队培养等事项。最后，本模块就中小学交响乐团建设中常见的乐团编制不齐全、声部之间音量不均衡、交响乐曲中的技术难点片段及我国青少年初级交响乐作品缺失等问题给出了解决对策。

【学习目标】

1. 了解组织与建设中小学交响乐团的基本方法。
2. 掌握三个学生梯队交响乐团的教学侧重点及方法。
3. 学会中小学交响乐团的日常管理方法。

【学习重难点】

1. 根据中小学生实际演奏水平选择丰富、多元的音乐会曲目。
2. 就乐团编制不齐全等中小学交响乐团建设中的常见问题给出解决策略。

第一节　中小学交响乐团的发展、现状与作用

一、中小学交响乐团的发展、现状

现今，我国中小学交响乐团的发展可谓是日新月异，在首都北京及其他省市，许多中小学都已成功建立起了交响乐团，例如北京一零一中学、北京中关村二小、深圳实验学校、成都七中等。通过完善的管理和严格的乐团训练，这些由学生组成的交响乐团不仅在教育部组织的文化展演与比赛中多次为自己的学校争得了荣誉，还通过多样的形式，在校园或国际文化交流活动中，为国内外听众带来了不少精彩纷呈的视听盛宴，部分学校已成功将校园交响乐团打造成了一张文化名片。

以北京一零一中学金帆交响乐团为例，这支乐团成立于 1988 年，由资深音乐教育家、指挥家黄飞立先生担任艺术总监及指挥。乐团成立至今已排练并表演了上百首中外交响乐名作，并且参加了第十一届亚运会、第八届全运会开幕式，以及庆祝中华人民共和国成立 70 周年联欢活动等重要国事演出任务。该乐团先后获得了历届北京市中小学生艺术展演管弦乐一等奖，并于莫斯科第二届世界青年音乐节和第三十四届维也纳国际青年音乐节中，分别获得优秀演出奖和管弦乐比赛第一名。另外，该乐团还受邀先后到日本、美国、俄罗斯、法国、德国、意大利、澳大利亚等国家进行文化交流。该乐团为我国知名高校（如清华大学、北京大学、人民大学、北京师范大学等），以及国内外专业艺术院校（如中央音乐学院、上海音乐学院、美国茱莉亚音乐学院等）输送了大量优秀毕业生。显然，北京一零一中学金帆交响乐团以其高质量的建设和优异的成绩不断得到社会各界的广泛关注，成为代表一零一中学的一张名副其实的文化名片。①

近年来，随着国家对中小学美育工作的不断重视，越来越多的青少年交响乐团如雨后春笋般在我国各地的中小学成立，并得到了良好的发展。但总体而言，我国中小学校园交响乐团的发展还处于起步阶段，希望我们能够乘着时代美育的东风，踏着稳健的步伐，朝着一个前所未有的崭新时代不断迈进。

二、交响乐团在中小学教育中的重要作用

首先，音乐是学校美育课程体系的重要组成部分，聆听音乐可以净化学生的心灵，演奏音乐可以表达学生的内心情感，而创作音乐可以开拓学生的想象力。自党的十八大以来，以习近平同志为核心的党中央高度重视学校美育工作。2020 年 10 月，中共中央办公厅、国务院办公厅印发了《关于全面加强和改进新时代学校美育工作的意见》。文

① 金帆交响乐团. 金帆乐团简介［EB/OL］. https://www.beijing101.com/jinfan/about.

件中提到，要鼓励在校园中建立常态化的艺术展演机制，大力推广惠及全体学生的合唱、合奏、集体舞等实践活动。交响乐团属于器乐合奏，参与的学生人数少则十几人，多则可达数百人，在校园里开展交响乐的排练、演出，在很大程度上可以普及音乐，将审美教育惠及每位学生。

其次，交响乐团的训练有助于培养中小学生团结协作的能力。交响乐团的教学往往以集体的形式开展。对于一名交响乐团学生来说，在交响乐团的训练与演奏过程中，他不仅要根据乐谱演奏出属于自己声部的音乐，还需对其他同学所演奏的内容“心知肚明”。也就是说，要想将一部交响乐作品完美地呈现在听众面前，所有的团队成员之间需要严谨配合。因此，交响乐团这种集体音乐教育模式，可以充分培养学生团结协作的能力。

再次，交响乐团的训练还可以培养学生的领导力。众所周知，交响乐团是由许多不同乐器声部组成的。在排练与演奏过程中，虽然乐团指挥起着重要的领导作用，但是每个声部的首席演奏员也同样肩负着引领声部内其他成员的重任。对于那些担任首席演奏员的学生来说，乐团训练无疑将为他们提供一个锻炼领导力和组织力的宝贵机会。

最后，交响乐团还能为渴望学习器乐演奏的学生提供更多自主选择的空间。由于交响乐团中包含多种不同的乐器，学生可以根据自身的条件和兴趣爱好选择适合自己的乐器学习。在条件允许的情况下，学生还可以同时学习多种在演奏方法上具有关联性的乐器。例如，学习小提琴的学生可以兼学中提琴，学习键盘打击乐的学生可以兼修钟琴、木琴、颤音琴及马林巴。这种关联学习的模式，可以让大多数学生告别被动学习某一种乐器的状态，从而增强学生对器乐演奏的兴趣。

事实上，在中小学组建交响乐团，其主要目的并不是为了培养专业演奏家，而是通过演奏训练和演出实践，让学生学习到更多的音乐知识，感受到音乐的内在魅力，让他们在日后的生活中懂得如何去欣赏音乐，从而有效提高自身的艺术修养。

音乐的基本物理要素是音高、节奏、和声和音色，在乐团训练过程中，除了个别演奏打击乐的学生外，大部分学生都需要随时关注上述四个核心要素。如感知音高，让他们所奏出的每一个音都与其他成员演奏的音高保持一致。为了让乐团合奏出的音乐保持节奏上的一致，所有乐团成员需要在演奏过程中对节拍进行严格把控。另外，由于交响乐包含丰富的声部，在合奏过程中，乐团成员无时无刻不在构建和声观念、倾听和声音响。以钢琴演奏和交响乐团合奏相对比，可以明显地发现，钢琴演奏中虽然蕴含着对音高、节奏、和声等方面的训练，但从音色的角度上讲，钢琴的音色相对单一，而交响乐团中所涉及的音色则极为丰富多彩，光是一个木管声部组就有四种不同的乐器音色，何况一个全编制的交响乐团至少有 10 多种乐器。在许多交响乐作品中，作曲家还经常把两三种甚至更多种乐器音色混合在一起，音响效果真可谓是“五彩斑斓”。总之，学生在交响乐团的训练中能学习到大量关于音高、节奏、和声及音色方面的知识，这些知识能极大地帮助他们在日后的音乐体验中，更快速、更准确地去理解音乐作品的审美内涵。

我国古代有“诗言志，歌咏言，声依永，律和声”的说法，意思是说朗诵诗歌可以传达人们心中的远大志向，歌唱和演奏音乐则可以表达人们内心的丰富情感。在西方音乐发展的早期阶段，器乐大部分是用来为歌者伴奏的，也就是说，器乐是为了人类的语言表达而服务的。德国著名作曲家门德尔松在19世纪上半叶，开始尝试创作无词歌这一器乐体裁。对此，门德尔松的说法是，器乐可以用来表达语言及文字中无法表达出的情感。对于中小学生来说，虽然他们的年龄不大，但他们和许多成人一样，都具有丰富的内心情感。多数情况下，他们的内心情感没有机会向外界倾诉。而校园交响乐团的开设，恰好为他们提供了一个向外界表达内心情感的机会。通过演奏，学生可以和家长、教师及社会各界人士进行内心情感的交流。

不难发现，在其他文化课的学习中，经典作品经久不衰，中小学语文课本中经常会涉及鲁迅、巴金、冰心等我国文学泰斗的作品；而英语教师在为学生推荐课后读物时，也总是不约而同地向学生们推荐海明威的《老人与海》或莎士比亚的《仲夏夜之梦》。为什么语文课本和英语教师向学生推荐这些文学作品呢？原因之一就是这些著作都是世界文化宝库中的经典作品。所谓经典，就是让一代代人，一次次地将这些书从书架上取下，通过阅读来感悟人生，摄取更多生命养分。在世界交响乐作品的宝库中，同样珍藏着像《仲夏夜之梦》和《老人与海》一样的经典音乐作品，例如德国作曲家贝多芬的《命运交响曲》，俄罗斯作曲家柴可夫斯基的《天鹅湖组曲》及我国作曲家吕其明的《红旗颂》，杜鸣心的《红色娘子军》芭蕾舞组曲等。每每演奏这些音乐作品，实际上就是给学生提供一次次接触经典、了解经典、领悟经典的机会。

综上所述，交响乐团建设对我国中小学美育工作的开展可以起到多方面的促进作用。从长远来看，在提高我国国民整体审美素质和艺术修养的道路上，中小学交响乐团建设无疑是一条惠及每个参与者的“高速公路”。

第二节　中小学交响乐团的组织与建设

一、交响乐团的乐器配置

想要成功地在中小学建立交响乐团，首先要了解一支交响乐团所涉及的各种乐器。通常，一支交响乐团由四个乐器家族的乐器组成，分别是弦乐、木管、铜管和打击乐。其中弦乐家族的乐器包括小提琴、中提琴、大提琴和低音提琴（又称倍大提琴）；木管家族的乐器包括长笛、双簧管、单簧管（又称黑管）和大管（又称巴松）；铜管家族乐器包括小号、圆号、长号和大号；打击乐家族的乐器种类繁多，但大致可以分为两类，一类是有固定音高的打击乐器，常见的有定音鼓、钟琴和木琴，而另一类是没有固定音高的打击乐器，① 其中较常见的有小军鼓、低音鼓、对镲、大锣及三角铁。

二、交响乐团的人员建设

通常情况下，一首交响乐作品由四组声部构成，分别是木管声部组、铜管声部组、打击乐声部组及弦乐声部组（按交响乐总谱中各种乐器由上到下的顺序排列），这涉及交响乐团组建中所需要的人数问题。

木管声部组包括长笛声部、双簧管声部、单簧管声部和大管声部，这四个声部通常又分为第一声部和第二声部。一般情况下，木管声部组中的每个声部都由 1 名演奏员来演奏，因此，需要安排 8 名演奏员在木管声部组。

铜管声部组由小号声部、圆号声部、长号声部及大号声部组成。通常，小号声部又细分为两个声部，圆号声部细分为四个声部，长号声部细分为三个声部，而大号只有一个声部。在铜管声部组中，每个声部也都由 1 名演奏员来演奏。因此，学校在建设交响乐团过程中需要安排 10 名演奏员在铜管声部组。

对于打击乐声部组来说，每首交响乐作品对打击乐器的需求各不相同。有的交响乐作品，例如海顿的《伦敦交响曲》，只需要定音鼓；而有的作品，例如比才的《卡门序曲》，不仅需要定音鼓，还需要小军鼓、低音鼓、对镲和三角铁。因此，乐团需要根据不同作品的需求，安排不同的打击乐器。但是，无论一首交响乐作品中需要多少种打击乐器，打击乐中的每个声部都只由 1 名演奏员来演奏。因此，通常学校在交响乐团建设过程中可安排大概 5 名演奏员在打击乐声部组。

交响乐团中的弦乐声部组由五个声部构成，分别为第一小提琴声部、第二小提琴声部、中提琴声部、大提琴声部和低音提琴声部。与木管、铜管及打击乐各个声部不同，

---

① 钮云坤. 谈谈乐器的发声［J］. 初中生世界（八年级物理），2012（C5）：65.

弦乐声部组中的每个声部都是由若干名弦乐演奏员同时演奏的。也就是说，管乐和打击乐的每个声部都是由 1 名演奏员来独奏，而弦乐每个声部则是由若干演奏员来齐奏，这是交响乐团中弦乐声部组与其他声部组之间最大的区别。

因此，为了保证整个弦乐声部组各声部间音响效果的平衡，每个弦乐声部里所安排的人数应遵循一定的比例。对于一个小型弦乐声部组来说，各声部间人员的分配可为 8、6、4、4、2，即 8 人演奏第一小提琴声部，6 人演奏第二小提琴声部，4 人演奏中提琴声部，4 人演奏大提琴声部，2 人演奏低音提琴声部，这样共需安排 24 人在弦乐声部组。对于一个中型弦乐声部组来说，各声部间人员的分配可为 12、10、8、6、4，这样共需安排 40 人在弦乐声部组。对于一个大型弦乐声部组来说，各声部间人员的分配可为 16、14、12、10、8，这样共需安排 60 人在弦乐声部组。

综上所述，一个具有常规编制的交响乐团大概有 83 人，其中 60 人在弦乐声部组（按大型弦乐声部组所需人数计算），8 人在木管声部组，10 人在铜管声部组，5 人在打击乐声部组。通过这些数字，我们不难看出，交响乐团实际上是建立在弦乐团的基础之上的，因为交响乐团中大部分演奏员都是弦乐演奏员。在中小学交响乐团的早期建设过程中，想要一次性找出 60 名学生构成一个大型弦乐声部组，可以说是相当困难。因此，学校可以考虑在交响乐团建设初期，首先尝试组建出一个中型或小型弦乐声部组，然后通过每年的招新，不断扩充弦乐声部组的人数。

三、中小学交响乐团的组织与管理

由于交响乐团所涉及的乐器种类之多，演奏人员数量之大，要想成功地在校内外组织开展乐团排练与演出活动，称职的交响乐团组织与管理教师不可或缺。学校应在筹划建立交响乐团的初期，首先聘任一位乐团管理教师，负责协调乐团活动中将要涉及的各种事宜。从专业角度来说，管理教师应具有丰富的交响乐知识，能熟练掌握一种及以上乐器的演奏技能，指挥专业的人员更佳。由于学校乐团管理教师的主要工作是围绕着学校领导、文化课教师、学生家长、学生演奏员、各个器乐指导教师和乐团指挥人员展开，因此，任职者应具备突出的语言沟通与组织协作能力。除此之外，乐团管理者还需对各种乐器的维修和保养有基本的了解，并能在每场乐团排练之前协助乐团指挥安排详细的排练计划，以及准确地为每位演奏员分配好乐团分谱。

四、艺术指导团队的建设

中小学交响乐团的艺术指导工作通常是由教师团队来进行的。由于交响乐团里涉及许多不同种类的乐器，要求一位器乐指导教师对所有学生进行分别辅导是不现实的。理想情况下，一个完善的教师团队应由一名乐团指挥和若干名器乐教师组成。每位器乐教师负责教授学生一种乐器的演奏方法，同时也对同一乐器声部的合奏进行指导。而乐团指挥的任务则是在乐团整体排练的过程中将每个乐器声部恰当地融合在一起。除此之外，乐团指挥还应和乐团管理教师一起负责安排每个学期的排练与演出计划，以及音乐会曲目的制定。在制定出整个学期的排练计划后，乐团指挥还需负责安排每次乐团整体合奏训练的具体计划。例如，某年某月某日计划的整体合奏训练时长为两个小时，乐团需要排练三首作品，乐团指挥需根据排练曲目的长短和难易程度，详细安排出每首作品所需的具体排练时间长度。此外，乐团指挥还需和乐团管理教师协商，确定每场演出中各声部的首席演奏员，这些首席演奏员在排练与演出的过程中，肩负着领导其所在声部其他演奏员的重任。

五、乐器购买注意事项

在有条件的情况下，学校可以统一购买全套交响乐团所需乐器，供学生使用。对于一些经济条件较好的家庭，家长可自行为学生购买品质较高的乐器。如果无法为全体乐团成员提供所需乐器，学校应首先利用有限的资金来购置打击乐器，如定音鼓、低音鼓、钟琴、木琴。其次，学校可以考虑购置外形较大且不方便携带的弦乐类和管乐类乐器，如低音提琴和大号。由于这些乐器价格不菲，学校在购置这些乐器时，需要了解相关乐器的基本知识。

（一）定音鼓

交响乐团中的定音鼓指的不是一台鼓，而是一组鼓，通常由四台尺寸不同的鼓组成。这些鼓的鼓面直径长度分别是 32 英寸（1 英寸 = 2.54 厘米）、29 英寸、26 英寸和 23 英寸。这四个尺寸的定音鼓组合在一起，足以演奏大多数交响乐作品中的定音鼓声部。除了上述四种型号的定音鼓外，市场上还有一种 20 英寸鼓。这个型号的定音鼓一般只用来演奏个别交响乐作品中所涉及的一小部分高音。对于专业交响乐团来说，它是不可或缺的。但对于学生交响乐团来说，20 英寸鼓的用处不多。因此，校方在乐团建设初期购置定音鼓时，首要的还是购买前文所强调的四个尺寸的鼓。

（二）低音提琴

对于任何提琴类乐器的购置来说，不光要购买提琴本身，还需购买琴弓，低音提琴也不例外。对于低音提琴琴弓的购买，首先应该了解的是，当今市场上所出售的低音提琴琴弓分为两类，一类是法式琴弓，另一类是德式琴弓。法式琴弓并不意味着这类琴弓由法国生产；同理，德式琴弓也是如此。法式琴弓与德式琴弓在外形上的主要区别是，德式琴弓的马尾库相对于法式琴弓的较宽。因此，在握弓时，如果演奏员使用法式琴弓，则运用外侧握弓法（与小提琴、中提琴和大提琴的握弓法相似）；如果演奏员使用德式琴弓，则运用内侧握弓法（图 6-1）。

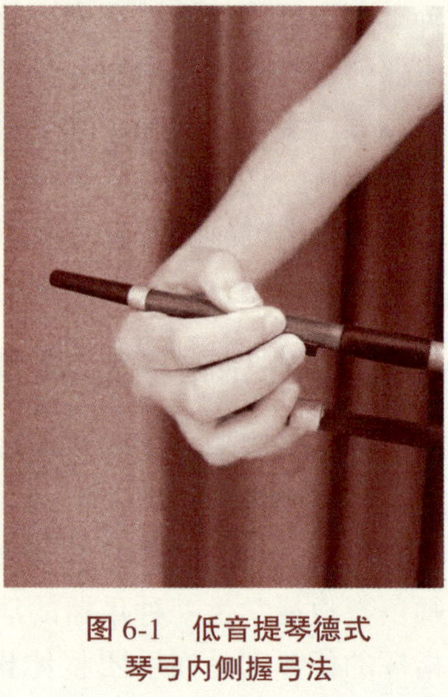

图 6-1　低音提琴德式琴弓内侧握弓法

一般情况下，低音提琴演奏员或选择外侧握弓，或选择内侧握弓，很少有低音提琴演奏员在同一首作品中使用两种握弓方法，因为在实际演奏中，更换握弓方法意味着更换琴弓。演奏员大多不希望随时携带两种琴弓，几乎所有低音提琴演奏员都会根据自己的手形选择使用琴弓来进行演奏。从发音的角度来讲，运用内侧握弓法演奏出的声音更浑厚。但相比之下，外侧握弓更能提高演奏员右手的灵敏度。因此，在购置低音提琴琴弓之前，校方一定要向乐团中指导低音提琴的教师进行咨询。如果该教师使用的是德式琴弓，那么学校应首选购置德式琴弓；如果该教师使用的是法式琴弓，学校则应购置法式琴弓。对于低音提琴的教学来说，如果教师与学生在握弓方法上不统一，会严重影响学生在学琴初期的学习进度。

低音提琴琴体大致分为四个型号：1/4 型、1/2 型、3/4 型和 4/4 型，其中 3/4 型低音提琴通常被认为是标准琴。一般在小学阶段，可以考虑为学生购置 1/4 型低音提琴。这对小学生早期学习低音提琴有很大帮助，因为在这个阶段，小学生手掌的大小还不能演奏标准型号的低音提琴。在初中或高中阶段，随着学生的身高及双手的发育，则可考虑为学生购置标准型号的低音提琴。

当今市场上所销售的低音提琴有的是四弦琴，有的是五弦琴。这里只简单对五弦低音提琴进行说明。众所周知，小提琴、中提琴和大提琴这三种提琴都只有四根琴弦。事实上，普通的低音提琴也只有四根琴弦，其空弦音高由高到低分别是 $G-D-A_1-E_1$。那么在演奏中，低音提琴所能演奏的最低音为 E_1。但是在某些交响乐作品中，低音提琴声部里包含了比 E_1 更低的音。为了演奏出这些低音，制作提琴的师傅又为四弦低音提琴安装了第五根琴弦——C 弦或 B 弦。这使得五弦低音提琴的音域比四弦低音提琴更宽。总之，专业交响乐团需要配备五弦低音提琴，而四弦低音提琴也完全可以满足中小学交响乐团的排练需要。

（三）转调乐器

在管乐类乐器中，有许多是转调乐器。在木管类乐器中，单簧管基本可以分为高音单簧管、中音单簧管、低音单簧管和倍低音单簧管这四种不同型号。在同一型号的单簧管中，又存在不同调性的差别。例如，高音单簧管又分 $^\flat$E 调单簧管、$^\flat$B 调单簧管和 A 调单簧管。交响乐作品中最常用到的是 $^\flat$B 调单簧管和 A 调单簧管。在中小学交响乐团的教学中，一般学生使用的单簧管启蒙乐器都是 $^\flat$B 调单簧管。学校在建团初期，应首先考虑购置 $^\flat$B 调单簧管。

在铜管类乐器中，小号是转调乐器，较常见的有 C 调小号和 $^\flat$B 调小号。一般小号学生使用的启蒙乐器都是 $^\flat$B 调小号，学校应首先考虑购置 $^\flat$B 调小号。圆号虽然也是转调乐器，但市场上所出售的圆号型号基本统一，这里不做过多说明。长号虽然不是转调乐器，但一般分为次中音长号和低音长号两种。在多数交响乐作品中，长号声部都由两个次中音长号和一个低音长号组成。在学习长号初期，学生都会从次中音长号入门，学校在建团初期应首先考虑购置次中音长号。大号这一转调乐器大致分为 F 调大号、$^\flat$E 调大号、C 调大号和 $^\flat$B 调大号。在一般情况下，学生都会从 $^\flat$B 调大号学起，学校可优先选购 $^\flat$B 调大号。

六、排练场地及其他相关设施

乐团排练的场地应选在相对独立的空间，以免排练时发出的声音影响到其他教室正常的教学。乐团排练厅的大小应根据乐团规模设定，一般按照每位演奏员占地 2 平方米来进行计算。另外，排练厅的高度应尽量高于 6 米。

乐团排练厅应为学生提供排练时所需的座椅及谱台，座椅的数量即实际乐团成员的数量。需要注意的是，学校应选购不带扶手的座椅，因为扶手会在演奏过程中给某些乐器的演奏员带来巨大不便。对于定音鼓演奏员和低音提琴演奏员，有条件的学校应为其提供专业的高凳。每位木管、铜管、打击乐演奏员都应配置属于各自的谱台。对于弦乐声部来说，按惯例每两位弦乐演奏员应配置一个谱台。除座椅及谱台外，排练厅中应至少提供立式钢琴一台，为音乐教师在排练过程中的教学提供方便。

七、组建三个学生梯队

中小学交响乐团建设存在一个不可避免的问题，就是因每年高年级同学毕业导致的乐团成员流失，因此，做好低年级乐团成员的补给是维持学校乐团正常运营的重要工作。每年乐团都需要从低年级的同学中招新，在招新的过程中，学生可以根据自身的条件和兴趣爱好，选择适合自己的乐器，从零开始学习。

众所周知，所有器乐演奏的学习都不可能速成，每个学生都需要花费足够的时间进行基本功练习。此外，交响乐团里包含了多种不同的乐器，有的乐器如长笛、单簧管，相对容易上手；而圆号、低音提琴这些乐器的发音对于初学者来说是相对较难的，因此，新生不可能在起步阶段就加入交响乐团的合奏排练。

针对这些中小学交响乐团建设中所不可避免的问题，较为有效的解决方法是组建三个学生梯队。第一梯队由低年级新生组成，主要由各种乐器的专任教师，用集体授课的形式，对学生进行音乐基础知识、器乐发声与基本演奏方面的授课。第二梯队主要是中年级学生，这一梯队的学生已完成了在第一梯队里的基本功训练，对自己学习的乐器已初步具有驾驭能力，乐团指挥可以对该梯队的学生进行基础合奏训练。一般情况下，管乐与打击乐器的学习进度比弦乐器要快得多。因此，在这个阶段如果急于将管乐声部和弦乐声部合在一起进行训练，有时会产生事倍功半的效果。较为有效的方法是乐团指挥将第二梯队中学习弦乐器的学生组成弦乐团，将学习管乐器和打击乐器的学生组成管乐团，对这两个乐团分开进行合奏训练。由于第二梯队的学生合奏经验不足，指挥应首先选择音乐织体较为简洁的作品进行训练。第三梯队是最有演奏经验的高年级同学。这些学生经过较长时间的器乐学习和合奏训练后，能较娴熟地演奏乐器并具备一定的合奏经验。在这一阶段的训练中，指挥可将第三梯队里的弦乐团与管乐团的成员安置在一起，对其进行交响乐团合奏方面的训练，并逐渐带领学生排演经典交响乐作品。

第三节　中小学交响乐团的日常管理与教学

一、中小学乐团的日常管理

（一）排练与演出时间计划

若想成功地组织中小学交响乐团的演出活动，乐团指挥与管理教师需要在第一次乐团合奏之前安排出周密的排练与演出计划。理想情况下，学校可以每周安排两次排练，每次排练时间应为两个小时。第一次排练为分声部排练，由各声部专业器乐教师进行辅导；第二次排练为合奏排练，由乐团指挥进行辅导。

由于乐团排练涉及的人员较多，乐团管理教师需提前与乐团指挥、器乐指导教师、学生和家长沟通，确定好每周排练的具体时间。在演出前的一至两周，学校可适当增加排练次数，以保证演出质量。对于初三、高三乐团成员来说，学校应尽量减免他们的乐团排练与演出任务。

（二）学生出勤

对于乐团训练来说，无论是分声部排练还是整体合排，都是以集体的形式进行教学。因此，保证每位学生出勤是提高乐团训练效率的重中之重。管乐声部的学生尤为重要，因为他们每个人都负责演奏一个单独的声部。一旦某个管乐声部的学生缺席（尤其是演奏一声部的学生缺席），就会造成重要旋律缺失的情况，严重影响排练效果。如果某个管乐一声部同学的缺席不可避免，那么乐团管理教师应及时准备后备方案。或请具有较高水准且演奏同一乐器的演奏员临时替补缺席的同学，或在排练过程中使用钢琴弹奏弥补缺席同学的声部。

（三）乐谱管理与分配

乐谱的管理与分配是交响乐团工作中不可或缺的一部分。交响乐团的乐谱一般分为总谱和分谱，总谱供指挥在排练和演出时使用，分谱供乐团演奏员使用。在接收到采购的乐谱之后，交响乐团的管理教师需要对每首交响乐作品的分谱进行排序。排序方法一般是按照乐曲总谱上各个乐器声部由上到下的顺序来进行排列。例如，在勃拉姆斯《第二交响曲》的总谱里，各乐器声部由上到下分别为：第一长笛、第二长笛、第一双簧管、第二双簧管、第一单簧管、第二单簧管、第一大管、第二大管、第一圆号、第二圆号、第三圆号、第四圆号、第一小号、第二小号、第一长号、第二长号、低音长号、大号、定音鼓、第一小提琴、第二小提琴、中提琴、大提琴和低音提琴。在整理分谱时，乐团管理教师需按上述总谱乐器声部的排列顺序对该交响曲的分谱进行排序。

对于弦乐演奏员来说，一个音符既可用下弓（从弓根到弓尖）演奏，也可用上弓

（从弓尖到弓根）演奏。一个弦乐声部通常由多名演奏员组成，如果没有弓法的标注，演奏员在演奏时所使用的弓法将很难统一。这样既会在演出时造成视觉上的不美观，也会大大影响音效的整齐。在学校的交响乐团中，弦乐声部的弓法通常是由乐团指挥或各弦乐声部的指导教师来规定并标注在总谱上。之后，由乐团管理教师将总谱上标注的弓法准确地抄写到每个弦乐声部的分谱上。最后，管理教师应根据每个弦乐声部的具体人数，给每位弦乐演奏员复印出一份带有准确弓法的乐谱供其练习。

在交响乐作品中，由于每个管乐声部和打击乐声部都是由一位演奏员来演奏的，乐团管理教师只需把这些声部的分谱准确地发给相对应的演奏员即可。演奏方法上，演奏管乐不同于弦乐和打击乐，需要换气。对于学生演奏员来说，由于缺乏演奏经验，需要管乐声部的指导教师在分谱上为其标注气口（通常用逗号来表示）。

乐团管理教师应在乐团第一次排练日至少前两周将标注好弦乐弓法和管乐气口的分谱准确地分配给每位演奏员，使其有充足的时间进行练习。此外，乐团管理教师应在第一次乐团排练之前，为各声部的器乐指导教师复印一份总谱，便于教师开展教学。

（四）乐器的保养与其他演奏用品的采购

乐团管理教师应在每个学期开学之前，充分利用寒暑假没有学生排练的时间对学生乐器进行适当的保养及维修。不同类型的乐器有着不同的保养内容和维修注意事项，具体如下。

1. 弦乐器

各种弦类乐器的保养可以大致分为两方面，一是琴弓，二是琴体本身。

各类提琴琴弓的弓毛需要定期更换，有条件的学校可以每年更换一次弓毛。小提琴、中提琴和大提琴的弓毛一般都是白色弓毛，而低音提琴的弓毛分为白色和黑色两种。与白色弓毛相比，黑色弓毛的摩擦力更强。对于初学低音提琴的学生来说，使用黑色弓毛更有助于琴弦的震动，因此演奏出的声音更浑厚。除了对弓毛定期更换外，乐团管理教师也需要根据使用情况，定期为弦乐演奏员购置松香。

对提琴琴体的保养与维修主要涉及三个方面：一是琴弦的更换，二是琴码的调节，三是琴体裂口的修补。大提琴和低音提琴的琴弦较粗，极少出现断弦的现象，这两种乐器的琴弦一般三年更换一次即可。这里需要注意的是，低音提琴的琴弦分为独奏弦和乐团弦，这两种琴弦的定弦不同。独奏弦的音高由高到低分别为 $A-E-B_1-{}^{\#}F_1$，而乐团弦的音高由高到低则分别为 $G-D-A_1-E_1$。只要在乐团中演奏，低音提琴都需要使用乐团弦。

对于小提琴和中提琴的琴弦来说，由于这两种提琴的琴弦相对较细，在学生校音的时候，偶尔会出现断弦的情况。乐团管理教师需要在排练室预备小提琴和中提琴琴弦各一套，来应对突发情况。小提琴与中提琴的琴弦同样需要三年更换一次。

提琴类乐器的琴码位置有时会因温度或湿度变化发生移位，影响正常演奏。大提琴和低音提琴的琴码移位，有时会造成琴弦与指板间的距离增大。这会造成演奏员在左手按弦过程中难以将琴弦完全按在指板上，从而影响音准与左手的灵敏度。乐团管理教师需定时请提琴技师或专业提琴教师检查学生提琴的琴码，对移位的琴码进行及时调整。

此外，乐团管理教师还需定时检查提琴琴体是否有开胶或开裂的现象。提琴琴体的开裂会严重影响到琴体的共鸣。如有发现，应及时请提琴技师进行修复。

2. 木管乐器

关于木管乐器声部，乐团管理教师需要为双簧管、单簧管和大管的演奏员提供数量充足的哨片。木管演奏员有时需连续试用几个新哨片，才能从中挑选出最利于发声的一个。对于木管乐器的管体来说，其保养主要包括对按键松弛、漏气等方面的检修。

3. 铜管乐器

铜管乐器通常由号嘴和号体组成，同一种铜管乐器可使用不同型号的号嘴。专业教师应根据演奏员牙齿和口型的特点，为其指定合适的号嘴型号。乐团管理教师需根据实际需求，为各种铜管乐器购置不同型号的号嘴。和木管乐器一样，铜管乐器的保养主要包括对按键松弛、漏气等方面的检修。此外，乐团管理教师还需定时采购号油，为铜管学生使用。

4. 打击乐器

打击乐演奏用品的购置十分烦琐，因为打击乐类乐器十分广泛，学校不可能将所有打击乐器一次性购置齐全。乐团管理教师需根据当前排练作品的实际需要，在第一次排练前及时购置所需乐器。另外，部分打击乐器，如定音鼓，其鼓槌分大小和软硬之别，乐团管理教师需与打击乐声部的指导教师沟通，在第一次排练前，及时购置与作品要求相对应的鼓槌。

二、中小学交响乐团的教学

（一）第一梯队学生的教学

对第一梯队的学生而言，指导教师应首先帮助学生养成良好的学习习惯。严格的组织纪律是保证课堂教学效果的前提。多数情况下，中小学交响乐团的教学是以集体形式开展的。有些乐器声部，一名指导教师要在一节课上同时教授十几名学生。乐团指挥在整体合奏排练中需同时面对上百名学生。在这种情况下，任何违反纪律的行为都会影响教师和指挥的正常教学，有时甚至会严重耽误排练进程。因此，教师在教学初期应有意识地培养演奏员的组织性、纪律性，这会让学生在今后参加整体合奏训练时提高学习效率。

其次，教授新演奏员的教师还应在教学初期帮助其养成良好的课前准备习惯。除了乐器以外，每个学生在参加乐团训练时都需携带乐谱、铅笔和调音器。近年来，随着电子科技高速发展，市场上已出现了越来越多的电子书籍。有些音乐出版社已相继开始推出电子乐谱。然而，在乐团排练中，教师应杜绝电子乐谱，坚持使用纸质乐谱。这样做的原因主要有二：其一，学生在排练过程中，需要随时在分谱上标记出指导教师与指挥所指出的问题和解决方法，诸如弓法、指法、音准及节奏。纸质乐谱上添加标记更有助于这些问题的保存。其二，在排练与演出过程中，电子产品有时会产生其他声响，如铃声与震动声，这些声音会干扰演奏，严重影响排练的正常进行。

除乐谱外，学生应在上每节专业课与排练课时携带一支铅笔，随时准备在乐谱上进行标注。此外，为了节省乐团合奏排练时间，教师应帮助新演奏员养成在排练开始前组装乐器和调音的习惯。例如低音提琴，其所需调音时间相对较长，初学者又缺少对正确音准的把控，使用调音器可相对提高他们的调音速度及准确性。

针对第一梯队学生的专业教学内容应包含音乐基础知识、乐器基本发声法与演奏法。为提高教学效率，教师可将音乐基础知识的教学与器乐演奏的教学分开进行。学生对音乐基础知识的学习应包括识谱、节奏练习及单声部的合唱练习。交响乐作品中所有乐器声部使用的都是五线谱记谱法，所以每个学生都要学习认识五线谱。需要注意的是，交响乐团中各乐器声部使用的谱号不同。表 6-1 是不同乐器常用的谱号，可作为参考。

表 6-1　交响乐团乐器谱号使用一览

乐器名称	常用谱号
长笛	高音谱号
双簧管	高音谱号
单簧管	高音谱号
大管	低音谱号/次中音谱号（偶尔）
小号	高音谱号
圆号	高音谱号/低音谱号（偶尔）
长号	次中音谱号/中音谱号/低音谱号
大号	低音谱号/次中音谱号（偶尔）
定音鼓	低音谱号
其他打击乐	高音谱号/低音谱号
小提琴	高音谱号
中提琴	中音谱号
大提琴	低音谱号/次中音谱号（偶尔）
低音提琴	低音谱号/次中音谱号（偶尔）

无论学习哪种乐器，学生都应掌握常见谱号（如高音谱号、中音谱号、次中音谱号和低音谱号）的视奏技能，为日后研习交响乐总谱打下扎实基础。为提高学生在音乐学习初级阶段的识谱视奏效率，各乐器指导教师可根据学生所学乐器的常用谱号，进行有针对性的教学。

关于节奏方面的教学，指导教师应着重教授学生对节拍的分解，例如一个四分音符可以被分解为四个十六分音符，一个八分音符可以被分解为两个十六分音符。在交响乐团的演奏中，演奏员需随时对时值较长的音符进行分解，这样才能使各种乐器所演奏出的音乐在节奏上精准地融合在一起。

除了识谱与节奏方面的训练，单声部合唱练习在音乐学习的初级阶段是必不可少的。对于交响乐团里的弦乐演奏员来说，多位演奏员所演奏的内容相同，因此，单声部合唱练习能开发这些弦乐演奏员的声部意识，这对他们日后在交响乐团里的演奏是十分重要的。另外，在练习合唱的过程中，教师需在钢琴上弹奏出学生们所唱的旋律，为他们提供正确音准。通过这样的练习，学生可养成在排练中随时向正确音准靠拢的习惯。

近年来，各种乐器演奏教材层出不穷，但这些教材更侧重独奏方向的教学，其中涉及合奏方面的内容不多。若想在中小学中以各种乐器“齐头并进”的方式进行教学，乐团指挥与各乐器指导教师应首选侧重乐团合奏训练的教材。目前国内有两套教材较为常用，一套是《弦乐队标准化训练教程》，另一套是《管乐队标准化训练教程》，它们均由上海音乐出版社原版引进，具体编写特点如下。

1.《弦乐队标准化训练教程》

《弦乐队标准化训练教程》由特丽·谢德等著，上海音乐出版社 2014 年出版。该书由一本合奏教材和小提琴、中提琴、大提琴及低音提琴四本弦乐器教材组成。如果单从其中一种乐器的教材来看，它和其他演奏教材似乎没有太大差别。但每一本乐器教材的单声部音乐，都可和其他乐器教材中的音乐组合在一起，形成合奏练习，这是该书与独奏类教材之间最大的区别。

2.《管乐队标准化训练教程》

《管乐队标准化训练教程》由布鲁斯·皮尔森著，上海音乐出版社 2006 年出版。它的教材结构与《弦乐队标准化训练教程》相同。

在教学过程中，如果让第一梯队的学生根据自己所学乐器，使用上述两套教材中的分类教材进行学习，那么当这些学生进入第二梯队后，教师就可运用他们之前所学过的音乐内容，对其进行合奏训练，这将大大提高中小学交响乐团的教学效率。

器乐指导教师可对第一梯队中同一乐器声部的学生开展集体教学。但需要注意的是，由于不同乐器的演奏难易程度不同，个别乐器的授课方式可以进行适当调整。如圆号的发音对初学者来说十分困难，有师资条件的学校可鼓励器乐指导教师为学生提供一对一，或一对二形式的专业课。

除了教材的选择与使用，各种乐器的器乐指导教师还需对学生的基本功进行有针对性的训练。对学习弦乐类乐器的学生来说，在空弦上练习长音是必不可少的，坚持这种练习，可以有效提高学生的演奏音量及音质。以往，教师在弦乐教学的初期更侧重于右手运弓练习，容易忽略右手拨弦练习。事实上，在大多数弦乐独奏作品中，右手拨弦的演奏片段不多，但在交响乐作品中，弦乐声部里右手拨弦的片段相对较多，特别是大提琴和低音提琴声部。拨弦的方法大致可分为两种，一种是握弓拨弦，另一种是徒手拨弦。在交响乐作品中，如果弦乐声部通篇或大部分片段都需要演奏拨弦，那么弦乐成员可以选择将琴弓放置在谱台上，徒手进行拨弦演奏。如果弦乐声部中涉及拉弓与拨弦的交替，演奏员则需选择握弓拨弦。

在管乐教学的初期阶段，长音练习也是必不可少的。弦乐类乐器的发音靠拉弓，而所有管乐器的发音是靠气息。弦乐演奏员可以靠换弓来无限延续一个音，而管乐演奏员所能演奏出的乐音时值是靠气息的长短来决定的。长音的练习不仅可以帮助演奏员增强气息，也可以帮助演奏员更好地控制气息，使演奏出的长音听起来更平稳，音质更饱满。

在器乐教学初期，各种乐器的指导教师，应首先教会学生如何快速准确地对乐器进行调音。各类弦乐器和木管乐器所对的音通常是 A 音。各类铜管乐器因多为转调乐器，且学生在学习初期使用的又多是$^{\flat}$B 调乐器，故可用$^{\flat}$B 音进行调音。当然，对于音高的校对，教师应更多使用钢琴为学生提供准确的音准，引导学生有意识地向正确音准靠拢。如果学生在学习音乐初期，就养成了过分依赖调音器来调整音准的习惯，那么在日后合奏排练中，学生就很难对自己演奏出的不正确的音高进行辨别，从而影响整个乐团的合奏音准。

节拍器的主要作用是帮助演奏员保持正确的演奏速度。很多学生在练琴时，容易忽视作品的演奏速度，这往往会造成练琴效率事倍功半。在演奏过程中，演奏员需保持同一速度，既不加快，也不变慢。也就是说，速度方面的训练，实际上是帮助学生在演奏过程中，保持匀速。初学器乐演奏的学生往往做不到对速度的正确把控，在练琴过程中，教师可鼓励学生适当地使用节拍器。

交响乐团中各种乐器的上手速度是不同的，其中学习打击乐器的学生上手速度相对较快，木管类乐器次之，铜管类乐器相对较慢。与上述三类乐器相比，弦乐类乐器的上手速度是最慢的。在学生学习乐器的初级阶段，打击类乐器几乎不需要演奏员对音准进行任何调整。木管和铜管类乐器靠不同的按键来改变音准，在正常发音的前提下，这些演奏员所奏出的音准是相对准确的。但是，弦乐演奏员的提琴是没有按键的，他们需要时刻倾听自己所奏出的音准，然后靠调节左手按弦的位置来不断纠正音准。在学习乐器的早期阶段，由于学生对正确音准的把握还不娴熟，纠正音准在弦乐器的教学中将占用大量时间。这导致了弦乐类乐器的学习进度相对较慢。

除了音准和速度方面应该注意的问题，教师还应让学生尽早学习一些常见的演奏法，例如连音、跳音及重音的演奏。对于学习弦乐的学生来说，这些声音都是通过琴弓与琴弦之间不同的接触方式所演奏出来的。对于学习管乐的同学来说，这些声音是靠不同的吐音方式所演奏出来的。无论是演奏弦乐还是管乐，想要将不同的演奏法运用自如，都需要很长时间的练习与钻研。在传统的乐器演奏教学中，教师的教学重点往往是指法练习，而忽略演奏法的练习。然而，经典交响乐作品对演奏法的要求极高，要想完美地将交响乐作品呈现给听众，教师在教学中就应尽早帮助学生掌握各种演奏法。

（二）第二梯队学生的教学

第二梯队的学生需要接触合奏训练。在这一阶段的教学中，如果同时将弦乐声部、管乐声部和打击乐声部的学生组织在一起进行合奏训练，很可能会造成弦乐声部跟不上管乐和打击乐声部的进度，严重影响整体训练效率。因此，教师可以考虑将弦乐声部与管乐、打击乐声部分开进行合奏训练。这样，弦乐声部可组成一个具有完整编制的弦乐团，管乐、打击乐声部可一起组成管乐团。

弦乐团合奏训练需要注意：在每个弦乐声部组中，通常是两名演奏员共用一个谱台。演奏过程中需要对乐谱进行翻页时，通常是谱台里侧的演奏员停止演奏并以最快速度完成翻页；与此同时，谱台外侧的演奏员保持正常演奏。在这一阶段的初级合奏训练中，教师应有意识地培养同谱台演奏员的协作能力。

弦乐团合奏训练中，乐团指挥可如图 6-2 所示，安置各弦乐声部。

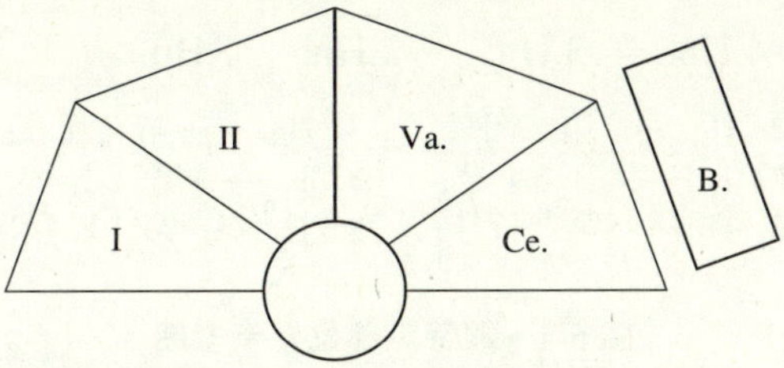

Ⅰ—第一小提琴声部；Ⅱ—第二小提琴声部；
Va.—中提琴声部；　Ce.—大提琴声部；　B.—低音提琴声部。

图 6-2　各弦乐声部位置示意图

一个弦乐声部由多名演奏员组成，如何安排演奏员的座次，让整个弦乐声部演奏出最好的音效呢？在教学中，虽然教师教授给每个学生的技巧方法都是一样的，但由于学生的认知能力不同，经过一段时间的学习后，学生之间的演奏水平参差不齐。如果将演奏水平较高的演奏员安置在前排，水平较低的演奏员安置在后排，在排练过程中，就会明显感觉到后排成员跟不上前排成员，从而导致声部奏出的声音不一致。为了解决这一问题，教师可以尝试将水平较高的演奏员安排在谱台外侧，水平较低的演奏员安排在谱台内侧。这样在排练过程中，演奏水平欠佳的同学身旁总有一名高水平成员带领，这会极大增强一个声部中成员之间的凝聚力，同时使演奏出的声音更整齐，声部感更强。

在交响乐作品中，管乐和打击乐声部都是由一名演奏员来演奏的，因此，这些声部中的每名演奏员都应单独使用一个谱台。在演奏中，演奏员要以最快的速度完成各自的翻谱。就管乐声部而言，通常是木管声部在铜管声部的前面。因为铜管声部奏出的音量较大，将其安置在木管声部后方，不会影响其声音在演奏厅里的传播。在初级管乐团合奏训练中，乐团指挥可如图 6-3 所示，安置各个木管声部的演奏员。

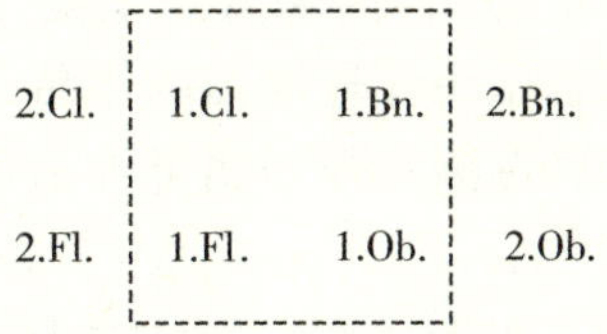

1. Fl. ——第一长笛；　　2. Fl. ——第二长笛；
1. Ob. ——第一双簧管；　2. Ob. ——第二双簧管；
1. Cl. ——第一单簧管；　2. Cl. ——第二单簧管；
1. Bn. ——第一大管；　　2. Bn. ——第二大管。

图 6-3　木管声部位置示意图

需要注意的是，在安置木管声部的演奏员时，一定要如图 6-3，将四个声部的首席演奏员安排在一起，这样有助于他们四人在演奏中相互配合。

乐团指挥可根据图 6-4 所示，安置各个铜管声部的学生。

3.Tr.　2.Tr.　1.Tr.　1.Tb.　2.Tb.　3.Tb.　Tub.

4.Hn.　3.Hn.　2.Hn.　1.Hn.

1. Hn. ——第一圆号； 2. Hn. ——第二圆号； 3. Hn. ——第三圆号； 4. Hn. ——第四圆号；
1. Tr. ——第一小号； 2. Tr. ——第二小号； 3. Tr. ——第三小号；
1. Tb. ——第一长号； 2. Tb. ——第二长号； 3. Tb. ——第三长号（低音长号）；
Tub. —大号。

图 6-4　铜管声部位置示意图

在安置铜管声部的学生时，一定要将小号首席和长号首席安排在一起，这样有助于他们在演奏中相互配合。

一般情况下，打击乐演奏员都是坐在铜管声部后方。定音鼓安置在小号声部正后方，因为在古典音乐时期，作曲家在编曲时会经常将这两个声部编配在一起。另外，对于演奏旋律的键盘打击乐演奏员来说，应尽量将他们安排在靠近舞台边缘的位置，这样有助于这些乐器声音的传播。如果这些乐器被安置在舞台里侧，那么他们所演奏的音乐就会轻易被其他乐器声部覆盖。

训练第二梯队的学生，应针对每个乐器声部在交响乐团中起到的不同作用安排不同的教学重点。对五个弦乐声部来说，因其声部都是合奏，应重点培养学生在演奏时统一演奏法。只有所有声部成员运用统一的演奏法，演奏出的声音才会更好地凝聚在一起，才会有声部感。对于各管乐声部来说，应重点培养学生对和声的敏感度。管乐学生对和声的敏感度越强，对音准的自我调节能力就会越强。对打击乐声部演奏员来说，应重点培养他们在演奏自己声部的同时，时刻跟随其他旋律声部的能力，这有助于提高打击乐学生演奏时的准确率。

（三）第三梯队学生的教学

在完成第二梯队初步的合奏训练之后，乐团指挥就可将弦乐声部、管乐声部及打击乐声部合在一起组成一个编制齐全的交响乐团了。针对第三梯队的训练，从乐曲难易程度考虑，乐团指挥可以首先选择音乐织体较简洁的作品，对乐团进行合奏训练。随着乐团合奏水平的不断提高，指挥即可逐渐指导乐团排练一些对演奏水平要求较高的经典交响乐作品。

如果从作品质量的角度考虑，乐团指挥应首先选择西方像海顿、莫扎特、贝多芬、勃拉姆斯、柴可夫斯基，中国像杜鸣心、吕其明等知名作曲家的作品，他们的交响乐作品在世界音乐作品中的地位相当于海明威的作品在世界文坛的地位、鲁迅的作品在中国文坛的地位。

另外，美国著名音乐教育家巴迪斯蒂还针对如何为学生乐团选择曲目这一问题，给出了以下几点建议①：

第一，所选曲目应有助于旋律、节奏、和声、音色、曲式结构及音乐织体等方面的教学。如果乐团选择演奏斯特拉文斯基的《彼得鲁什卡》，那么乐团成员将有机会学习到音乐界著名的彼得鲁什卡和弦。如果乐团选择演奏布里顿的《青少年管弦乐队指南》，那么教师可以通过这首作品向学生介绍变奏曲及赋格等曲式，同时，乐团成员也有机会学习各种交响乐团乐器的音色。如果乐团选择演奏普罗科菲耶夫的《彼得与狼》，那么乐团团员将有机会学习到节拍的转换。

第二，所选曲目中的各乐器声部最好都包含一部分相对独立的音乐旋律。举例来说，如果在一首作品中，低音提琴和大号只有零星的几个音符需要演奏，那么在排练过程中，这样的演奏势必会令这些声部的演奏员感到乏味。虽然在交响乐作品中，不同的乐器有着不同的作用，但站在演奏员的角度上看，低音提琴学生和大号学生也会对优美的主旋律心驰神往。在排练的过程中，他们希望在自己的声部里有一部分相对独立的旋律。

第三，所选曲目应尽量适合乐团的编制。举例来说，如果一个学生乐团中弦乐演奏员的数量不足，那么在选曲时应尽量避免后浪漫主义时期的交响乐作品，否则在演奏作品过程中，弦乐声部将会容易被铜管声部覆盖。如果乐团中仅缺少一名演奏独奏声部的演奏员，在适当的情况下，指挥可以考虑利用其他乐器来弥补。例如，在比才《阿莱城的姑娘》第二组曲中的间奏曲部分，如果乐团没有萨克斯演奏员，指挥可让一名演奏技巧较精湛的圆号演奏员代替。如果学校没有竖琴演奏员，指挥可以让一名钢琴演奏员代替。当然，这样做的前提是不破坏原著作品的整体结构。

第四，所选音乐作品的音乐语言应具有较强的感染力。演奏音乐的目的之一是表达人们内心的丰富情感。通过音乐来表达内心情感的前提，是充分理解作品的音乐语言。一首作品中的音乐语言过于抽象，势必会影响学生对该作品的理解。在演奏过程中，该音乐也就无法唤醒学生的情感共鸣，进而影响到演奏的质量。

第五，应尽量避免选择对演奏员演奏技巧要求极高的作品。如莫扎特的《魔笛序曲》，是一首堪称完美的管弦乐作品，但这首作品对弦乐演奏员的技术要求极高。如选择表演这首作品，在排练过程中，指挥与指导教师势必会花费大量时间在技术问题上。如此一来，指挥在排练过程中，就无法围绕这首作品涉及的其他重要成分（如音乐动机与复调织体）开展教学，学生也可能因为过多地注重音符的演奏而忽略对音乐情感的表达。

第六，应在教学过程中尽量安排音乐风格各异的曲目，如古典音乐、浪漫主义音乐、中西方民族音乐、音乐剧或流行音乐改编音乐，这样有助于学生艺术视野的开拓。

在一个学期中，学校应尽量为交响乐团安排一次展演活动，这不仅可以作为交响乐团的教学总结，也可以充分提高学生练习的积极性，并在校园中通过音符来传播音乐文化。要想成功地举办一次交响乐团展演，乐团指挥需要对展演曲目进行精心策划。按照

---

① Frank L. Battisti. The Winds of Change[M]. Delray Beach: Meredith Music Publication, 2002:402-403.

传统交响乐音乐会曲目的选择方法，在一场音乐会中，指挥应尽量选择上演几首可以代表不同音乐风格、不同体裁的作品，如图 6-5 所示。

上半场：海顿《第一百零四号交响曲“伦敦”》（古典音乐）30 分钟
中场休息：15 分钟
下半场：刘铁山、茅沅《瑶族舞曲》（中国民族音乐）10 分钟
李斯特《第一钢琴协奏曲》（浪漫主义音乐）25 分钟
返场曲 5—10 分钟

图 6-5　××交响乐音乐会曲目

在包括中场休息 15 分钟的情况下，一场音乐会的总时长通常会设置为 90—100 分钟。中小学交响乐音乐会可根据实际情况对音乐会时长进行调整。如果演出总时长少于 60 分钟，则无需安排中场休息时间。

对大多数中小学交响乐团来说，上述曲目安排在一个学期的训练中是无法完成的。一首完整的交响乐作品一般需要 30—40 分钟的演奏时间，由于中小学乐团排练时间有限，加上学生演奏员演奏技术上的限制，指挥可能无法排练一首完整的作品。因此，指挥应尽量选择短小精湛的作品进行排练，甚至可以考虑在一场音乐会中只上演一首交响乐作品的某个乐章。

另外，指挥在选择音乐会曲目时，应尽量选择一些学生与听众都熟悉的曲目。学生对自己喜欢的曲目往往有着极大的兴趣，而听众也更希望在音乐会上听到自己熟知的作品。但从另一个方面来讲，指挥也应在一场音乐会中选择上演至少一首学生不太熟悉的作品。这样可以开阔学生的视野，让他们在乐团训练中接触到崭新的音乐知识。

就排练技巧而言，虽然第三梯队的学生在经历了前两阶段的训练后，已具有较成熟的演奏水平和合奏经验，但乐团指挥在对交响乐团进行整体合奏训练的同时，一定要坚持声部分排训练。交响乐团不是由上百名独奏演奏员组成的，而是由十几个乐器声部组成的。要想使乐团合排高效率进行，声部合排是不可或缺的。由于乐团整体排练时间极为有限，很多时候，指挥无法对某个声部进行过于细节化的指导，而声部排练可为各声部演奏员提供一个处理音乐细节的机会。只有将每个声部的分排训练到位，乐团整体的合奏训练才能达到事半功倍的效果。

第四节 中小学交响乐团的常见问题与对策

一、编制不齐全

交响乐团中，虽然每种乐器都很重要，但并不是每种乐器都被大众熟知。举例来说，大多数家长和学生都对小提琴、大提琴、长笛、小号这些乐器有着相对较多的了解；但像中提琴、低音提琴、大管这样的乐器，很多人对它们知之甚少。这就导致选择乐器时，很多学生和家长会优先选择小提琴、长笛等乐器，而低音提琴、大管等相对冷门的乐器却较少被选择。

事实上，交响乐团中每种乐器的存在都不可或缺。如果没有学生演奏大管、低音提琴，那么乐团的编制就不齐全，日后就无法演奏交响乐作品。如何让更多学生选择冷门乐器，也成了所有乐团招新工作中较艰巨的任务。

冷门乐器的指导教师应在招新过程中，主动以器乐表演的形式为学生和家长提供了解这些乐器的机会。另外在选择乐器时，指导教师一定要根据学生特点，向家长着重推荐更适合他们孩子演奏的乐器。假如一名学生对小号有浓厚兴趣，但他的口型和牙齿位置并不适合吹奏铜管乐器，而该学生却有着绝对身高优势及粗壮的手指，那么教师可鼓励该学生尝试学习低音提琴。事实上，兴趣也是可以通过后天的学习来培养的。为了鼓励更多的学生学习冷门乐器，校方可以为学习冷门乐器的学生提供适当的学习优惠政策及奖励。

二、声部之间音量不均衡

交响乐团涉及多种乐器，学生学习每种乐器所需的时间也不同，这就容易造成乐团排练时，某些乐器声部演奏水平相对薄弱，演奏出的音量较小。比如在正常编制下，木管声部组一共有 8 名学生，其与铜管声部组相比，音量相对较弱；其与一个拥有 60 人编制的大型弦乐声部组相比，音量便会轻易被弦乐组覆盖，这会致使乐团各声部之间音量大小严重失衡。

要想解决这一问题，乐团指导教师与乐团指挥可考虑安排两名学生同时演奏一个木管声部。以长笛声部为例，长笛第一声部安排 2 名学生演奏，长笛第二声部也安排 2 名学生演奏。这样，整个木管组演奏员的数量就从原来的 8 人增加到 16 人。整个木管声部组中各乐器声部音量就会增强，从而使整个交响乐团各声部间音量得到更好的平衡。

三、如何对多余的管乐演奏员进行安置

交响乐团对管乐演奏人数需求不多，一个编制齐全的交响乐团最多只需十几名木管

演奏员与十几名铜管演奏员。在中小学，像大号这样的管乐器，几年才需招 1 名演奏员，这就限制了学生选择学习该乐器的机会。

要想解决这一问题，学校可以考虑在建立交响乐团的同时，另外组建一个管乐团。管乐团对每个声部人数的要求相对灵活，有的管乐团甚至可以安排十几名单簧管演奏员及五六位大号演奏员。有管乐团作为交响乐团的兄弟团队，学校每年对管乐招新的人数就可以充分放开，也就不会限制学生兴趣爱好的发展，给学生提供一个自主选择乐器学习的机会。

四、关于交响乐曲中的技术难点

交响乐历经长期发展，世界各国的作曲家给我们留下了数不胜数的交响乐作品，但适合中小学交响乐团学习演奏的作品却凤毛麟角。目前，大多数中小学交响乐团都会在自身编制相对完善、演奏水平相对较高的基础上，选择演奏专业交响乐作品。而这些专业作品中往往涉及不少技术难点，这些技术难点会在整个乐团排练过程中成为某些声部的绊脚石，造成乐团排练停滞不前，严重时会影响整个学期的排练与演出计划。

作为音乐工作者，本着对音乐作品认真负责的态度，我们应尊重原著，通过严谨的演奏，表达作曲家在作品中所要传达的内容。但许多作曲家的作品并不是写给中小学交响乐团的。在中小学校园中演奏这些作品，是为了更好地让学生了解这些经典名作，更好地利用交响乐团来推广美育工作。本着这样的初衷，在不严重影响作品结构与作曲家本意的前提下，教师可对部分声部中的技术难点进行改编，让学生利用自己有限的演奏技巧，接触到更多经典音乐作品。近年来，已有不少经典名著被改编为少儿版。

五、青少年初级交响乐作品的缺失

在中小学交响乐团的初期合奏训练中，指挥与指导教师往往在选曲方面一筹莫展，原因之一就是能被青少年演奏员用来演奏的曲目实在太少。在曲目的限制下，部分学校会在乐团合排的初级阶段，安排学生演奏经典交响乐，这样往往会事倍功半。因为学生的演奏技巧十分有限，而经典交响乐作品大多是写给专业乐团的，对演奏员的技术要求极高。此外，经典交响乐作品的内涵相当深刻，大多数中小学生在学习有关作品时，还不具备充分理解这些作品内涵的能力。让中小学生过早地接触某些过于深刻的交响乐作品，并不利于乐团的发展。

如果不能在短时间内提高演奏员的演奏技术与理解能力，交响乐团可以尝试邀请音乐高等院校的作曲人才采用丰富的民族音乐资源，创作出适合我国中小学交响乐团训练、演奏的原创音乐作品。相信这些具有民族音乐风格的交响乐作品一定能在世界音乐舞台上大放异彩。

模块七 中小学舞蹈社团建设

【模块构图】

- 中小学舞蹈社团建设
  - 中小学舞蹈社团的发展、现状与作用
    - 中小学舞蹈社团的发展、现状
    - 中小学舞蹈社团的作用
  - 中小学舞蹈社团的组织与建设
    - 舞蹈社团前期筹备与人员选拔
    - 舞蹈社团的规划与安排
    - 舞蹈社团的规章制度与纪律
  - 中小学舞蹈社团的日常管理与教学
    - 教学计划与内容
    - 教材参考与使用
    - 教学实施与评价
    - 课内课外的联通
  - 中小学舞蹈社团的常见问题与对策
    - 舞蹈教育观念存在误区
    - 舞蹈社团建设体系待完善
    - 舞蹈社团演出实践活动匮乏
    - 舞蹈师资严重匮乏

【模块概述】

在中小学众多艺术社团中，舞蹈社团占据着重要的位置。2019 年以来，高中和义务教育阶段的艺术课程标准进一步强调了舞蹈教育的重要性，这对于中小学舞蹈社团的发展既是机遇，也是挑战。中小学阶段舞蹈教育是普及美育的一种十分重要的方式。近些年，随着艺术课程的不断改革，中小学艺术社团如雨后春笋般发展起来，舞蹈社团作为提升学生身心健康和审美素养的重要活动内容，也日渐受到师生的青睐。但是，在我国当前中小学舞蹈社团建设的过程中，普遍存在一些制约社团发展的问题，本模块对当前中小学舞蹈社团的发展现状进行剖析，在此基础上为舞蹈社团的组织建设和教学管理提供思路，最后针对舞蹈社团出现的问题进行总结和反思，希望能在一定程度上启迪一线的中小学舞蹈社团的组织者。

【学习目标】

1. 了解中小学舞蹈社团的发展、现状与作用。
2. 熟悉中小学舞蹈社团建设的基本思路。

【学习重难点】

1. 中小学舞蹈社团的日常训练与教学。
2. 中小学舞蹈社团建设中常见的问题与对策。

第一节　中小学舞蹈社团的发展、现状与作用

一、中小学舞蹈社团的发展、现状

20 世纪 90 年代以来，我国兴起了素质教育的浪潮，虽然义务教育阶段没有强调舞蹈课程，但一些条件较好的中小学相继开设了舞蹈课程及舞蹈社团。当然，中小学开设舞蹈类课程与教育部举办的全国中小学生艺术展演活动有密切关系，舞蹈艺术是中小学艺术教育的重要内容之一，也是相对容易组织的活动内容之一。2000 年以来，教育部及各地教育主管部门积极推行“高雅艺术进校园”活动，一些经典的舞蹈艺术演出开始在中小学开展，唯美的舞蹈艺术和其深刻的思想内涵在中小学生中引起了较大反响。

当前，舞蹈教育呈现出生机勃勃、蒸蒸日上的趋势，舞蹈教育的发展日益繁荣，各个学校开始重视舞蹈学科建设。近几年的中小学课程改革，使舞蹈正式作为义务教育阶段的主要教学内容、高中教育阶段的必修和选修内容，中小学开始重新审视舞蹈艺术的重要性。

《普通高中音乐课程标准》（2017 年版 2020 年修订）中明确强调将“音乐与舞蹈”模块作为必修（选学）课程，将“舞蹈表演”作为选择性必修课程，认为音乐与舞蹈、戏剧密不可分，同是学校美育的重要载体。符合《国务院办公厅关于全面加强和改进学校美育工作的意见》（国办发〔2015〕71 号）中明确提出的“普通高中在开设音乐、美术课程的基础上，要创造条件开设舞蹈、戏剧、戏曲、影视等教学模块”的要求。

《义务教育艺术课程标准》（2022 年版）进一步改革艺术课程设置，在原来 1—7 年级以音乐、美术为主线的教学中，融入了舞蹈内容，强调学生用舞蹈语言抒发情感，能积极地参与舞蹈、音乐游戏等艺术活动，在实践中增强规则意识、责任意识和学习意志力，发展交流与合作能力。具体来说，在 8—9 年级，要求学生了解不同体裁和风格的舞蹈，感受舞蹈美的丰富性；掌握不同舞种的舞蹈姿态与基本动作；能运用身体语言，感知、体会、有创意地表现不同体裁和风格的舞蹈，提升艺术表现能力；能在不同的背景中欣赏与分析中外舞蹈艺术特色，加强对我国优秀民族舞蹈文化的学习与传承，坚定文化自信；能运用多种艺术表现形式，独自或与他人合作表达情感、观念和想象，在舞蹈编排和实践中提升创新思维能力。

另外，从更为宏观的学科建设角度来看，舞蹈也越来越受到重视。自 2021 年起，教育部学科目录正式将原二级学科“音乐与舞蹈学”拆分，形成音乐、舞蹈两个并列的学科门类，这无疑进一步提高了舞蹈学科的地位，推动了舞蹈教育自上而下的改革与发展，更加明确了舞蹈教育也是美育工作的重要组成部分。

中小学舞蹈社团的建立，归根到底也是普及舞蹈教育的一种方式和途径。长期以来，我国舞蹈教育的价值被人们所忽视，很多学校在义务教育阶段学习中并未将舞蹈课程列入必修课程，仅有部分以舞蹈为特色的学校，开设了舞蹈社团等课外活动，并在社团活动中渗透舞蹈教育内容。一些偏远或不发达地区，舞蹈教育和舞蹈社团更是没有。造成这一现象最直接的原因是目前中小学的音乐课程绝大多数是由音乐专业教师承担，基本没有舞蹈专业教师，因此，很难开展舞蹈专业教育。当然，新版的普通高中音乐课程标准和义务教育艺术课程标准已经为中小学的舞蹈教育指明了方向，我们期待未来中小学舞蹈教育、舞蹈社团能够健康地发展。

二、中小学舞蹈社团的作用

舞蹈艺术是通过肢体语言诠释作品，从而表达情感的艺术形式。舞蹈训练与表演能以直观的方式给学生带来独特的审美体验，培养和发展其艺术感知力。同时，舞蹈训练能有效增强学生体质，改善学生身体协调性。具体来说，中小学舞蹈社团的作用主要体现在以下几个方面：

第一，中小学舞蹈社团可以通过科学、规范的管理和教学体系，为在校的舞蹈特长生或舞蹈爱好者提供专业的学习平台，使学生在接受专业舞蹈教育的过程中，提高自身的艺术审美能力，激发创新创造潜能；提高身体的柔韧性与灵敏性，增强身体协调能力，从而全面促进学生身心健康发展，并最终实现学校美育工作的目标与要求。

第二，中小学的舞蹈社团为爱好相同、年龄相仿的学生提供了良好的交流互动平台。在社团里，学生可以相互交流，这有利于培养学生人际交往能力及团队协作能力。此外，舞蹈社团还可以发挥舞蹈艺术教育的独特优势，激发学生学习舞蹈的兴趣，树立学生的自信心，培养其积极健康的世界观、人生观和价值观。因此，舞蹈社团在日常训练、演出和比赛等活动中可以培养学生坚持、团结、负责等优秀的意志品质，增强学生的凝聚力、团结力等，进而在这个过程中提高学生的集体观念、合作意识，为他们将来的人生之路打下坚实的基础。

第三，中小学舞蹈社团的舞蹈教育活动有利于学生大脑的开发。舞蹈是一种形象思维艺术，学生在欣赏和参与舞蹈活动时，通过自身的视听感知、动作展现、情感表达和思维想象等活动，刺激右脑高速运转，形成立体思维能力。学生在舞蹈学习过程中，能够不断形成新的知识经验，促进左脑的开发，有助于提升学生的逻辑思维能力。

第四，中小学舞蹈社团有助于培养中小学生的创造性思维，拓展其想象力的空间。舞蹈社团可以通过舞蹈编创课程培养学生编创能力，不断引导学生打开思维，激发和培养学生的创新意识，进而引导学生在已有知识的基础上进行创新实践。①

第五，中小学舞蹈社团通过开展素质教育活动，可以帮助学生陶冶情操，不断提高其艺术审美能力。此外，在舞蹈社团中学习中国民族舞蹈和中国古典舞等优秀传统文化，能有效增强学生的民族认同感和文化归属感，弘扬社会正能量，进而推进爱国主义

---

① 欧阳茜．浅谈中小学素质教育舞蹈课的作用与意义［J］．北方音乐，2016（7）：126．

教育，弘扬爱国主义精神。

第六，中小学舞蹈社团对学生的身心健康具有积极作用，同时，舞蹈作品的欣赏与演绎还能带给学生心灵与品德上的洗礼与重塑，对于学生的全面发展具有不可替代的意义。

综上所述，中小学舞蹈社团是学校美育工作中的重要环节，其目的是促进中小学生的全面发展，培养学生身心的协调统一和综合能力，这也是以舞蹈美育的方式实施素质教育，帮助学生构建审美心理、增强审美意识、提高审美水平、促进审美创造。因此，舞蹈社团有利于丰富学校美育建设，提高学校艺术教育水平，丰富学校美育教学成果。

第二节　中小学舞蹈社团的组织与建设

中小学舞蹈社团是学生乐于参与的艺术社团之一，社团课程具有教育性和艺术性相结合的特点，符合学生的年龄特点。社团通常面向全体学生，通过选拔、组织、排练、演出等各个环节，有计划、有组织地进行，坚持自愿参加、公平公正和普及提高原则，让学生在舞蹈学习中去感受其艺术魅力。①

一、舞蹈社团前期筹备与人员选拔

充分的前期筹备工作是舞蹈社团后期顺利运行的关键。前期筹备工作主要是对人员安排、团员选拔、场地选择等有一个大致的规划。众所周知，社团成员的个人艺术素养对舞蹈社团的质量有着较为重要的影响，但舞蹈社团主要面向全体学生，如果选拔过于严格则会失去普及教育的意义。因此，有条件的学校在选拔过程中可以将学生的舞蹈素养进行分层、分段地评估，便于后续的教学与排练，也不会扼杀学生学习舞蹈的兴趣与积极性。

选拔过程可分为两个阶段：第一阶段问卷调查。利用音乐课的碎片时间，以班级为单位进行问卷调查，问卷可按照学生的年级段设置简单问题，例如“你喜欢舞蹈吗？你愿意加入舞蹈社团吗？是否有学习过舞蹈？”等问题。问卷采用实名制以便教师了解情况，为尊重每个学生的隐私，问卷结果仅供教师个人参考，不得公开和外泄。通过问卷调查可以迅速了解学生对舞蹈的认知态度和兴趣，有利于教师对学生进行第一轮的筛查。第二阶段筛查，根据问卷选出合适的学生进行面试。对学生的音乐节奏感、身体柔软度、动作模仿能力、即兴舞蹈创编能力等舞蹈素养进行测试，记录面试成绩，作为今后分层分段教学的基础。

通过这样的方式能快速、高效地选拔出舞蹈社团成员，教师在选拔过程中对学生的认识也一步步加深，有助于教师在接下去的社团授课中合理安排教学内容，根据不同层次学生的实际需求进行针对性授课。

除此之外，在舞蹈社团筹备的前期，教师要拟定社团建设的基本方案，确定班级数量、各班人数、授课时间、授课地点、授课教师等，并初步制定相关的管理制度和规章，为舞蹈社团的后期运行奠定基础。

---

① 金丹. 舞蹈第二课堂教学实践与研究［J］. 课程教育研究，2014（20）：224.

二、舞蹈社团的规划与安排

学生通过问卷、面试筛选等形式进入舞蹈社团后，教师可根据学生的舞蹈水平划分出初级班、中级班、高级班三个班级进行教学。

初级班的成员大多是没有舞蹈基础的学生，且年龄偏小，因此，这类学生应从最简单的基础训练开始，但教师在训练过程中要注意学习进度，适当提高训练难度，让学生能适应排练节奏，并为后续的高阶训练和成品节目排练、演出做准备。另外，这个阶段的训练要注意强化学生的身体软开度，加强下腰抓腿和贴面翻等小技巧学习，从而进一步增强学生的身体协调性。为了能更好地衔接中级班，初级班的成员要学会站立下腰、踢腿、正确的把杆压腿，以及靠把杆搬前、旁、后腿等动作。个别条件突出的学生可以酌情加大难度，比如独立站立搬腿等。经过初级班的训练，能使大部分学生动作能够灵活协调，反应敏捷，会听音乐，能完整、规范地完成舞蹈动作。

中级班的学生相对于初级班而言具有一定的舞蹈基础，对舞蹈有一定的理解能力，这个阶段的学生可进一步加强舞蹈训练意识，从而使舞蹈片段更具完整性。教师应提前对学生的舞蹈基础进行了解，制定上课内容，让学生在原来的基础上再次提升。在这一阶段的训练中，大部分学生可以站立下腰抓腿并能贴面翻，个别条件突出的学生能够掌握前桥等基本技巧，能较快接受教师教授的新内容，具有较好的模仿能力，并能准确快速地完成训练内容，动作干净、稳定、到位、细致，不松垮，表情丰富，有一定的专业水平。

高级班的学生已经具有较扎实的舞蹈基础，且随着舞蹈学习时间的增长，年龄也普遍偏大。所以，这个阶段的学生已基本完成了舞蹈所需要的基本功要求，并对舞蹈有一定的认识和见解。当然，由于这一阶段的学生身体处于快速生长期，在保持原有身体软开度的前提下，还要进一步提高他们身体的稳定性，让他们接触多样的舞蹈种类，培养他们的快速接受能力和反应能力。教师应通过舞蹈教学内容的调整，提高学生的舞感韵律，以便学生能完成较大难度的动作。促进学生在技术上能基本完成大跳、倒踢紫金冠、前桥等有难度的动作，为后续舞蹈节目的编排奠定基础。在教学内容上，高级班学生主要学习一些完整的剧目，熟悉不同类型的舞蹈风格，掌握一定的舞蹈专业知识，提高舞蹈鉴赏能力和水平。

三、舞蹈社团的规章制度与纪律

建立系统的社团管理规章制度有利于社团的科学管理，促进学生养成良好的行为习惯。因此，舞蹈社团在日常运行中首先要遵守学校的规章制度，然后再根据社团的特殊需求建立相关规章制度。下面是某学校舞蹈社团的规章制度，可供参考。

×××舞蹈社团规章制度

第一条　积极参与社团课程与活动，不得无故迟到、早退、旷课。若请假，应提前向舞蹈社团老师提出书面申请或当面请假。

第二条　社团成员应热爱舞蹈、谦虚好学、积极进取、尊敬师长、团结同学。

第三条　社团成员应自觉维护社团的荣誉和利益，积极参与社团的工作和活动。

第四条　社团课程或活动时不得大声喧哗、聊天、随意走动。应遵守纪律，注重营造良好的学习氛围。

第五条　本社团的课后作业，由家长统一通过××平台上传。

第六条　社团成员应自觉爱护本社公物及舞蹈活动用具，如发现有损坏需及时上报。

第七条　社团内部如发现打架斗殴、偷窃等不良行为造成恶劣影响者，予以开除。

第八条　社团成员退社应书面通知本社团负责老师。多次不参加社团活动者，经提示后仍违规者，视为自动退社，并补交退社书面申请。

第九条　社团成员按值日表的设置，在每次课程或活动结束后对教室进行打扫。

第十条　对本社活动表现突出者，学期末将给予奖励。

第十一条　参加舞蹈社团时必须穿紧身舞蹈服，吊带、短袖或长袖均可，服装不宜过大或者过小。

第十二条　社团成员的发型以盘头为主，干净整洁，无杂乱头发。除固定头发的发卡外，请勿戴其他的发饰，以防止舞蹈过程中甩落，伤害到自己或他人。

第三节　中小学舞蹈社团的日常管理与教学

一、教学计划与内容

舞蹈是一项技能性较强的表演艺术，其属性决定了如果一个舞者想要获得理想的艺术成果就必须进行系统的、长期的基本功训练。因此，舞蹈社团指导教师在制定教学计划时，一定要严格遵循技能训练的基本规律，遵循学生的生理成长规律，根据学生的年龄段、生理特点及学生自身的身体素质条件、柔韧性、舞蹈基础来制定和调整教学内容，总体原则是因材施教、由浅入深、循序渐进。

舞蹈种类繁多，舞蹈社团内教授舞蹈的教师也是各有所长，从一般教学规律来看，中小学舞蹈社团的日常训练主要包括以下三个方面的内容。

1. 基本功的训练

（1）柔韧性训练：包括腿、腰、肩膀等部位的柔韧性训练。

（2）控制力训练：包括腿部和肢体中段的控制能力。

（3）力量训练：包括腿部、中段和上身的力量训练。

（4）技术技巧训练：包括跳、转、翻的训练。

2. 不同风格和舞种组合的训练

（1）中国民族民间舞组合训练：包括藏族、蒙古族、维吾尔族、傣族等民族不同舞蹈风格组合的训练。

（2）中国古典舞组合训练：包括中国古典舞形体组合和中国古典舞身韵组合训练。

（3）其他组合：包括舞感提升、放松身心的组合。

3. 成品剧目的排练与学演

舞蹈社团教学的重要内容之一是排练舞蹈作品，学习成品剧目。通过学演成品剧目及原创剧目两种剧目让学生感受舞蹈艺术的魅力，提高审美能力，培养学生的集体观念和合作意识，增强学生理智和情感协调统一的能力。中小学舞蹈社团指导教师可根据具体情况和相关要求为学生们安排成品剧目的学习，具体来说，适合中小学舞蹈社团学习的成品剧目大体可分为六大类：红色经典类、传统文化类、街舞流行类、创意别致类、童真童趣类、地方传承类。

自 2021 年义务教育阶段学校实行“双减”以来，各个学校的课后服务更是从理念、定位、路径、措施等方面进行了全面升级。为了丰富学生的活动内容，培养其综合素质，各学校充分挖掘教学资源，针对不同年龄段的学生开设各类个性化、非学科类课程。舞蹈社团的特色课程开发，也是舞蹈社团建设和良性发展的一项重要任务。教师在进行特色课程开发和设计教学组合时可参考以下三个方面的教学方法。

第一，通过多种故事情境，激发学生学习舞蹈的兴趣。课程内容的主题可选择符合各年级、年龄段学生熟悉的文学作品、影视作品，从而有利于学生由内而外地抒发舞蹈中的情感。舞蹈作品的形象化、情景化，更能够激发学生对舞蹈表演的学习兴趣和对舞蹈表演的热爱。

第二，针对学生的生理发展特点，通过不同舞姿的肢体延展和呼吸练习，训练学生在舞蹈中形成舒展挺拔的身体姿态。可适当增加以柔韧技术与旋转技术为主的舞蹈核心技术，目的在于综合提升学生身体的爆发力和稳定性，强化他们在舞蹈动作表达中的规范性和技术性，增强学生身体的表现力，以及躯干与核心肌群的力量，强化学生舞蹈动作表达的流动性。

第三，教学组合中可包含丰富的高低空间动作，如通过躺地、滚地、低蹲、高立等动作训练学生的空间意识，提升学生对身体的控制力与动作张力。训练学生运用肢体表达情感，增强其身体的运动性，提高其运用舞蹈核心技术的能力，使学生不仅“爱跳舞”，还形成“会跳舞”的内心情感与肢体表达能力。

二、教材参考与使用

合适的教材有助于教师的课程内容更加系统化、科学化，从而为后续的教学、学习奠定基础。目前市面上出版的舞蹈教育相关书籍，基本可以归纳为五大类：第一类是以某一学校或机构的等级考试为主线进行编撰的书籍；第二类是以舞蹈相关理论知识为依据进行撰写的书籍，例如围绕人体生理学、舞蹈编创、舞蹈表演、舞蹈艺术性等主题展开研究的书籍；第三类是围绕某一特定舞蹈类型进行阐述，对其基本动作、表现方式，以及代表作品等进行解析，例如芭蕾舞、民族舞、古典舞等；第四类是根据中外已有成品舞蹈进行赏析，并结合视频解说，详细说明舞蹈的创作意图、对舞蹈动作进行分解教学等；第五类是各学段的舞蹈教学设计，以舞蹈教学为主线，根据学情设计不同的教案。这五类书籍虽然侧重点不同，但都是围绕舞蹈教育主题展开。因此，指导教师在中小学舞蹈社团的建设中应全方位思考、学习，从而不断完善舞蹈社团教学体系。下文简单介绍几种当前比较规范、实用的舞蹈教材。

1.《舞蹈学导论》

《舞蹈学导论》由吕艺生编著，上海音乐出版社于2003年出版。该书自成体系，是一本力图摆脱中国传统艺术理论模式，用学科专业理论来探讨舞蹈自身问题的著作。书稿对舞蹈定义、舞蹈本质、舞蹈社会功能、舞蹈本体论等舞蹈基础理论进行系统讨论，内容包括舞蹈表演、教育、创作与舞蹈史等。因此，该书对舞蹈教育的独特视角和理解，对中小学舞蹈社团指导教师素养的提升具有一定帮助。

2.《素质教育舞蹈》

《素质教育舞蹈》由吕艺生主编，上海音乐出版社于2014年出版。该书借鉴了国外优秀的舞蹈教育经验，根据中国国情进行了舞蹈审美教育理论和“面向全体学生”的舞蹈课程研究。该书将舞蹈教学与理论紧密结合，以素质教育为主线，创建了“素质教育舞蹈课”，填补了我国普通教育体系中舞蹈美育课程的空白，同时也进一步促进了中国舞蹈教育多层次、多元化的发展。① 此外，该书的第四章、第五章、第六章还列举了具有参考价值的素质教育舞蹈教学课例，以及不同学段的课程实例。最后，该书也对达尔克罗兹、奥尔夫这两种音乐教学法中关于舞蹈教育的相关部分进行说明，这对中小学舞蹈社团指导教师开展教学具有积极的借鉴意义。

3.《舞蹈艺术概论》

《舞蹈艺术概论》由隆荫培、徐尔充编著，上海音乐出版社于 1997 年出版。该书从舞蹈的本质和审美特性、舞蹈的艺术特性、舞蹈作品的内容和形式、舞蹈内容美与形式美等几方面展开论述。同时，在各章前增添了“本章要义”，提纲挈领地概述本章的主要内容，并在章节后增添了“思考题”和“舞蹈舞剧作品（录像带或光盘）要目”，这有助于指导教师更加形象地讲授内容，并将书中所列举的作品展示给学生。

4.《舞蹈生理学》

《舞蹈生理学》由温柔编著，上海音乐出版社于 2004 年出版。该书理论与实践并重，是国内首部舞蹈生理学专著。系统介绍了人体运动的动力器官、神经调节、能量代谢等方面的舞蹈生理学基础知识，阐述了舞蹈训练、舞蹈与健康、营养和体形控制、舞蹈选材、舞蹈测定与研究等方面的理论，及其在舞蹈中的实际应用，② 是中小学舞蹈专业教师的必读书目之一。

5.《舞蹈训练学》与《舞蹈基本能力辅助训练》

《舞蹈训练学》由杨鸥编著，上海音乐出版社于 2009 年出版；《舞蹈基本能力辅助训练》也由杨鸥主编，上海音乐出版社于 2017 年出版。这两部著作是舞蹈基本功课的辅助训练教材，提供了舞蹈辅助训练的动作教程和练习方法，可以使中小学舞蹈教师更清晰地了解舞蹈社团训练所涉及的人体科学原理，掌握辅助训练的基本规律，进而创造性地进行舞蹈教学设计与训练安排。

6.《中国近现代当代舞蹈发展史：1840—1996 年》

《中国近现代当代舞蹈发展史：1840—1996 年》由王克芬、隆荫培主编，人民音乐出版社于 1999 年出版。该书用辩证唯物主义和历史唯物主义的观点和方法，梳理了从 1840—1996 年中国舞蹈艺术的发展脉络，是一部弥补舞蹈历史学科空白的重要学术著作。该书从历史经验出发，弘扬民族文化，宣传革命舞蹈艺术传统，这对于当代及未来中国舞蹈的繁荣发展具有积极的意义。

7.《中外舞蹈作品赏析》

《中外舞蹈作品赏析》由刘青戈、贾安林等人主编，上海音乐出版社于 2004 年出版。该书共分六卷，内容包括：中国民族民间舞作品赏析、中外芭蕾舞作品赏析、中西现代舞作品赏析、外国流行舞蹈作品赏析、外国民族民间舞作品赏析、中外舞蹈精品赏

---

① 王佳佳. 在高职高专院校如何推广素质教育舞蹈课：以厦门演艺职业学院为例［J］. 中国文艺家，2017（12）：203.

② 徐珊珊. 民族舞演员（本科）技术技巧教材适用范围研究［D］. 北京：中央民族大学，2013：3.

析。丰富的内容为中小学舞蹈社团教师和学生提供了作品选择参考。

8.《中小学创意舞蹈》

《中小学创意舞蹈》由卡特琳娜·嘉德拉著，上海音乐出版社于2016年引进出版。该书的特点在于强调教师和学生之间的互动性，以及对学生创造力的鼓励。作者在书中列举了一些适合在课堂教学及舞蹈表演中使用的舞蹈片段，同时提供了可资借鉴的针对不同学生年龄特点的舞蹈课范例，是一部舞蹈教师的必备教材。

9.《中小学民族民间舞蹈特色教材》

《中小学民族民间舞蹈特色教材》由杨敏、刘瑞娟、魏逢、林青编著，清华大学出版社于2018年出版。该套教材分为三册，分别为初级篇、中级篇和高级篇，并附带大量教学影像资料以供参考。因此，该教材对中小学舞蹈教师进行社团建设具有较高的参考价值。

10.《舞蹈普及教育丛书：中小学舞蹈教学设计》

《舞蹈普及教育丛书：中小学舞蹈教学设计》由郑慧慧主编，李晓激、吴立群、刘均逸编著，上海音乐出版社于2013年出版。书稿分上下两篇：上篇是舞蹈技能教学，包括形体训练、唱游和集体舞等内容；下篇是舞蹈基础知识及作品欣赏，包括舞蹈概说、中外舞蹈发展历程、生活中的舞蹈、中外舞蹈作品欣赏和舞蹈欣赏小常识等内容。该书对中小学舞蹈教师的日常舞蹈教学具有重要的参考意义。

此外，可供参考的还有《中国民间舞蹈文化教程》（上海音乐出版社，2001年）、《中国民间舞教材与教法》（上海音乐出版社，2001年）、《舞蹈基本功训练教学法》（西南师范大学出版社，2017年）、《中国舞蹈编导教程》（高等教育出版社，2004年）、《舞蹈编导学》（高等教育出版社，2006年）等，这些优秀的教材都值得中小学舞蹈社团指导教师去学习、借鉴。

三、教学实施与评价

教学评价作为舞蹈教学中必不可少的环节，对于社团的良性发展有着重要意义。当前大部分舞蹈教师将评价的重心放在理论知识考查，以及舞蹈技能掌握方面，而对于学生的审美能力、舞台实践能力等不够重视，从而导致学生偏移学习重心，长此以往，将会使社团舞蹈教学效果受到影响。①

因此，在教学实施与评价环节，指导教师应综合运用多种评价手段，并结合学生在课上、课后、演出、舞蹈测试等多环节的表现综合评价学生。综合来看，当前中小学舞蹈社团的教学评价可分为四部分，即课堂评价、作业评价、活动评价及测试评价。具体的评价要求如下。

1. 课堂评价

舞蹈社团课是教师经过精心梳理、计划的课程，也是学生汲取知识的最佳途径。因此，社团课堂中表现的好坏是对学生舞蹈学习进行评价的一项重要指标。教师应观察学

① 王月琴. 浅析初中校园集体舞的有效教学［J］. 课堂内外（初中教研），2021（6）：112.

生在社团活动中的注意力、表现力、学习力等各个方面的表现，从而在每次社团活动结束后对学生进行评价，并予以记录。

2. 作业评价

作业评价是教师对学生课外舞蹈动作练习的一种监督。学生通过课余时间不断巩固动作技能，通过视频录制等方式反馈给教师，教师可根据练习的次数、时长及动作的完成质量等各方面进行详细地记录评价，从而督促学生练习，使学生进一步巩固学习内容，及时完成每次社团训练内容，为下一次社团排练学习做好充足准备。

3. 活动评价

舞蹈社团活动是提高学生实践能力的重要方式，主要包括各级的文艺演出、专场会演、对外演出等。指导教师通过对学生活动的参与度、活动中的纪律性、活动中的组织能力、舞台表现等方面对学生进行评价。与此同时，不同年龄、不同舞蹈基础的学生对待舞台的态度是不一样的，有些学生善于表现，有些学生则较为害羞，因此舞台表现力具有一定的先天因素，但更多的是受舞蹈基础和水平的影响，所谓“艺高人胆大”。所以，演出活动的锻炼对学生来说是十分重要的，也是教师进一步观察学生舞台表现力的重要途径。

4. 测试评价

测试评价是最传统的，也是最具有仪式感的评价方式。在每学期社团活动的期中、期末举行舞蹈测试，可对学生进行阶段性考评，让学生及时了解自己本阶段的学习成效，从而根据自身的学习状态进行调整，以适应后续的舞蹈社团学习。

当然，课堂评价、作业评价、活动评价、测试评价等评价方式既是舞蹈教学的重要组成部分，也是对社团指导教师舞蹈教学工作的评估。因此，教师切不可忽略评价环节，要通过评价发现问题、解决问题，从而更好地促进学生的学习和教师的教学。

四、课内课外的联通

新版中小学音乐课程标准指出，音乐教学不仅要彰显艺术特色，还要注重学科的综合。换言之，要以音乐为切入点，加强和其他艺术学科乃至非艺术学科的多维联动，通过不同学科的表现形式，加深学生对音乐的理解。因此，在舞蹈社团的教学中，教师不应拘泥于舞蹈专业，应开阔视野，将舞蹈教育与其他学科教学相融合，尤其是与音乐教学相结合，从而提高学生的审美能力，增强学生的艺术表现力。

在具体教学实践过程中，指导教师可以将课内课外音乐舞蹈教学内容相结合，在音乐课堂中有效运用舞蹈内容，在舞蹈教学中有效开展音乐教育。

首先，根据学生的年龄特点设计有效的教学内容，通过引入趣味性的舞蹈元素，创新教学形式，提高学生的学习兴趣。例如在教授《图画展览会》时，教师可创设情景，通过舞蹈动作的表现让学生随音乐进入乐曲意境，从而更好地体会作曲家的内心独白，进一步增强学生的学习体验。

其次，教师可通过舞蹈增强音乐情景表现。例如，在学习“劳动的歌”这一单元时，由于内容是围绕劳动号子展开的，且作品的表现内容和学生的生活较远，学生单纯从音乐欣赏角度很难切身体会劳动的场景，也比较难把握劳动号子的震撼场面。所以在本单元教学中，教师可以通过收集、提炼人们在劳作时的动作，编排成舞蹈动作供学生学习，通过创设情境的方式，增强学生的理解力。

最后，教师可利用舞蹈拓宽学生的音乐文化视野，通过音乐的实践活动，让学生更好地理解舞蹈中所蕴含的文化内涵，并实现审美能力的提升。中小学音乐教材中有很多少数民族歌曲，这些歌曲不仅有着丰富的文化内涵，同时还具有极高的艺术水准。教师要充分挖掘教材内容进行编创，将肢体语言、旋律风格与民族特征相结合，将舞蹈元素和民歌进行有机融合，让学生从多维角度感悟民歌中所蕴含的民族文化内涵。① 例如在教授“雪域天音、草原牧歌”等民族音乐单元时，教师可利用教材内容，引入相应民族舞蹈，开展舞蹈教学，激发学生学习兴趣，通过舞蹈、音乐等要素的融合，让学生了解一方风土人情，拓宽音乐文化视野。

总之，为了提高学生在舞蹈社团的学习效率，指导教师要将社团活动与音乐课堂教学有机融为一体，将舞蹈社团活动作为课堂教学的有机延伸，二者相融、相得益彰，才能多维促进舞蹈教育的发展。

---

① 张琳阳. 舞乐结合，多维联动：舞蹈融入音乐课堂的实践研究［J］. 中国校外教育，2018（29）：8.

第四节　中小学舞蹈社团的常见问题与对策

一、舞蹈教育观念存在误区

目前，我国教育界广泛存在一种现象，即艺术类课程的师资与硬件设施等方面都相对薄弱，中小学校领导、教师、学生及整个社会对舞蹈教育的重视度不够，缺乏对舞蹈教育的认知，甚至不了解舞蹈社团对学生成长的意义，对学校美育工作的意义，从而无法对学校成立舞蹈社团给予正确的思想引领。① 中小学音乐教育的现状也导致学校教学普遍存在重音乐、轻舞蹈，重文化、轻艺术的现象。这种意识从根本上导致很多热爱舞蹈的学生连接触舞蹈的机会都没有，更谈不上通过舞蹈表达情感，获得审美感知和体验。

义务教育阶段和高中阶段新的音乐（艺术）课程标准明确指出舞蹈教育是美育的重要组成部分，对学生的综合素质发展起着重要作用。但是，大部分教育工作者和家长忽视了舞蹈学习对提高学生审美能力，学会表现美、欣赏美、创造美的重要性，很多家长认为舞蹈教学容易导致学生身体受到伤害，具有一定的安全隐患。这些认知导致舞蹈社团在中小学难以开展，即便是开展起来也得不到学校的重视和家长的支持，常常会出现场地不足、资金缺乏等问题，从而使舞蹈社团建设缺少稳定性。

2015 年 9 月，国务院办公厅印发《关于全面加强和改进学校美育工作的意见》，高度重视美育对学生成长的重要意义。2018 年 9 月召开的全国教育大会再次强调要全面加强和改进学校美育。因此，艺术类社团活动作为学校美育课堂的延伸与拓展，应当得到学校的认可与支持。不仅如此，学校还需要进一步加强全校教师对美育的认识，关注美育教师的专业成长，全面推动美育工作开展。

二、舞蹈社团建设体系待完善

在舞蹈社团的建设过程中，虽已有政策性的大方向，但是具体到各个学校的指导方针却相对模糊。教师缺乏专业性指导，导致很多中小学舞蹈社团都是照葫芦画瓢，指导教师在教学中也仅仅是根据已有的舞蹈教学成果、视频进行模仿，并没有形成适合自己学校的舞蹈社团建设方案。显然，舞蹈社团的体系化建设亟待解决，但没有得到足够的重视。

当前中小学舞蹈教师，急需一套舞蹈社团建设的参考教材，从根本上解决广大中小学音乐舞蹈教师在建设舞蹈社团过程中出现的入手难、无头绪等问题，只有为中小学音

---

① 王杰，皮雨鑫. 我国中小学舞蹈教育现状及面临问题思考［J］. 艺术教育，2015（9）：178-179.

乐舞蹈教师提供有力的理论支撑和实践机会，才能有效促进中小学舞蹈社团的蓬勃发展。

三、舞蹈社团演出实践活动匮乏

纸上得来终觉浅，绝知此事要躬行。舞蹈作为一门艺术不能仅局限于常规学习和练习，还需要通过各类比赛和演出实践活动来充实学生的舞台经验。舞蹈社团演出平台的缺失是很多中小学舞蹈社团普遍存在的问题，严重制约着舞蹈社团教学质量的提升。①

纵观目前中小学艺术类活动与比赛，以舞蹈为主体内容的项目少之又少，大多情况下是将少数有代表性的舞蹈节目穿插在各类文艺晚会中。就中小学艺术类活动来说，艺术节是每年的重要活动，然而关于舞蹈的节目只有独舞专场比赛，各个学校都是推荐具有较好舞蹈功底的学生参加，所以缺乏普及性。另外，这类具有舞蹈专长的学生大多接受了校外专业的舞蹈培训，而不是由本校的舞蹈素养教育或舞蹈社团培养出来的。学校舞蹈社团的学生常常缺乏舞台演出机会，这在一定程度上会打击学生学习的积极性与自信心。除此之外，舞蹈社团是学校课余社团，大多数教师缺少使命感，更多的是完成学校的任务（比赛），很少有教师会根据学生、社团情况单独举办大型演出活动，给社团创造演出机会，长时间下去将导致生源的流失，不利于社团的稳定发展。

2002 年中华人民共和国教育部令第 13 号《学校艺术教育工作规程》中明确规定了学校要建构演出机制，即课外、校外艺术教育活动应是学校艺术教育的重要组成部分。据此，学校要积极搭建舞蹈实践平台，组织举办各类舞蹈比赛。具体操作可以按照不同的年级来进行，从而增强舞蹈比赛的科学性和合理性。比赛可以采取多样化的形式，包括团体和个人，增加学生的舞蹈审美体验。

四、舞蹈师资严重匮乏

舞蹈的学习不可能一蹴而就，学生必须在教师的专业指导下刻苦努力，才能取得进步与长远发展。因此，舞蹈社团的持续发展与指导教师息息相关，教师专业水平的高低，对学生的技术动作起着重要作用。就目前中小学舞蹈社团指导教师而言，大多数都是本校音乐教师，然而这些教师大部分毕业于音乐教育专业，大多数是声乐和器乐专业出身，在校期间虽在一定程度上接受过舞蹈教育，但对舞蹈知识、技能掌握并不全面和系统。因此，专业舞蹈教师的匮乏成为舞蹈社团建设过程中的一块绊脚石。除此之外，由于学校、家长较为注重文化课的学习，大部分舞蹈教师也没有机会占用更多的业余时间进行舞蹈社团训练。时间长了便会影响教师对社团活动的激情，导致社团难以为继。

此外，由于学校编制、培训资金限制等问题，有舞蹈技能的教师却没有机会进入学校施教。学校原有的音乐教师如果想在舞蹈方面去进修学习也很困难，一方面是得不到学校的支持，另一方面是得不到专业的舞蹈培训，这在一定程度上阻碍了舞蹈社团的建

① 高佳佳. 中小学舞蹈教育现状及对策研究［D］. 兰州：西北师范大学，2016：55.

设和发展。归根结底，指导教师是社团活动的灵魂，教师的业务素养、能力水平对舞蹈社团的发展前景起着至关重要的作用，所以，学校需要为舞蹈社团提供具有较高音乐素养和综合素养的专业指导教师或为原有的音乐教师提供专业的舞蹈学习培训机会。

模块八
中小学电声乐队建设

【模块构图】

- 中小学电声乐队建设
  - 中小学电声乐队的发展、现状与作用
    - 中小学电声乐队的发展、现状
    - 中小学电声乐队的作用
  - 中小学电声乐队的组织与建设
    - 加强电声乐队指导教师的素质
    - 掌握电声乐队中主要乐器的功用
    - 熟悉电声乐队的配器
  - 中小学电声乐队的日常管理与教学
    - 中小学电声乐队的日常管理
    - 中小学电声乐队的教学
  - 中小学电声乐队的常见问题与对策
    - 中小学电声乐队的常见问题
    - 中小学电声乐队面临的问题及解决对策

【模块概述】

相比于中小学合唱团、民乐团、戏曲社团等社团的建设，电声乐队的建设对师生而言较为小众和陌生。为了能够给有志于组建学校电声乐队的音乐教师提供一些建队思路，本模块主要对中小学电声乐队的发展和现状进行梳理，总结了电声乐队建设对学生身心发展的积极作用。本模块对中小学电声乐队组织与建设中涉及的“指导教师素质”“乐器的功用”“乐队配器”等内容进行整体阐述，总结了日常管理和教学中的基本要点。最后，对中小学电声乐队中出现的共性问题进行罗列，并提出相应的发展对策。

【学习目标】

1. 了解中小学电声乐队的发展、现状。
2. 了解中小学电声乐队建设的意义。
3. 熟悉中小学电声乐队的日常管理与教学。

【学习重难点】

1. 中小学电声乐队中乐器的基本功用。
2. 结合中小学电声乐队组建中遇到的问题独立拟定解决方案。

第一节　中小学电声乐队的发展、现状与作用

一、中小学电声乐队的发展、现状

电声乐队起源于20世纪30年代，半电子乐器大提琴和小提琴最早是由美国音乐家开发的。到了20世纪60年代，电吉他被广泛应用于摇滚乐队和通俗音乐中，并同电子琴、电贝司、架子鼓和合成器等组合成电声乐队。电声乐队在世界各地的音乐演出中都占有一席之地，如大家非常熟悉的美国黑人爵士乐就是以电声乐队伴奏，摇滚节奏强烈，演唱风格热情粗犷。西班牙的弹唱流行乐，结合了本土舞蹈、东方音乐和欧洲旋律，也采用电声乐队伴奏。盛产古典主义音乐和浪漫主义音乐的德国，电声音乐的发展也非常繁荣，很多大型音乐会的比赛中都有其身影。在法国，电声乐队是不可缺少的一部分，被称作“尚松”的世俗音乐，后来也发展出以电声乐队伴奏的流行音乐形式。其他还有维也纳的通俗电声乐队，俄罗斯的摇滚电声乐队，意大利流行歌曲的电声乐队伴奏，日本的卡拉OK电声乐队等形式。

中国的摇滚乐历史，可以一定程度上折射出中国电声乐队的发展历史。从20世纪80年代崔健掀起摇滚浪潮以来，摇滚的种子遍及中国大地，一时成为街头巷尾的流行景观。一批批摇滚歌手、摇滚乐队、摇滚音乐的产生、盛行让社会大众对电声音乐有了更多的认识和理解。

电声乐队发展至今，中国大陆已经诞生了一批著名乐队，诸如零点乐队、王朝乐队、黑豹乐队、七合板乐队等。围绕电声乐队也形成了一批著名的音乐活动，如草莓音乐节、迷笛音乐节、东海音乐节等，一些高校也形成了品牌性的电声音乐会，如2017年清华附中电声乐队专场音乐会、2021年哈尔滨工业大学荔枝音乐节电声乐队专场演出等。这些活动的组织与开展也进一步证实了电声乐队在高校和中小学校园的流行，其深受学生的欢迎。

随着电声乐队在高校的盛行，有关电声乐队建设和教学的书籍也陆续出版，比较具有代表性的有孙佳、何征主编的《电声乐队总谱本》（湖南文艺出版社，2002年），该书详细介绍了鼓谱、吉他六线谱、电声乐器等内容；王保安《电声摇滚乐队基本训练法》（中国青年出版社，1994年）中主要介绍了电声乐器的使用。

近年来，随着电声乐队的流行，很多经济发达地区的中小学也开始组建校园电声乐队，主要集中在初中和高中。比如杭州学军中学电声乐队、凌源中学电声乐队、上饶中学电声乐队、上海市金山中学电声乐队、厦门一中电声乐队、晋江市第三实验小学电声乐队等，在当地都小有名气。当然，很多学校支持组建电声乐队的一个重要因素是校园

电声乐队对中小学生素质拓展、中小学校园文化建设具有积极作用。因此，很多学者、中小学教师也开始系统总结并思考电声乐队组建与训练的方法。代表性的成果有郝立业的《宁陕中学第二课堂》、高磊的《关于电声乐队纳入校本课程的实践与思考》等文章。

二、中小学电声乐队的作用

电声乐队作为流行音乐的载体，贯穿校园文化活动的始终，受到中小学生的认可和喜爱。从学校层面而言，电声乐队的建立不仅可以促进学生素质教育的提升、营造良好的校园文化氛围，而且可以更好地展现学生积极、向上的精神风貌。尤其是在中学，可以有效缓解中学生的学业压力，帮助学生在音乐中释放负面情绪。具体来说，中小学电声乐队的建设具有以下几个方面的作用：

第一，电声乐队的建立，可以营造良好的校园氛围，增强校园文化内涵建设。当下有很多新办的中小学，办学历史短，文化底蕴不够深厚。学校电声乐队的建立及训练，能够有效、快速地体现校园精神和校园文化建设成果，能够及时向家长和社会展现学校多样的文化活动和浓厚的艺术氛围。因此，电声乐队可以作为一个深受学生喜爱的艺术窗口，增强学校的综合实力和文化软实力，丰富学校的文化底蕴，从而为提升学校美育质量奠定基础。

第二，电声乐队的建立，可以打造特色校园文化品牌，提高办学水平。校园文化是以学生为主体，以校园为空间，以科学、艺术等为载体，学生在教师的合理指导下进行学习和生活而形成的文化意识。① 优秀的校园文化，是学校的品牌，是展现师生精神风貌和思想的重要窗口。因此，电声乐队的建立有助于丰富校园文化建设，提高办学水平。

第三，电声乐队的建立，有助于健康的校园文化氛围形成，有助于学生身心健康。当下社会上一些新生事物对中小学生思想意识的形成具有较大的影响力和诱惑力，比如各种短视频、网络游戏等，这些媒介向大众传播的信息良莠不齐。中小学生思想活跃，却单纯幼稚，有些学生抗拒不了诱惑而沉迷于刷短视频、打游戏。面对社会的高速发展，积极在校园内开展符合学生身心发展，深受学生喜欢的新潮、流行音乐的学习，有助于阻挡社会不良风气，是促进学生全面健康发展的重要途径。在校园中建立一支电声乐队，可以让部分学生参与进来，定期进行排练和演出，丰富他们的课余生活。同时通过演出增强学生的自信心，也可以让更多的学生从音乐中享受艺术之美，适当释放学业压力，更加积极向上地面对生活。久而久之，就形成了健康、和谐的校园文化氛围。中小学电声乐队演绎的作品大多是健康向上的内容，气势恢宏的曲目可以让学生感受到坚韧和刚强的品质；轻柔舒缓的曲目则可以缓解学生焦灼不安的内心世界，帮助释放来自学业甚至家庭的压力；欢快、愉悦的音乐则可以让学生精神抖擞，对未来充满希望。因此，开展电声乐队社团活动，不仅能够让学生受到音乐艺术的熏陶，更能够实现用音乐

① 王倩倩. 电声乐队在高中校园文化建设中的作用 [J]. 音乐大观，2013 (13)：103.

滋养心灵、慰藉情感、和谐身心的功能。

第四，电声乐队的建立，有助于培养学生的合作交流能力。对于学生而言，电声乐队是一群和自己有着相同兴趣爱好的同学组织起来的社团，在这个团队中大家可以交到志同道合的朋友，可以一起开展各种各样的社团活动，可以提升自己的专业技能和艺术修养，也可以提升自己的交际能力。电声乐队在音乐题材的选择上相对新颖，能够结合时下流行音乐进行编排，通俗易懂、节奏活泼、音响丰富，颇受中小学生的喜爱。电声乐队一般由一名指导教师和多名有一定器乐或声乐基础的学生组成，通过团队合作进行表演。因此，电声乐队的排练和演出，离不开团队的配合，要求每一位队员都有团队合作精神、乐于创新的能力和强烈的纪律意识，在演出过程中能够做到“你中有我，我中有你”的高度配合。每一位学生都要掌握正确的演奏方式、正确的音准、正确的指法、正确的节奏，以及正确的曲目风格把握。在排练演出过程中，要以曲目演出效果为中心，各个声部相互配合，而非一定要突出某一种乐器，从而忽略其他乐器存在。因为唯有相互合作，才能激发出最佳状态，呈现出最好的作品效果。

第五，电声乐队的建立，有利于提高学生的艺术审美能力。电声乐队是由电吉他、电子琴、电贝司、架子鼓和合成器等组合而成，经过专门的曲谱编写，为通俗音乐进行伴奏的乐队。电声乐队是多声部融合的乐队，学生在欣赏电子音乐的同时，能深刻感受到其带来的多声部审美体验。同时，在日常的排练和演出中，社团学生也能够学习到更多的音乐知识和音乐技能。

电声乐队的融合性很强，无论是阳春白雪式的高雅音乐、典雅严肃的西方古典音乐，还是受到大众喜爱的流行歌曲，经过恰当的改编后，配上电子乐器的音色，总能让人热血沸腾、眼前一亮。经典流行音乐通过改编，能让“过时”的通俗音乐，重新焕发生命力。因此，通过频繁的演出实践，不管是参加演奏的学生，还是欣赏演出的学生，都会慢慢建立起多元、丰富的审美体验。久而久之，学生的审美能力得到提升，便在潜移默化中树立正确的艺术观、审美观、人生观和世界观。

同时，电声乐队的组织和管理大多可由学生自行完成，乐队的招新可由队员策划，参加学校组织的社团招新活动。新队员的选拔和面试，由老队员参与其中。日常乐队的排练，由指导教师进行辅导，队员自行练习，这个过程需要队长、副队长等乐队干部积极配合与组织。因此，电声乐队是培养学生组织能力和合作能力的重要平台。

第二节 中小学电声乐队的组织与建设

电声乐队主要由具有一定器乐或者声乐基础的学生组成。包括键盘手、吉他手、鼓手、贝司手和歌手等，在没有键盘的情况下，吉他可以代替键盘，乐手可以担任主唱。也可以根据学校实际情况，加入其他乐器，如琵琶、古筝等。其中，电吉他主要担任的是和声声部；电贝司为低音伴奏声部；电子琴承担的是旋律声部；架子鼓则统领整个乐队的节奏。乐队组成最少 4 人，最多可达 16 人。

一、加强电声乐队指导教师的素质

（一）指导教师要精通专业理论知识，具备相关技能

电声乐队指导教师需要具备扎实、丰富的音乐专业知识，尤其是要对电声乐队具有一定的了解或对电声乐队的某一乐器较为精通。指导教师必须具有过硬的音乐专业理论知识，了解并能运用乐理知识、和声知识、曲式分析知识和配器知识，甚至要了解相关作品的文化历史背景等，从而引导学生更好地把握乐曲风格。同时，还必须熟知电声乐队中每种乐器的性能，会演奏一种或几种乐器，能够在排练过程中很好地运用这些乐器。

（二）指导教师要善于听、勤于思、常动笔、多实践

指导教师要多听电声音乐作品，分析乐曲中的曲式结构、和声织体、节奏速度、音色等，从而更好地把握音乐风格，处理音乐情绪。同时，指导教师要常动笔，对一些作品进行改编，甚至编创，而不是一味模仿现有音乐作品，只有这样，乐队的生命力才会更加顽强。同时，指导教师还要多给学生创造实践平台，比如艺术节、元旦晚会、校庆等，都是展示电声乐队的平台。教师还要懂得音乐声学知识，对音响的摆放、话筒的摆放、音量的控制等都能够专业地把握。

二、掌握电声乐队中主要乐器的功用

（一）电吉他

电吉他（图 8-1）是电声乐队的灵魂，是乐队中不可或缺的一部分，它可以替代键盘，但很少有乐器可以替代电吉他所演奏的旋律和节奏，足见其重要性。电吉他用拨片演奏，音域跨度为 3 个八度以上，它的定弦和普通吉他一样，为 E_1、A_1、D、G、B、e（音区为大字一组、大字组和小字组中）。①

① 王泽霖. 电声乐队配置的若干问题及乐器运用研究［D］. 太原：山西师范大学，2019：13.

图 8-1 电吉他

在乐队演出中，扫弦是电吉他最常见的一种演奏形式，它不仅可以展示乐曲的节奏特征，还能够体现旋律特征，很多时候也是一种炫技的表现。当电吉他在高音区扫弦时，合成器可以在中音区给予其适度的衬托，从而产生一种比较丰满的音响效果。

在演奏具有舒缓、田园风格的音乐作品时，电吉他常用分解和弦演奏。中音区的分解和弦常常会给人一种浪漫旖旎的音色效果，形成一种松弛、流动的情绪表现。当然，这样良好的效果并非单独由分解和弦完成，而是需要合成器用长衬音给予支撑，从而形成一个充实的中声部。

电吉他很多时候还兼具领奏旋律（前奏、间奏、尾奏、华彩乐句/乐段）的作用。但鉴于电声音乐的即兴性特征，指导教师或者电吉他手既可以忠实地再现原作的旋律特征，也可以即兴编创一些华彩乐段，对前奏、间奏和尾奏重新进行编排。尤其是华彩乐段，具有极强的随意性，大多数吉他手都是按照旋律走向在每小节上标记一些和弦功能，以便即兴发挥。因此，华彩乐段更多是展示电吉他的音色特性和吉他手的技术技巧，诸如推弦、拉弦、滑音、勾音、打音等技巧，具有较大的二度创作空间，独具个人风格。

（二）合成器

合成器是代替乐队进行演奏和进行自动化编曲的一种电子设备，是电声乐队的基础，国内使用的合成器大部分来自日本。合成器具有强大的音色模拟和融合功能，对乐队的音响效果具有重要的修饰作用，当乐队中出现音色不足的情况时，合成器可以及时填补、丰富。例如合成器可以模拟钢琴类、风琴类、铜管类、木管类、弹拨类及打击类乐器的音色，也可以模拟各类合成音色、弦乐音色和人声，但是合成器发音相对比较生硬。由于合成器的音域比钢琴的音域还要宽，音色也非常丰富，因此在乐队中承担着承上启下、统一全局的作用。

图 8-2　合成器

（三）电贝司

电贝司也是电声乐队的根基，又名低音吉他，分为无品和有品两种。它的定弦和电吉他定弦相似，有四根弦，定音由低到高分别为 E_1、A_1、D、G，高八度记谱。电贝司是一件低音乐器，它的主要功能是突出低声部的节奏音型。因此，如果由电贝司演奏富有节奏感的旋律，效果相当不错。电贝司在演奏中最为常见的是切音的使用，每个乐手演奏的切音都有其独特的技巧，风格也各不相同。当然，实现切音效果的方法很多，一般贝司手会使用击弦弹法，即用手指敲打琴弦。电贝司与电吉他按弦姿势、打弦、滑弦、勾弦的技巧基本相同，在伴奏时应注意美感和趣味性，音区跨度不要太大，先要针对风格确定节奏型，然后设计出其他和弦伴奏音型。如果节拍允许，可以在句首或者句尾和弦连接处加入上行或下行的音阶。

图 8-3　电贝司

（四）架子鼓

架子鼓一般由一个大鼓（贝司鼓）、一个小鼓（军鼓）、一个踩镲、二至四面吊镲和若干个通通鼓组成。架子鼓掌握着乐队节奏的基本风格，相当于指挥，其他乐器都以它的节奏作为参考。架子鼓的演奏也相对最容易上手，零基础但有较好节奏感的学生可以选择学习。如果想熟练完成演奏，需要学生对节奏非常敏感，且具有较强的肢体协调能力，准确掌握音乐的速度、力度变化，对音乐有一定的辨识能力，同时需要学生具备创新意识及对团队的把控能力。架子鼓的密集型节奏只能在句尾或段落尾巴加入一点用于衔接，从而与乐队整体配合，不然整个乐队的音响通透度会受到影响。演奏者对鼓的音色的把握要到位，不要用力太强，否则容易出现爆破音。在演奏两段体曲式的歌曲时，鼓的进入一般有三种方式：鼓不进入，休止；以较弱、较开放的节奏进入；以较强、较密集的节奏进入。①

图 8-4　架子鼓

架子鼓常见的记谱方式如谱例 8-1。

谱例 8-1

记谱说明：

（1）大鼓和小鼓用实心音符表示。表示大鼓的音符应在下加一间，符干向下；表示小鼓的音符应在第三线，符干一般朝上，在记录复杂节奏时，也可符干朝下。

（2）踩镲用×表示，位置在上加一间，符干始终朝上，同小鼓齐奏时，和小鼓共用一个符干。

（3）吊镲用⊗表示，同踩镲记谱的位置相同，符干始终朝上。

（4）通通鼓也用实心音符表示，符干始终朝上。根据鼓的数量多少，在五线谱上合理地排列即可，但不能写在第三线上。

（五）电子琴

电子琴在乐队中有两大功能，一种是作为旋律乐器，和电子合成器一样作为一种特殊音色来填补乐队需求，以求得整个乐队在音色上的变化，这样可以丰富乐队的音色；另外一种功能是作为乐队内部的和声层，这个功能最常用，也是其最重要的功能之一。因为电声乐队使用的大部分乐器，如架子鼓、电吉他等都属于“硬音响”乐器，导致

① 王泽霖. 电声乐队配置的若干问题及乐器运用研究［D］. 太原：山西师范大学，2019：36.

各乐器音色差异较大，不平衡，因此，需要像电子琴这样的“软音响”乐器来进行调和，使得乐队音色变得更加柔和、好听。

图 8-5　电子琴

电声乐队的编制一般较小，总体上乐队音响比较单一，电子琴则很好地进行了弥补，特别是当音乐进入高潮时，电子琴的加入可以使得整体和声更加立体和充实，音响厚度加深。当然，电子琴使用时需要考虑各声部之间的和谐性，音色选择的平衡性，层次配列的有序性。根据演奏的需要，电子琴可以完成和弦、音程、长音等演奏，有时可应用于作品旋律的加花部分，有时可以加入低音踏板，加深音乐的厚重感，烘托音乐氛围。

（六）其他乐器

除了上述 5 种主要电声乐器之外，电声乐队也会加入一些其他乐器，如小号、长号、萨克斯、小提琴及一些民族乐器等，以增加电声乐队演奏效果的丰富性和创新性。

（1）小号（tr.）和长号（trb.），均为$^{\flat}$B 调乐器。这两种铜管乐器在音色上比较接近，可以由两只小号和一只长号组成一个音响平衡、声部完整的和弦组合。在音乐高潮处可以加大和声音响的力度，或在节奏明快的段落中，吹奏短促有力、富有动力感的节奏，从而产生良好的效果。

（2）萨克斯（sax.），一般用于电声乐队时为$^{\flat}$E 调。主要用于演奏乐曲前奏、间奏及对位副旋律，或各种华彩性的经过句。萨克斯的最大特点是对旋律的各种装饰音和节奏变化处理，给人以即兴发挥的美感。

（3）小提琴（vi.），一般在乐曲前奏、间奏及尾奏中担当旋律声部，这时最好同其他乐器穿插使用，以免给人以单调乏味之感。另外，为了烘托声部，其经常演奏旋律化的长音或持续和弦，有效增强音乐的抒情性和立体感。

（4）民族乐器，在电声乐队中，其作为一种特殊的音色，对乐曲特有的风格和意境起着画龙点睛的作用。所以，选好和用好民族乐器可以更好地提高乐曲的艺术魅力。

三、熟悉电声乐队的配器

配器法对于电声乐队的改编创作非常重要，指导教师务必熟悉电声乐队的配器规则，诸如节奏直接决定着音乐风格，前奏、间奏和尾奏都需富有变化的旋律，和声张力、层次和动感等诸多因素都需要优先考虑，等等。归纳起来，指导教师需要把握以下三方面的写作。

（一）旋律写作

旋律包括主旋律和副旋律。选择一首作品进行编创时，要了解乐曲的和声特点，选择合适的风格。加入的前奏、间奏、尾奏要和主旋律相匹配，写作副旋律时要在复调上多做构思，比如模仿、对位等技法的应用，使副旋律对乐曲形成支撑。但是，也要处理好主旋律与副旋律之间的主次关系，主旋律应由键盘与电吉他这两件乐器完成。

（二）和声写作

电声乐队中往往由键盘和电吉他来完成和声部分，和弦包括柱式和弦和分解和弦。在演奏中，往往是一件乐器演奏主旋律，另一件乐器演奏和弦，或者两件乐器都演奏和弦。① 电吉他在和声支撑方面有着很大的作用，三和弦和七和弦最为常见。

在记谱方面，大三和弦一般只标出和弦根音的音名（大写字母）即可，如 C；小三和弦在音名的右下侧标记小写字母 m，如 Cm；属七和弦在音名的右上方标记阿拉伯数字 7，如 C^7。写分解和弦时，需在第一小节标出依次奏出的各音走向。

在节奏鲜明的歌曲或者乐曲中，电吉他常用来演奏柱式和弦，与电贝司互为补充，构成一个完整连续的节奏音型，分解和弦则多运用在抒情歌曲中。电吉他除担当内声部伴奏外，还可以演奏重要的旋律声部，尤其是为它加上一系列效果器之后，通过踏板、摇把等特殊的技巧，可演奏出很多不同的音响，诸如断音、延音、重金属、水波、颤音、延迟音、滑音、哇音等，可以极大地增加乐曲的表现力。

（三）低音与节奏写作

电贝司承担演奏和弦低音及旋律低音的主要任务。当然，有时候电贝司也会参与到主旋律或者副旋律中，低音旋律化也是当下电声乐队追求的一个方向。因此，电贝司在电声乐队中也越来越重要，在演出中常常也会给电贝司手提供一个演奏华彩或炫技的展示机会。

电贝司写作的音域最好限制在五线谱的五线内，它的最佳发音区是 G—a，c—a^1，F 与 E 这两个低音使用得较少，因为这两个音几乎无法辨认。超过五线后，越向上则音越高，声音越清亮，但会失去低音的作用。由于电贝司主要承担低音支撑作用，所以写作时尽量不要加入休止符，不然会出现低音声部断断续续的感觉，影响整体效果。并且，电贝司的音符时值要写满，这样才能实现其演奏后余音保持的效果，当然，有特殊要求可以出现停顿。

低音写作除了支撑整个声部之外，也要注意美感化和旋律化。在以和弦根音为主的低音类型写作中，要在保持其基本节奏特点的前提下，尽量用一些经过音将其前后骨干音连接起来，也就是要重视横向的联系，在音型基本组合的基础上，尽量将各音连成线条。②

---

① 于春江. 电声乐队课堂训练与实践［J］. 艺术教育，2015（2）：152.

② 杨德华，铁崇崇. 论流行歌曲伴奏的编配［J］. 南昌教育学院学报，2012（6）：54.

第三节　中小学电声乐队的日常管理与教学

一、中小学电声乐队的日常管理

（一）前期筹备与人员选拔工作

一个好的乐队，必定有章可循，制度明确。特别是一些没有电声乐队开展经验的学校，前期筹备和人员选拔显得更加重要。因此，电声乐队首先要确定指导教师，并安排好课程开设的场地，了解清楚学校目前配置的乐器。其次是选拔队员，电声乐队的队员最好要有一定的声乐基础、节奏感强，或者会演奏一种电声乐器。但打击乐器的队员选拔，并非一定要有专业的学习经历，只要酷爱音乐、有良好的乐感和节奏感，就可以作为今后培养的重点。为此，指导教师可以在全校范围内进行摸底调查。进行电声乐队队员的摸底调查前，可以与其他社团一起根据需求制定调查问卷，也可以由学校通知班主任进行口头或者问卷的调查。指导教师通过调查对所得数据进行分析，初步遴选出有兴趣参加电声乐队的学生，按照指定的时间和地点进行面试。面试内容主要是学生的自我介绍和相关才艺展示，除了指导教师之外，还可以邀请其他音乐教师参与把关。最后，指导教师拟定社团建设的方案，确定社团人数、授课时间和地点等，并及时提交给学校和各班班主任，为电声乐队课程开设做好准备。

（二）电声乐队的训练规划与安排

1. 前期训练阶段

训练开始阶段，指导教师可以根据每个学生的特长进行分组教学，具体可以分为声乐组、吉他组、贝司组、打击乐组等。这个阶段主要提高队员对电声乐队的认识，并根据队员的水平进行基本功训练。大部分初入选的社团队员可能只是学过电声乐队中的某一件乐器，对于合作形式的排练、演出并不了解。所以，在社团建立初期，可以通过讲解电声乐队发展历史，播放优秀电声乐队作品，现场聆听电声乐队专场音乐会等形式使学生全面了解电声乐队的组织形式，在观摩中建立今后学习的兴趣和方向。

扎实的基本功是一个良好电声乐队的基础，指导教师要充分考虑每个学生的音乐素养水平，以及适合他们的乐器，按需制定合理的训练计划，及时给予科学的指导。当然，电声乐队指导教师或许并不擅长乐队中所有的乐器或者声乐，这时可以聘请相关专业的教师协助进行更加专业化的指导，以提升每个学生的音乐能力。

2. 中期训练阶段

中期的练习主要以作品排练为主，作品的挑选应该符合学生年龄段的认知特点，以及乐队的总体水平，同时也可以适度考虑即将参加的比赛或演出的曲目要求。在选择过程中，指导教师应当充分尊重学生的意见，筛选出3—5首曲目供学生们自主选择，以提升队员的兴趣和培养“乐队是每一个人的”主人翁意识。乐曲的练习始终遵循由分到总的规律，即先分声部带领学生进行读谱练习，每个声部按照乐谱进行单独练习时，对于不太熟练的声部要给予帮助。然后进行合奏训练，也可根据乐曲需要，在合奏时分段进行细节练习。中期的训练是为后期的节目呈现做准备的，这个过程的训练质量会影响到最后的效果。

3. 后期训练阶段

经过中期训练后，乐曲初步成型，需要进一步处理乐曲表现力，使整体韵味更上一层楼。这个阶段极为考验指导教师的教学能力和教学水平，因为学生对乐曲已经形成了固定的认识，在音准和节奏上基本没有太大问题，但学生的阅历和演出经历还不够丰富，对乐曲的理解相对简单。这时，需要指导教师耐心引导，指导学生合奏出符合乐曲风格的版本。

（三）电声乐队的制度和纪律要求

电声乐队的建设同样需要相应的规章制度，每一位队员都要严格遵守纪律。这不仅是乐队科学管理的需要，也是帮助学生养成良好习惯的需要。一般情况下，电声乐队的规章制度有以下几条。

（1）参加电声乐队排练不得无故迟到、早退、旷课。若需要请假，则应提前1—3天向指导教师提出书面申请。超过3次无故缺席乐队活动者，经提示后仍不改正，被视为自动退团。

（2）电声乐队队员应尊敬师长、团结同学、积极进取、热爱音乐，一起努力打造一个良好的学习氛围。队员之间应相互关心，维护好集体的利益和荣誉，积极参加乐队各项活动。

（3）电声乐队队员进入排练场地后不得大声喧哗、聊天、随意走动。队员应自觉爱护公共物品及乐器用具，如有发现损坏等问题要及时上报。队员按照值日表值日，在每次课后或者活动结束后对排练场地进行清理。

（4）电声乐队队员想要退出乐队，应提前与指导教师沟通，并书面通知负责乐队的教师。

（5）每学期期末将对乐队中表现优异者进行奖励。

二、中小学电声乐队的教学

（一）电声乐队的课堂教学

（1）了解电声乐队所需乐器的性能，比如构造、音域、音色、演奏技巧等。

（2）各个声部（乐器）的基本功训练。基本功扎实是弹好曲子的前提，在教学过程中，不能一味追求合奏的效果，而是应先静下心来训练基本功，待基本功达到了一定程度后，才可以合奏练习。

（3）合奏训练。每个声部按照要求演奏出较好的效果后，可以进行合奏训练。指导教师可以根据排练需要，按照节奏、和声、音准、旋律等教学目标进行训练，解决合奏中碰到的重点和难点问题。

（4）视唱练耳训练。视唱练耳看起来和乐队训练没有太大关系，但在实际训练中非常重要。通过视唱练耳训练，可以增强队员的音准，在潜移默化中训练队员的听觉能力，使队员在没有指导教师的情况下，也能够自己发现音准的问题。能力强的学生甚至可以自己“扒谱”训练，或者结合曲谱边听边分析。

（5）变速训练。一开始练习以慢速为主，等到快速练习也能合奏之后，再回归慢速寻找问题，解决问题后再进行提速练习，反复地变化速度，其目的是让学生的演奏技能实现从不熟练到熟练，再到质的飞跃。

（6）细节训练。在乐曲练习熟练后，指导教师需指导学生对音乐符号和音乐情感表达进行深度处理，这样才能够提升表演质量。

（二）电声乐队教学推荐教材

1.《电声摇滚乐队基本训练法》

《电声摇滚乐队基本训练法》由王保安编著，中国青年出版社于1994年出版。这是一本较早出版的关于电声摇滚乐知识普及的书籍。书中主要介绍了电声摇滚乐队常用乐器的性能及特点，如电吉他、电贝司、电子琴等。

2.《电声乐队配器基础教程》

《电声乐队配器基础教程》由李云涛编著，中国青年出版社于1997年出版。书中主要介绍了电声乐队的配器法，如电贝司、电子琴、合成器、架子鼓，以及常见的几种辅助性乐器。其内容包括作品风格特点分析；曲式结构分析；电声乐队配器的五大基本要素（旋律的处理、和声的配置、副旋律的写作、低音的类型、长音的运用）；节奏型的设计与选择；织体与层次布局；前奏、间奏、尾奏的写作处理；乐队编制及总谱排列等。该书在最后一节中还附有《雾里看花》《长城长》《故乡是北京》《就恋这把土》《离不开你》《好大一棵树》等歌曲总谱，对于中小学电声乐队的建设具有积极的指导意义。

3.《〈吉他之友〉精选本3：电声乐队卷》

《〈吉他之友〉精选本3：电声乐队卷》由上海音乐出版社编撰，于2001年出版。此书属于汇编作品，是从1988—1998年间《吉他之友》刊发的文章中精选出百篇佳作，研究内容相对宽泛，涉及电吉他、电贝司、电子琴、爵士鼓、电声乐队配器和怎样组织摇滚乐队等内容，对于电声乐队的指导教师具有积极的借鉴意义。

4.《热门金曲总谱全集：电声乐队配器版》

《热门金曲总谱全集：电声乐队配器版》由王雨生编，华艺出版社于2004年出版。这本书主要集合了当时的热门金曲，并进行了电声乐队配器，可用于中小学电声乐队排练、演出。

5.《电声乐队配器法》

《电声乐队配器法》由刘天礼编著，北京广播学院出版社于2002年出版。这本书从人们的乐理水平、接受能力出发，分析了声部问题、节奏问题，以及电吉他、合成器、电贝司、架子鼓、电声乐队的记谱等，总体方法简单，易于接受。

第四节　中小学电声乐队的常见问题与对策

一、中小学电声乐队的常见问题

（一）学校和家长的重视程度不够

进入新时代以来，党和中央高度重视学校美育工作，先后多次下发有关美育和艺术教育的指导文件，为当前中小学美育和艺术教育指明了方向。所以，从总体上来看，我国中小学音乐教育事业有了很大的进步，美育工作也逐步在提质增效。但大多数人依然秉持着重视文化课，忽视音乐素养教育的观念，部分家长或学校甚至认为参加电声乐队是不良爱好，会导致学生思想观念发生变化，这显然是对电声音乐的偏见。因此，电声乐队在中小学普及的难度较大，电声音乐社团在建设中普遍得不到重视和支持。

（二）专业师资匮乏，配套设施不足

一个好的电声乐队对指导教师的专业素质要求较高，很多曲目要进行改编或者创作，因而指导教师必须熟知配器法、和声曲式、曲目风格等。但是，就一般师范类院校的培养模式而言，学生的电声乐器演奏技能普遍缺失，因为音乐教育专业本科是以声乐、钢琴为必修课程，另外选修一项乐器。由于高校师资结构等原因，学生一般都选修民族乐器（二胡、古筝、竹笛、琵琶等）和西洋乐器（小提琴、大提琴、单簧管、长笛、圆号等），高校很少提供电声乐器供学生选修。这就使得中小学音乐教师队伍中对电声乐器熟悉的教师很少，而中小学音乐教师往往会选择自己熟悉的领域组建社团，而不是重新走进一个完全陌生的领域。

另外，即便有专业的师资，很多学校由于经费的限制，难以购置专业的电声乐器。再加上电声乐队训练时声音较大，学校也很难提供专门的训练场所。因此，硬件设施不全，训练场地缺乏也是当前普遍存在的现象。

（三）电声乐队建设体系不够完善，队员流动性强

中小学音乐社团发展过程中，合唱团、舞蹈社团等社团由于受众面大、成本相对较低，所以普及面广。但是，电声乐队的组建就相对复杂。根据目前的调查，即使经济发达城市的学校也很少有专门的电声乐队，即便有，也是昙花一现，缺少稳定性。所以，没有丰富的建团经验，一些新建电声乐队自然在招生、考核、比赛方案、培养目标方面都没有参照对象，存在摸石头过河的现象。并且在小学高年级、初三和高三等阶段，因为升学的压力，学生大多会选择离开电声乐队。因此，队员缺失稳定性也是当前中小学电声乐队建设面临的主要困难。

二、中小学电声乐队面临的问题及解决对策

（一）学校要重视电声乐队的建设和管理

电声乐队是学校美育的重要组成部分，中小学校领导层应该认识到电声乐队的意义，其能够在加强校园文化建设的同时提高学生对音乐的兴趣，帮助学生释放学习上的压力。电声乐队组建是一项集体活动，在这个过程中可以培养学生的团队合作能力和集体荣誉感，也可以提升他们的社交能力。因此，学校要重视和支持电声乐队的发展。其实，只要合理规划电声乐队的排练计划，学生可以将学习和社团练习之间的关系处理好，二者并不矛盾。因此，电声乐队的发展，离不开学校领导的重视与支持。

（二）加强电声乐队的师资力量和基础设备的配备

电声乐队需要专业的指导教师，师资的来源可以是校内专职音乐教师，也可以是长期合作的外聘教师。在招聘教师时，要按照要求择优录取，入职后需要定期考核，定期组织教师参加培训提升能力。同时，要想保证社团良好发展，必须做好后勤保障，比如专业的电声教室、专业的设备、基础的电声乐器，有条件的学校还可以为乐队演出提供专业的演出场所，提供充裕的经费支持。

（三）提升队员综合素质，完善电声乐队建设体系

电声乐队以学生参与为主，乐队发展的好坏和学生的表现息息相关。因此，想要发展好电声乐队，就需要提升学生的综合素质，包括学生自主管理能力、技能训练水平和乐队创新能力。有时学生不能正确认识自己在团队中的重要性，在加入团队后随意缺席、退团，完全不顾其他学生的劳动成果。这时就需要教师及时引导，教师在致力于提高学生演奏能力的同时，应该关注学生的心理变化，让学生充分体会到其在团队中的意义和价值，以及相应的责任和义务。指导教师在团队建设中要做好领路人，培养学生的综合能力和素质。

因此，要完善电声乐队建设体系，首先要选择有高度责任心的学生来管理团队。通过长期参加社团活动，学生会逐渐提高自觉意识，提高自己的自主管理能力。其次要将“准入”和“退出”门槛条例化，让学生觉得参加电声乐队是一件非常严肃、非常骄傲的事情。选拔的时候要严格要求，选择真正想加入电声乐队的学生。进入乐队后要按照预先制定的计划开展排练和教学工作，比如严格执行考勤制度和练习评价制度，用制度来约束、规范学生的行为，用奖励来引导和鼓励学生。

模块九
中小学戏曲社团建设

【模块构图】

- 中小学戏曲社团建设
  - 中小学戏曲社团的发展、现状与作用
    - 中小学戏曲社团的发展、现状
    - 中小学戏曲社团的作用
  - 中小学戏曲社团的组织与建设
    - 中小学戏曲社团的组织
    - 中小学戏曲社团的建设
  - 中小学戏曲社团的日常管理与教学
    - 中小学戏曲社团的管理
    - 中小学戏曲社团的教学
  - 中小学戏曲社团的常见问题与对策
    - 中小学戏曲社团建设常见问题
    - 中小学戏曲社团发展面临的问题及解决对策

【模块概述】

戏曲教育作为美育的一个重要载体，对于中小学生德、智、体、美、劳全面发展起着非常重要的积极作用。全国中小学也积极响应和落实政府振兴戏曲艺术的政策，开展戏曲类相关课程，推行“戏曲进校园”活动，在此背景下，戏曲社团应运而生。本模块围绕中小学戏曲社团建设的发展、现状与作用，组织与建设，管理与教学和常见问题与对策展开叙述，希望能给教师们带来一些参考和借鉴。

【学习目标】

1. 了解中小学戏曲社团的发展、现状。
2. 了解中小学戏曲社团建设的意义。
3. 熟悉中小学戏曲社团的组织与建设。

【学习重难点】

1. 如何因地制宜地设计中小学戏曲社团教学内容。
2. 中小学戏曲社团常见问题与解决对策。

第一节 中小学戏曲社团的发展、现状与作用

戏曲是音乐、舞蹈、美术、杂技、文学等多种艺术形式的集大成者，是表现和传承中华优秀传统文化的重要载体，被誉为国粹，具有悠久的历史、独特的魅力和深厚的群众基础。中国戏曲与古希腊戏剧、印度梵剧并称为世界三大古老戏剧文化，但时至今日只有我国的戏曲依旧活跃在舞台上，因此具有很高的史学价值、人文价值和美学价值。

随着时代的发展，人们的生活节奏越来越快，传统戏曲所需要的典雅、舒缓、闲适的社会环境已经不复存在，再加上流行音乐、西方音乐对戏曲文化造成的强烈冲击，使得传统戏曲文化在近代以来渐趋没落，成为夕阳艺术，某些地方剧种甚至濒临灭亡。不过近些年来，以戏曲为代表的传统文化越来越受到国家的重视，政府接连采取了一系列复兴传统文化的举措，如 2015 年国务院办公厅印发《关于支持戏曲传承发展的若干政策》，强调要更好地发挥戏曲艺术在建设中华民族精神家园中的独特作用。因此，戏曲教育作为美育的一个重要载体，对于中小学生德、智、体、美、劳全面发展起着非常重要的积极作用。全国中小学也积极响应和落实政府振兴戏曲艺术的政策，开展戏曲类相关课程，推行“戏曲进校园”活动，在此背景下，戏曲社团应运而生。

一、中小学戏曲社团的发展、现状

（一）生态环境

在很长一段时间内，戏曲的生存环境非常艰难。由于缺少群众基础，剧团面临改制，一大批从事戏曲工作的人员失业。再加上剧目缺乏创新与发展，部分新编剧目与戏曲程式化表演不符，结果话剧不像话剧、戏曲不像戏曲，部分剧目声腔设计只考虑戏曲演员的接受程度，却忽略了观众的接受度和满意度，种种原因使得部分剧种已濒临失传和消亡。

党和国家十分重视我国优秀传统文化，戏曲这一重要传统文化艺术形式的传承和发展接连得到了国家政策的支持和优化。这无疑是给戏曲界打了一剂强心针。自 2008 年教育部发布《关于开展京剧进中小学课堂试点工作的通知》后，国家层面上又连续发布了一系列政策文件推进戏曲进校园的开展。

2015 年 7 月 11 日，国务院办公厅印发了《关于支持戏曲传承发展的若干政策》，其中要求各学校要加强戏曲通识教育，推进戏曲进校园，力求每年让学生免费欣赏一场优秀的戏曲演出。倡导中小学建立戏曲社团和兴趣小组，鼓励中小学与当地戏曲演艺团体、群众艺术馆、戏曲协会展开合作。鼓励戏曲类非遗传承人或戏曲名家进校园。

2016 年 12 月，中宣部、文化部、教育部相关负责同志在武汉出席了全国戏曲进校

园经验交流会，部署全面推动戏曲进校园工作。2017 年 7 月 31 日，中宣部、教育部、财政部、文化部四部委联合发布《关于戏曲进校园的实施意见》。

各省市、各学校为了积极响应、落实相关政策，制定了相应的举措和方法，例如戏曲青年演员推广工程，戏曲进校园工程，戏曲进社区、进公园工程，为市民和学生免费提供进大戏院看现场演出的机会，开设多门类艺术社团和兴趣爱好社团等。因此，中小学戏曲社团的建设作为学校戏曲传承教育的一种重要形式，在当前具有良好的生态环境优势。

（二）发展、现状

近几年，随着戏曲进校园工程在全国各地如火如荼地开展，戏曲社团作为戏曲教育的重要形式之一，也如雨后春笋般涌现。其中不乏做得非常好的学校和案例，以唐山市滦县龙山初级学校为例，这所学校以当地优秀非遗传统皮影戏为文化载体，依托学校音乐教师的民族情怀和学校领导的大力支持，将学生作为传承对象，形成了唱腔演唱、乐器伴奏、皮影制作、剧目创作、教材编订、考核实践、文化输出、建立档案馆等配套完整的戏曲社团组织、教学、管理和输出模式，同时也形成了学校鲜明的文化品牌特色，赢得了家长、新闻媒体、教育主管部门的高度认可和赞扬，为学校和戏曲社团的健康可持续发展注入了源源不断的政策和资金支持，让更多的家长愿意把孩子送到这所学校学习、成长。但我们也应该注意到，很多中小学在进行戏曲社团建设时存在着形式主义的现象，部分学校仅在上级行政部门开展相关戏曲类比赛，或迎接上级领导督查时，才会临时招募、选拔和组建戏曲社团，购置演唱服装、道具等，一旦比赛结束，或督导检查团离开后，戏曲社团就名存实亡，极少开展。

此外，中小学戏曲教育传承活动形式比较单一，基本还处于院团进校园展演、专家讲座等较浅层次的教育活动。这些活动虽然在一定程度上普及、传播了戏曲文化，丰富了校园文化建设和学生的精神文化生活，但并没有形成常态化戏曲教学模式，戏曲文化在校园内的深层次发展还有待进一步挖掘和丰富。

再有，无论是戏曲进校园，还是戏曲社团活动，学习的主体都是学生，但是教师在教学过程中常发现，学生大多不喜欢传统戏曲剧目，觉得曲调听不懂、不好听、唱得太慢，锣鼓经太吵闹、太陈旧、不流行。出现这些问题，归根到底是学生的戏曲知识积淀太浅、文学素养不高、审美情趣不够，对戏曲文化缺乏认知力、认同感。

总之，如何更加有效地建设戏曲社团，尽快形成一套完整科学的教学体系和社团活动机制，使戏曲文化真正在中小学得到普及和传承，实现戏曲文化在审美教育、素质教育中的作用，是当前摆在我们面前急需解决的问题。

二、中小学戏曲社团的作用

第一，中小学戏曲社团建设，是学校美育的重要载体，有利于全面落实国家美育精神，提升中小学生的民族自豪感和文化自信。

戏曲作为中华优秀传统文化的代表门类之一，有着上千年的文化积淀，其“程式化”与“虚拟性”表演特征承载着中国戏曲文化独有的艺术魅力。因此，戏曲文化的传承与发展非常有利于增强中小学生的民族自豪感和文化自信。对此，2020 年中共中央办公厅、国务院办公厅印发的《关于全面加强和改进新时代学校美育工作的意见》也明确指出，戏曲是学校美育的重要内容之一。

第二，中小学戏曲社团建设有利于提高中小学生的艺术鉴赏能力和审美能力。

将戏曲教育融入中小学音乐教育中的理念早已在中小学音乐课程标准（音乐教学大纲）中得到体现，如 2011 年版高中和义务教育音乐课标就强调中小学音乐教育要“以音乐审美为核心”，要“弘扬民族音乐，理解音乐文化多样性”。2022 年版《义务教育艺术课程标准》进一步加大了戏曲教育在中小学艺术教育中的比重，明确指出了义务教育阶段戏剧（含戏曲）学科课程内容主要包括“表现”“创造”“欣赏”和“融合”4 类艺术实践活动，涵盖 10 项具体学习内容。

中小学应注重戏曲教育。戏曲是中华民族音乐文化的典型代表，是综合音乐、舞蹈、美术、杂技、文学等多种艺术形式的集大成者，内涵丰厚博大，无论是唱腔、舞台表演，还是服装、道具、伴奏乐器无不体现出浓郁的传统艺术美学特质，在校园内进行戏曲普及教育，能有效提升中小学生的艺术鉴赏和审美能力。

第三，中小学戏曲社团建设有利于丰富中小学生的精神文化生活，锤炼意志、增进友谊，进一步激发学生创造力。

戏曲社团的建设，给爱好戏曲的同学提供了一个学习和发挥特长的机会和平台，丰富了学生的精神文化生活。在学习戏曲时，一句唱腔、一个身段、一个脸谱的制作都会经历十几次、几十次乃至上百次的练习，同学们在练习过程中互帮互助，既增进了友谊，又磨炼了意志。学习过程中对于戏曲人物的塑造、戏曲唱腔和伴奏音乐的二度呈现、戏曲剧目内涵的挖掘等，都是学生创新精神的体现。

第四，中小学戏曲社团建设有利于学生树立正确的人生观、世界观，有利于促进校园德育建设。

戏曲是综合性艺术，内容包罗万象，传统和现代诸多戏曲作品均蕴含着爱国报恩、忠贞刚毅、孝顺正义等高尚情操，与社会主义核心价值观所倡导的“自由、平等、公正、法治、爱国、敬业、诚信、友善”不谋而合，这是学校德育的宝贵资源，是对学生进行思想塑造、德育养成的重要手段。同时，中小学生正值人生观、世界观、价值观的养成阶段，身心发展很容易受到周围环境和人的行为习惯影响，因此，极具感染力的戏曲传承教育，可以有效帮助他们建立正确的价值观、人生观。

第五，戏曲社团建设有利于学校打造独特的校园品牌。

戏曲是中国传统文化的优秀代表，有着深厚的群众基础，尤其是各个地方戏在本地域内深受地方群众的喜爱。在中小学开展具有地方特色的戏曲社团，有助于获得社会各界的关注和认同，良好的社团文化和丰富的戏曲演出活动也有助于打造学校校园文化品牌，营造校园文化氛围。

第二节　中小学戏曲社团的组织与建设

组建戏曲社团，前期需要做很多准备工作，例如：取得学校与家长的支持、社员组织与管理、服装与道具的配置、伴奏形式、师资力量、教学内容、教学场地与时间、经费问题等，这些都需要组织者用心去考量、设计和解决，因此这是一项复杂的工作，需要付出大量的人力、物力和财力。

一、中小学戏曲社团的组织

（一）舞美准备

1. 戏曲舞台灯光、道具、布景

（1）灯光。由于中小学戏曲社团是戏曲教学的初级阶段，同时考虑经费问题，初期建设不需要专业的舞台灯光，利用教室或室内的灯光即可。

（2）道具。戏曲的道具种类众多，大体上分为大道具和小道具。如多桌多椅（包括桌椅帔）、一桌二椅、城楼、山石等为大道具；其他生活中使用的如酒具、印玺、文房四宝、马鞭、刀枪剑戟、船桨、自行车把等多属于小道具，这些道具的使用都必须遵循一定的程式规范。①

（3）布景。戏曲的布景与戏曲表演风格相关，其景物设计、制作也是为了通过创造布景程式符号，在空旷的舞台上抽象地表现出“实物”艺术形象。② 比如新编现代剧目中，用自行车把代表整个自行车。戏曲中的“大帐子”可以代表若干环境，如《四郎探母》中萧太后的银安殿、《蝴蝶杯》里芦林二女的婚房、《铡美案》里包拯的审案庭等。“小帐子”往往把桌子垫高代表将台，例如《挑华车》里的岳飞的阅兵台。除此之外还有“布城”“山石片”“灵帐”等。当然，随着科技的发展，现在更多的是用电子 LED 屏来丰富戏曲的布景。

中小学常态化戏曲社团教学，可以根据实际情况、剧目选择进行必要的布景安排和使用，在正式演出或彩排时，可以租赁或购买相关道具。例如，平时教学或排练中可以使用学校的桌椅铺上桌椅帔进行替代，在参加活动彩排和正式演出时再租赁或购买部分设备，这样既不破坏戏曲道具在表演中的作用，也可以节省资金。

2. 戏曲妆容、服装、盔头和髯口

（1）妆容。戏曲演员在脸谱或直接在面部进行的图案化的性格化妆叫妆容。前期可以让学生利用课余时间，在美术教师的指导下，在脸谱上勾画唱段或剧目中需要的人

① 王泰来. 中国戏曲表演体系初探［M］. 石家庄：河北美术出版社，2017：4.

② 王泰来. 中国戏曲表演体系初探［M］. 石家庄：河北美术出版社，2017：4.

物形象图案。音乐教师在工作之余，也可以自学或报班学习戏曲化妆，条件允许的中小学可以邀请专业人士来学校传道授业解惑。后期需购买戏曲化妆所用的油彩（红油彩、白油彩、肉色油彩、黑色油彩）、凡士林、眉笔、红胭脂、削眉刀、镜子、粉刷、定妆粉、卸妆油、假睫毛、睫毛膏、鬓带、贴片子（资金允许可以直接买头套）等用品。

（2）服装。服装在戏曲里俗称“行头”，其功能除了美化人物形象外，更重要的是配合人物表演，例如水袖、翎子、帽翅、发髻等。戏曲行头主要分蟒、帔、靠、褶、衣。目前戏曲行头为了适应表演的需求，不再区分季节、朝代和地域，只是从式样、色彩、图案上区分剧中人物的身份、年龄、性别、所属行当。戏曲舞台上的靴鞋与行头所体现的行当身份、性别相适应，有朝靴、官靴、虎头靴、薄底靴、彩鞋、福字履、草鞋等。厚底靴为生、净通用，中底靴用来表现丑角扮演的官位较低的人物或反面人物，薄底快靴多为短打武生所用。①

（3）盔头与髯口。髯口是指戏曲角色所佩戴的假须，盔头是指戏曲角色所佩戴的帽子，这些都需要提前准备。

当然，因为中小学生没有时间、精力排演整出剧目，关于戏曲服装，可以租用或购买所排演剧目的某一折或某个唱段的相关行头、盔头、靴鞋和髯口。

（二）戏曲伴奏音乐准备

戏曲排练离不开专业的乐队伴奏，但中小学的戏曲社团，很难配备专业的乐队和乐师为日常排练进行伴奏，这就需要指导教师为解决伴奏音乐问题采取不同的措施，做好各种预案。

（1）音乐教师可利用音乐处理软件（如 QVE 人声分离、Cool Edit Pro 等）将现有经典戏曲唱腔音乐的人声与伴奏分离，提取伴奏音乐。其优点是省钱，劣势是技术水平有限，处理后的音响效果差。

以下是用 Cool Edit Pro 进行伴奏提取的步骤：

第一步，打开 Cool Edit Pro 软件，并插入歌曲文件。

第二步，切换至音频轨道，将鼠标放至音频的波形处，并双击或者按 Ctrl+A 键全选音频波形。

第三步，全选音频后，点击上方任务栏处的效果—波形/振幅—声道重混缩功能，左键单击点开此功能。

第四步，选择预置的 Vocal Cut 功能，拖动左边的左右声道的音量，调整完成后，点击预置箭头右方的预览，可以试听预览处理效果。如果预览效果没有问题，可以点击确定选项。

第五步，点击确定后，软件则自动处理音频波形，待软件处理完成后，一首歌曲的人声与伴奏声即可分离，最后导出音频。

（2）请专业人士处理音乐，优势是比免费软件的伴奏音质清晰，可以长期使用，但需要支付一定的费用。

---

① 王泰来. 中国戏曲表演体系初探［M］. 石家庄：河北美术出版社，2017：4.

（3）确定好排演唱段后，请专业人士来学校或去戏曲院团录制伴奏。优势是音乐音质好，但需要支付一定的费用。

（4）必要时请专业演奏员到学校或演出地现场伴奏，这样做的优势是演奏员可以根据戏曲演员的现场表演进行伴奏。戏曲的音乐节奏有板有眼或有板无眼，有些板式需根据戏剧情节、演员的演唱、演员身体情况等灵活处理，这样戏曲演员才可以把情绪情感、人物形象演绎得恰到好处、淋漓尽致，所以现场伴奏显得尤为重要。其劣势是费用比较高，并且专业的乐器演奏员不便协调时间参加社团的演出。

（5）经费允许的情况下购买部分乐器，聘请专业演奏员单独培养能够进行伴奏的学生。

（6）借用学校其他音乐社团的学生来进行戏曲伴奏。

（三）学校政策支持

戏曲社团的建设离不开学校领导的大力支持，因此，指导教师应该提前做好规划，并把戏曲社团建设的文案整理成册或写成书面报告，提交给学校领导层审议，经学校通过后方可实施。文案内容主要包括社团的指导思想、社团名称、建设意义、时间地点、师资分配、社员招募，以及社团的培养计划、管理方案、预期目标、详细物品清单及价位、资金问题等。此外，有关学生培训与学校其他活动冲突的问题、学校其他音乐教师是否愿意参加的问题、学生培训和文化课冲突的问题、社团教师的补助问题、学校和校外专业戏曲院团的接洽问题等，都需要和学校领导请示、协商。

因此，一个戏曲社团的建设与发展需要考虑的实际问题有很多，除了指导教师自身的努力付出之外，还需要学校方方面面的支持。

二、中小学戏曲社团的建设

（一）教学地点

中小学戏曲社团的教学地点可根据各学校实际情况进行选择，可以是舞蹈教室、音乐教室、音乐排练厅或戏曲社团专用场馆等。戏曲教学包括理论教学、身段训练（会涉及身段走圆场等教学）、综合表演训练，其中理论教学场地选择音乐教室即可，而身段训练场地最好选择空间大、光线好、有镜子、有衣架、有舞蹈单杠的场地。此外，为了营造良好的学习氛围，应该重视教室内的戏曲文化建设，可以张贴摆放一些戏曲类的文字、图片、海报，例如行当图片、学生训练和演出图片、获奖图片、戏曲大师简介、戏曲理论知识等。

（二）教学时间

中小学戏曲社团的教学时间需要和学校教务处申请，可以利用常规音乐课时间，也可以选择其他时间。走读制学校可以利用下午第四节自习课、“5+2”课后延时服务时间、周六周日、节假日和寒暑假时间开展教学，但要提前向学校报备，经过家长同意，避免与学生的课外培训班、兴趣班时间冲突。住宿制中小学与走读制中小学相比，有着得天独厚的时间优势，除去与走读制学校同样的可利用时间之外，还可以选择晚自习的时间（先保证学生作业按质按量完成）、饭后时间开展教学，具体应根据学校实际情况进行选择。

（三）教学师资

中小学音乐教师多毕业于师范类院校的音乐专业或音乐专业学院，虽然经过专业的音乐训练，接触过戏曲基本理论知识和基本技能，但对于戏曲教学来说还远远不够。因此，为解决师资问题，学校可以充分挖掘、利用校内音乐教师、戏曲票友的资源，让声乐、器乐教师主要负责社团戏曲唱腔、乐器伴奏、戏曲赏析类的教学和训练；让舞蹈教师负责身段的教学；让美术教师负责脸谱的制作、戏曲化妆和戏曲服装的管理。社团负责人除了负责社团常规的教学训练外，还要负责社团的组织和管理工作，负责与校领导和戏曲院团接洽、协调的工作，负责与学生家长和班主任的协调工作，以及作品整体排练时的艺术指导工作等。当然，最理想的状态是社团指导教师具有专业的戏曲知识，擅长戏曲表演和教学，具有一定的戏曲编导能力。

（四）社团活动教材

中小学戏曲社团活动用的教材主要分两部分。

一是当前学生使用的音乐教材。以人教版为例，人教版四年级下册音乐教材戏曲教学内容主要有：欣赏《生旦净丑荟精粹》、现代京剧《智取威虎山》选段《甘洒热血写春秋》、《京调》（民乐合奏）、《急急风》、《说唱脸谱》等。人教版八年级下册音乐教材戏曲教学内容主要有：欣赏京剧《铡美案》选段《包龙图打坐在开封府》、现代京剧《智取威虎山》选段《打虎上山》、越剧《梁山伯与祝英台》选段《楼台会》、豫剧《花木兰》选段《谁说女子不如男》等。显然，中小学音乐教材中的戏曲内容相对比较简单，侧重于欣赏教学，而戏曲社团是一个比音乐课堂更为专业的教学平台，侧重于戏曲表演实践。所以，应更多教学音乐教材之外的内容。

二是专业的戏曲教材。专业的戏曲教材是戏曲社团活动开展的重要基础。目前专业的戏曲教材较为丰富，既有戏曲集成式的教材，也有专业剧种的教材，还有各地、各学校自行编写的校本戏曲教材。目前比较适合中小学社团使用的戏曲教材有：上海师范大学朱恒夫教授牵头编写的《中小学戏曲》（小学版、初中版、高中版），由上海交通大学出版社于2021年出版；王春阳、窦东杰等编撰的《梨园擂台赛少儿经典唱段》，由中国广播影视出版社于2021年出版；金石生、金庆编著的《京剧经典唱段100首》，由安徽文艺出版社于2014年出版；上海戏剧学院附属戏曲学校编著的《昆曲精编教材300种》，由百家出版社于2008年出版；等等。

（五）社团社员组织

社团社员的选拔、组织与管理是戏曲社团活动的核心。社员的招募面向学校全体学生进行海选，可以在海选之前进行调研摸底，也可以直接发布公告进行面试。报名参加面试的社员在面试的时候需展示戏曲方面的才华和优势，具体的面试考核方式可以根据戏曲社团活动的需要而设定，可唱、可跳、可画、可演，如果不会唱、念、做、打但有音乐基础的学生也可以考虑。如果音乐基础能力较差，但身体协调、柔韧性好、形象好、爱好戏曲的学生也可以考虑招募进来。面试成功后，先进行3个月左右的训练教学，然后再次进行综合评价与考核（其中包括学习成果展示、出勤情况、家长配合情况等)，以便更为精准地确定学生是否适合演戏、唱戏、学戏。

（六）积极开展教学实践

在日常的社团教学中，指导教师可以通过老带新的方式对新社员进行教学和训练，建议指导教师以个别授课和分层教学为主，侧重对程度较高的社员和新社员的指导，这样可以节省教学时间，提高教学效果。

戏曲社团建设前期，由于排练时间有限，教学成果数量不多，教师可以鼓励学生在校园文化艺术节、联欢会及各种展演活动中进行表演；在后期表演成熟后，可以带领学生走出校园，开阔眼界，积极参加各级各类戏曲比赛，参加电视台的戏曲类节目录制，积极进行戏曲普及活动等。这样既锻炼了学生的心理素质，提高了学生的表演能力，同时也扩大了社团的名气和影响力，实现了戏曲育人、建构校园特色文化名片的作用。

（七）与专业戏曲院团保持密切合作

戏曲的传承离不开专业的师资支持，组建中小学戏曲社团也应该积极与校外专业戏曲院团联系，寻求专业师资的教学支持，这样才能保证教学的科学性、正确性和高效性，保证戏曲社团的专业性。与戏曲院团的密切联系还包括经常组织社团学生、家长定期到戏曲院团观看演出，这样既能让学生和家长现场感受戏曲魅力，激发社团学生的学习热情，树立标杆，确定努力前进方向，也可以现场学习戏曲相关知识。同时还可以让家长感受戏曲的魅力，提升家长的戏曲艺术修养，从而增强家长对学生参与戏曲社团活动的支持力度。

（八）鼓励家长参与支持

戏曲社团不像常规音乐教学在正常课时内展开，大多会占用中小学生课后延时服务时间，为了保证社员能够正常参加社团教学和训练，保证学习的连续性，可以定期邀请家长现场观摩社员学习、排练及演出，这样会潜移默化地影响家长对孩子学习戏曲的态度，让他们以后更加支持孩子学习、继承优秀戏曲文化。

第三节　中小学戏曲社团的日常管理与教学

一、中小学戏曲社团的管理

（一）日常运行制度

中小学戏曲社团在管理上常常采取团长负责制，由团长负责社团的常规化管理工作。团长可以在每个年级选择一名小组长，最好选择责任心强、做事踏实认真严谨的学生作为小组长，有班干部经验的优先考虑。

1. 课前组织

“铃声就是命令”，在预备铃响后各小组长组织本组所有人员到指定教学地点集合，清点完人数后到排练室内落座，团长负责把具体出勤情况填写到记录表或考勤表中。

2. 戏曲服装、道具、化妆品管理

在使用完相关物品后，各小组长负责清点物品，确认有无破损、丢失等情况，把具体清点情况记录在册，以便上报、检查。

3. 制定社团管理制度

具体制度内容主要包括以下几项：

（1）社团所有器材、服装、化妆品等需登记在册，每次使用完毕后把破损、遗失情况登记详细，每学期汇总后向学校上报处理。

（2）上课前做好人员清点工作，将出勤情况登记在考勤表格上。

（3）任何人不得携带零食、饮料进入专室，下课前安排学生轮流负责卫生打扫工作。

（4）未经负责人允许任何人不得将社团专属物品转借、外拿，若借出物品在使用过程中出现人为破损，需照价赔偿。

（5）没有特殊情况，授课教师和社员不得迟到早退。

（二）教学管理制度

1. 戏曲理论教学

（1）入室即静，课前将所有需要的资料、学习用具准备好，等候教师上课。

（2）要求学生在教师上课后未经允许不得发言，有问题待教师讲解完毕后举手等待，教师同意后方可大胆、充分表述个人意见和疑惑。

（3）充分发挥小组学习共同体的优势，学生针对教师授课内容提前做好预习准备工作，带着问题听课。对于出现的问题可先在小组内讨论分析，如果没有解决再进行各小组间讨论，教师需做好引导总结。

(4) 如果出现个别学生听课不认真的情况，教师可采取提高音量、教室巡回、请该生回答问题等方法提醒其认真听讲，对于违规、违纪屡教不改者可联系其家长，或劝其退团。

(5) 定期进行戏曲理论考核，对于普遍性问题应在课上集中讲解，对于个别问题应课下单独讲解。

2. 戏曲身段训练

在身段讲解、示范时，要求学生未经允许不得发言，有问题待教师讲解完毕后举手等待，教师同意后方可表述疑惑。在学生进行身段训练时，可采取小组内训练，教师在各小组内挑选一名姿势最规范正确的社员，作为教学助理帮助其他社员进行训练，教师负责在各小组巡视、指导，有问题当场解决。

(三) 监管保障机制

社团直接归属于学校教务处管理，学校领导不定期进行检查督导。对于设备、服装等出现损坏、遗失的情况，需每学期进行维修、补购。如果社团外出参加演出、比赛活动，教务处应负责与学校其他部门、领导沟通协调，做好后勤保障和安保工作。

二、中小学戏曲社团的教学

(一) 基本教学思路和学情分析

中小学戏曲社团教学由于受训练时间、师资力量、学生接受能力、学生戏曲基础等条件的限制，以及戏曲教学内容的复杂性（除了理论学习，还有“唱念做打、手眼身法步”的学习、训练，以及唱段的综合表演实践），教学内容和教学方式不能像常规音乐课一样，根据学生不同的年龄阶段、知识构成、身心发展规律细致区分进行教学，而是采取按相近年龄段划分成组或按戏剧行当划分成组进行分类教学，并在这一过程中强调个别指导和以老带新的方式，从而在有限的时间内快速达到预期的教学效果。在条件允许的情况下，可根据学生个体特点采取分层教学，这是最理想的教学状态。

中小学戏曲社团招收的社员大多是一些戏曲爱好者，有一定的戏曲理论基础，虽然部分学生可能会演唱一两段唱段或会一点简单身段表演，但绝大部分学生的综合表演能力和戏曲基本功停留在零起步的阶段。所以，从整体考虑，社团的教学内容应该由浅入深，从学生最熟悉的京剧、昆曲或地方戏经典剧目、经典唱段入手，再逐步排演一些传统或地方特色的时代新戏，并深入学习、精雕细琢，从而培养一批可以进行综合表演的“专业小演员”。

(二) 主要教学内容设置

1. 舞美与行当基本知识

(1) 脸谱。戏曲脸谱历史悠久、形式多样、种类繁多，观众通过脸谱的形式、色彩和类型就能一眼辨认出人物角色是英雄还是奸邪，是聪明还是愚痴，是神仙还是妖怪。以京剧为例，红色脸谱象征忠勇侠义，代表人物是关公、廉颇；白色脸谱象征阴险狡诈，代表人物是曹操；黑色脸谱象征铁面无私、刚正不阿，代表人物是包拯；蓝色脸谱象征骁勇豪放、桀骜不驯，代表人物是窦尔敦；绿色脸谱象征刚勇强横，代表人物是程咬金；黄色脸谱象征凶残彪悍，代表人物是典韦；紫色脸谱象征耿直忠贞、智慧沉稳，代表人物是徐延昭；金色脸谱象征虚幻神异，代表人物是孙悟空；银色脸谱象征神怪形象，代表人物是二郎神；灰色脸谱象征刚强阴险，代表人物是赵高。此外，学生还要掌握戏曲脸谱的基本分类：整脸、水白脸、各种三块瓦脸、各种十字门脸、六分脸、各种元宝脸、象形脸、歪脸等。以此为基础，又演化出碎脸、神仙脸、僧道脸、丑脸、太监脸等。①

（2）戏曲妆容、服装、盔头、髯口。妆容即戏曲演员在脸谱或直接在面部进行图案化、戏剧性的性格化妆。戏曲化妆需准备的基本物品有化妆笔、眉刷、眼线液笔、眉剪、镊子、贴双眼皮的胶、粉底、梳子、凡士林油、橄榄油、小毛巾、粘头套、酒精棉等。学生在化妆时需要了解面部结构，面部可分为三庭、四眼半、比例三个部分。具体化妆步骤可以为：打底—眼睛—眉毛—贴眼睫毛—腮红—提亮—嘴唇—贴片子。

服装在戏曲中称为“行头”，其功能除了美化人物形象外，更重要的是配合人物表演，因此，在戏曲训练和表演前要选对人物所应穿戴的行头及其配饰。戏曲行头主要分蟒、帔、靠、褶、衣。不同的行当角色有各自专属的行头，如靠旗专属将帅，蟒袍专属王公大臣及统治阶级，铠专属站堂军官，朝服专属文官。此外还有玉带、斗篷、茶衣、裙子、袄、裤、帔、古装衣等。戏曲舞台上常用的盔头也有上百种，大体可分为盔、巾、帽、冠、箍五大类。箍多为神仙鬼怪所戴，冠为皇帝（君王）、玉皇、阎王所戴，皇帽为皇帝专用，凤冠是由皇后、妃嫔、贵族官员眷属所戴，帅盔为元帅所佩戴，夫子盔为中军大将所用。纱帽是文官的礼帽，按照人物品性和官位品级分方翅、圆翅、尖翅等。巾的种类也很多，有武生巾、小生巾、八卦巾、相巾、老人巾、员外巾、鸭尾巾等。② 因此，社团排练时，要根据不同的剧目人物来选择服装。

髯口根据年龄、身份可分为“满髯”“三髯”“五髯”“一字髯”“丑三”“四喜”“八字”“吊搭”等。

（3）行当。戏曲的典型特点是程式化，行当分类鲜明，基本行当有生、旦、净、丑四大类，每一类中又派生出许多下一级角色行当。如小生可分为官生（纱帽生）、穷生、扇子生、雉尾生、武小生等；老生可分为唱工老生、做工老生、靠把老生、文武老生等；旦行可分为青衣（又称正旦）、花旦、闺门旦、武旦、彩旦、刀马旦、老旦等；净行俗称花脸、大面，可分为正净、副净、武净、红净等。丑行俗称小花脸。③

2. 唱腔与念白

（1）唱腔。根据中小学生的实际年龄阶段和戏曲表演水平，可供选择的经典唱段有很多。一般以剧种为划分基础，传统戏和现代戏皆可。在社团活动初期，考虑到学生的学习兴趣及学习能力，一般安排比较简单的、流行音乐和戏曲唱腔融合一体的唱段，如《新贵妃醉酒》《说唱脸谱》《赤伶》《华阴老腔一声喊》《悟空》《清明上河图》等。

---

① 王泰来. 中国戏曲表演体系初探［M］. 石家庄：河北美术出版社，2017：4.
② 王泰来. 中国戏曲表演体系初探［M］. 石家庄：河北美术出版社，2017：4.
③ 王泰来. 中国戏曲表演体系初探［M］. 石家庄：河北美术出版社，2017：4.

社团活动中期，学生已经具有一定的表演基础，对戏曲的认知也相对丰富，这一时期主要以各类专业的戏曲教材为主，教唱比较经典的戏曲剧目选段，尤其以京剧传统戏和现代戏唱段为主，如京剧《红灯记》选段《都有一颗红亮的心》、《智取威虎山》选段《打虎上山》、《铡美案》选段《包龙图打坐在开封府》等。有时候可以根据学校所在地区，教唱具有地方特色的剧种唱腔，如评剧《杨三姐告状》选段《有拐子忙备驴儿》、豫剧《花木兰》选段《谁说女子不如男》、河北梆子《蝴蝶杯》选段《果然是好景色名不虚传》、《大登殿》选段《金牌调来银牌宣》、黄梅戏《天仙配》选段《夫妻双双把家还》等。

戏曲发声多为本嗓（即真声）、假嗓、真假嗓结合三种类型，因此要合理掌握呼吸技巧，注重咬字吐字，准确把握使用"五音四呼"。所谓"五音"就是喉音、齿音、牙音、舌音、唇音，"四呼"为开口呼、合口呼、撮口呼、齐齿呼。在演唱方面最难的就是韵味，它与当地语言、戏曲官话有着密切关系。如京剧使用的是京韵、京白，豫剧使用的是河南方言，秦腔使用的是陕西方言，黄梅戏使用的是安徽话，越剧使用的是浙江话等，这就需要学生有一定的方言基础。

（2）念白。念白是音乐性和文学性较强的艺术语言，以京剧为例，主要分为京白和韵白。京白接近于北京话，念起来自然，但也有自己的节奏。韵白既有自己的节奏又有音高变化，细分为介于歌唱和念白之间的数板、上下场及半唱半念的引子等。①

3. 戏曲身段与音乐

（1）身段。身段是戏曲演员必须要掌握的基本技能之一，其种类繁多，包括腰功类、腿功类、亮相、身段徒手组合、水袖组合、扇子组合、翎子组合、甩发组合、帽翅组合等。② 中小学社团活动为非专业的戏曲教学，因此，指导教师在常规教学过程中可选择一些常用的身段，如云手、兰花指、亮相、圆场组合等进行教学，其他身段根据剧目需要有针对性地进行指导和训练即可。需要注意的是，戏曲身段训练必须要有科学的理论做支撑和指导，切忌随意处理，要有意识地把运动生理学、力学基本原理告知学生，并融入戏曲基本功的训练中，要始终坚持循序渐进，有目的、有计划、有规律地组织教学。

（2）音乐。戏曲音乐主要有曲牌体和板腔体两种，音乐伴奏一般分文场和武场两类，文场乐器主要有京胡、二胡、板胡、高胡、琵琶、中阮、月琴等，现在乐队中有些剧种也经常使用大提琴甚至电子琴以弥补伴奏乐器中低音不足的缺陷。武场乐器主要有堂鼓、花盆鼓、梆子、檀板、书鼓、大锣、小锣、唢呐、大镲、小镲等。在日常教学中，可以选择一些简单的经典文场音乐（曲牌）让学生背诵，选择一些武场片段进行教学，让学生利用锣、鼓、镲三大件乐器为武场伴奏，这样既能让学生掌握锣、鼓、镲的演奏技能，又能提高学生的学习参与度和学习兴趣。

---

① 王泰来．中国戏曲表演体系初探［M］．石家庄：河北美术出版社，2017：4.

② 王泰来．中国戏曲表演体系初探［M］．石家庄：河北美术出版社，2017：4.

4. 综合表演

当社员掌握一些常用的戏曲基本功，积累一些代表性唱段之后，指导教师就可以通过剧目唱段排练进行戏曲综合表演实践。具体来说，其排演步骤为首先学唱经典唱段，要求音准、有韵味；然后进行身段学习，配合眼神、亮相的练习；接着合二为一进行舞台综合表演训练；最后加上道具、扮相、行头、伴奏，在真实的舞台中进行彩排式的综合表演，为正式的演出做准备。

（三）舞台实践

根据马斯洛需求层次理论学说，学生在完成“唱念做打、手眼身法步”综合表演训练之后，内心会渴望在舞台上展示自我，检验训练效果，从而获得自我审美体验的满足和观众的认可。这时，指导教师的任务是积极为学生搭建相应的展演平台，例如利用校内外各种文艺会演进行展示，带领戏曲社团社员和作品走进社区、养老院开展公益性演出，联系兄弟院校进行校际戏曲交流活动，参加当地政府组织的戏曲比赛或展演活动，还可以充分利用网络信息时代的传媒优势拍摄演出视频资料，通过抖音、快手、朋友圈、微博等进行传播。经过频繁的舞台实践和网络宣传，让学生的信心更足、学习兴趣更浓、学习劲头更足，使社团的影响力更加深远，这都会为后期社团的建设，新社员的招募带来很多帮助。

当然，在戏曲演出实践过程中，指导教师要始终坚持几个原则，即参与人数的最大化、实践活动的层次化、节目推送的精准化、消耗支出的最小化、目标效益的最大化。并且在实践过程中，与学校相关职能部门做好沟通协调，安排专人负责师生的安全，服装和道具的安全，以及实践活动的经费管理。

（四）注重评价

在戏曲社团的排练教学过程中，指导教师要始终坚持通过评价引导学生，通过评价推动教学效果、提升社团活动质量。具体来说，要遵循以下三种评价方式。

1. 发展性评价

戏曲社团教学是常规音乐课程之外的教学活动，旨在拓展学生知识技能，促进学生审美能力和综合素质提高，弘扬传承优秀戏曲文化。因此，社团指导教师要首先注重使用发展性评价方式，评价学生目标的达成度，凸显评价的过程性、发展性和全面性。

2. 过程性评价

过程性评价属于个体差异评价，区别于水平性评价，要求指导教师在日常社团活动中，关注不同学生的个体差异性，平等地对待每位学生，引导学生进行自我纵向对比，要求学生在每次社团活动中都要有所进步。因此，要持续关注学生的日常学习态度和学习表现，注重过程化考核。

3. 生成性评价

每个学生都是独立的个体，在社团排练中，学生往往会出现一些教师未能预见的问题。因此，教师评价要凸显学生的自觉性、主动性、创新性，学生针对教师的教学方法可以提出自己的观点，在唱腔、角色扮演、人物塑造等方面都可以提出自己的想法，教师可以根据学生个体特点调整教学方式，从而推动教学相长，强化师生配合，提高教学效果。

第四节 中小学戏曲社团的常见问题与对策

中小学戏曲社团在建设和实施过程中，势必会遇到一些问题，指导教师要积极、有耐心地寻找问题产生的原因，积极地去解决问题，提出合理可行的对策，从而通过自己的努力来引领社团不断完善与健康发展，为戏曲文化的传承与发扬助力。

一、中小学戏曲社团建设常见问题

（一）社员嗓音障碍问题

戏曲行当嗓音具有造型性，不同的行当发声方法不同，很多行当的嗓音调门极高，这对于中小学生，尤其是处于变声期的学生来说，很难达到。在剧目选择、教学过程中，指导教师常常会忽视学生的嗓音音域问题，没有对学生的生理发展特征给予足够的重视，这往往会导致很多学生出现高音上不去、低音下不来的情况，用戏曲专用术语来说，就是频繁出现“倒仓”问题。

（二）社员课业压力问题

虽然近年国家、地方政府及教育部门都十分注重学生的体质、睡眠时间，实行了“双减”政策，极大地减少了学生的课业压力，但目前大部分学校还普遍存在“唯分数论”的应试教育模式，初中生、高中生普遍面临着升学压力，由此带来的课业问题极大地影响了社团的良性运转，也一定程度上限制了学生参与社团的积极性和对戏曲活动的热爱。

（三）日常教学和社团训练的矛盾

社团活动属于常规音乐教学之外的兴趣团体，有些班主任会以日常教学为重，占用社团活动时间，让学生在教室写作业、补课，这种方式压缩了原本就不宽裕的社团学习和训练时间。并且戏曲本就是专业性强、难度高的艺术门类，必须经过长时间甚至数十年如一日的刻苦训练才能够获得专业的提升，因此，戏曲社团往往比其他音乐类社团更花费时间，这就必然导致其与日常教学之间的矛盾，但这必须要得到解决。

（四）师生倦怠问题

戏曲学习是“夏练三伏，冬练三九”的训练方式，一方面，学生在学习过程中，由于训练科目单一枯燥、自身戏曲功底薄弱、完成不了戏曲表演任务，往往会产生倦怠感，甚至会萌发退团放弃学习的念头，这种观念在初学者心中尤为明显。另一方面，教师也会存在一定的倦怠感，主要原因是很多教师不是戏曲科班出身，缺少戏曲基本功，需要花大量时间自学，再加上长期得不到专业演员的指导，甚至很多时候得不到学校的支持，资金不能解决，设备无法更新，家长又不配合。因此，很多指导教师虽然具有建设戏曲社团的积极性，但无法持续，社团建设一两年后举步维艰，停滞不前，甚至取消解体。

（五）师资问题

师资紧缺、不专业是当前中小学戏曲社团建设面临的核心问题之一。当前普通高等师范院校的音乐学院很少专门开设戏曲类课程，大多从高校毕业从教的音乐教师只擅长声乐、器乐、钢琴，而不懂戏曲，不会戏曲，无法从事戏曲的教学和指导工作。有些音乐教师虽然喜欢戏曲，但由于缺乏戏曲培训无法继续提升自己的戏曲专业能力，而单纯依靠自学很难形成专业化、系统化的戏曲素养。

（六）教材问题

教材是教师实施有效教学的重要载体，但目前针对中小学戏曲社团教学的教材较为匮乏，大部分戏曲类教材是通俗读本，侧重于戏曲理论知识和剧本内容的介绍，及戏曲作品的欣赏。近年来，虽然国家在中小学音乐教材中不断强化戏曲内容的教学，但依然只侧重戏曲的欣赏，这距离社团所要求的个性化发展及舞台实践尚有很大距离。如果采用一些职业戏曲院校的教材，又显得过于专业，初学者很难接受。因此，中小学戏曲社团活动的教材建设迫在眉睫。

二、中小学戏曲社团发展面临的问题及解决对策

（一）解决社员嗓音发声问题

第一，可以请教或聘请专业戏曲演员或戏曲教师来学校定期指导学生练习戏曲发声，并根据每个学生的嗓音特点及其所扮演的行当特点进行针对性的科学训练；第二，利用声乐教师的优势进行科学发声训练，拓展学生的音域，强化学生的假声练习和演唱能力，强调真声练习的科学性；第三，把戏曲音乐中的伴奏降调，让初学者在适合的音域中学唱。

（二）解决社员课业压力和训练时间问题

指导教师要充分与班主任、任课教师协调好戏曲社团的排练时间，尽量保证正常排练时间，同时督促社团学生合理安排时间，保质保量地进行文化课学习。此外，向家长普及学习戏曲的诸多好处，寻求家长最大的支持。同时，还需要学校在依据国家颁布的课后延时服务政策中寻求制度上的保障，明确社团活动的具体时间。指导教师也可以适当增加戏曲在常规音乐课教学中的占比，或充分利用学生课外活动时间进行训练。此外，在学生参加比赛或活动前，教师可以和教务处、政教处协商利用其他合理时间进行训练和彩排。

（三）解决师生倦怠问题

1. 丰富教学形式，与其他姊妹艺术和学科相融合

戏曲文化本身就涵盖了语文、历史、体育、美术、道法（思想品德）等学科的课程内容，因此，教师可以将戏曲的教学有机融入其他学科中，或利用其他学科的知识来带动戏曲的学习，这样既能提高学生的学习兴趣，也提高了学生的艺术和文化素养，同时也促进了学科间的融合和发展。

2. 丰富伴奏形式及服装道具等

第一，可以邀请专业的戏曲伴奏人员来学校为学生现场伴奏，这样学生既可以直观地欣赏到戏曲伴奏乐器的形制、音色和演奏技法，还可以让专业演员现场指导社员的伴奏技能；第二，可以创新伴奏种类，将师生擅长的乐器加入戏曲伴奏中来，如利用电子琴、钢琴、琵琶、古筝、中阮、大提琴、低音提琴等乐器，增加戏曲伴奏的低音声部力量，丰富伴奏形式，提高器乐特长学生的参与度；第三，鼓励学生开动脑筋利用生活物品制作戏曲服装（行头）、道具、脸谱等，从而提高学生学习兴趣，锻炼学生动手能力、想象力和创造力。

3. 趣味引导

教师在教学中要利用多种形式、手段进行趣味引导，精心策划课堂导入环节，在教学和训练过程中对于一些戏曲理论知识，可以利用生活中大家熟知的事物进行论证、解释，也可以通过剧目精彩故事的讲解，让学生融入和理解唱段内涵。

4. 精选戏曲剧目和唱段

从中小学生身心发展规律来看，小学低年级的学生好动，对色彩和图案比较敏感；小学高年级的学生对于唱腔和表演比较感兴趣；初中学生不喜欢表演和展示，但具有创造力。因此，在戏曲剧目和唱段方面，必须根据不同阶段学生的认知特点选择积极健康、思想性和艺术性兼备的优秀剧目唱段，同时也适度选择一些诙谐幽默的唱段、武打片段进行训练，从而提高学生的学习兴趣。

5. 提高认同度和价值度

在戏曲社团有了一定成绩和效果时，教师可以跟学校领导协商适当增加社团教师的补助标准，同时将社团指导纳入学校年度评优评奖考核指标中，提高指导教师对社团的认同度和价值感。

6. 组织学生参加演出或比赛

当学生能够胜任表演或具备一定演唱能力时，教师应积极搭建表演平台，组织学生参加演出或比赛，以提高学生的自信心，增强其继续学习的动力。

（四）解决师资问题

第一，加强中小学音乐教师学习的主动性，可以利用寒暑假到专业戏曲学校或专业院团学习演唱、表演、化妆等相关戏曲知识和教学方法。

第二，中小学音乐教师可以参加戏曲类的专家讲座或大师班。

第三，学校可以邀请其他学校戏曲社团或第二课堂做得比较成功的教师来学校传授经验。

第四，中小学音乐教师可以通过网络平台搜集戏曲资源，观看戏曲在线课程，通过自学提升教学能力。

第五，学校可以邀请专业戏曲教师或演员到学校参与教学和训练。

此外，建议普通高等院校音乐院系改革人才培养方案，增加或深化戏曲板块的教学和实践活动，为未来的音乐教师打下良好的戏曲基础。建议各地区教育主管部门适度增加对戏曲类学校毕业生的招聘指标，让有专业戏曲能力的师资到中小学从事教学工作。

总之，中小学的戏曲社团建设会遇到很多问题，但只要上下一心，积极面对，寻求解决策略与办法，一定会推动中小学戏曲社团的建设与发展，全面提升学生的艺术素养，树立民族文化自信，促进美育工作的进一步深化。

主要参考文献

[1] 中华人民共和国教育部. 普通高中音乐课程标准：2017 年版 2020 年修订 [M]. 北京：人民教育出版社，2022.

[2] 中华人民共和国教育部. 义务教育艺术课程标准：2022 版 [M]. 北京：北京师范大学出版社，2022.

[3] 彭吉象，刘沛，尹少淳. 义务教育艺术课程标准：2022 年版解读 [M]. 北京：北京师范大学出版社，2022.

[4] 杜宏斌. 新版课程标准解析与教学指导：音乐 [M]. 北京：北京师范大学出版社，2022.

[5] 张小群. 音乐剧术语词典 [M]. 上海：上海音乐出版社，2015.

[6] 中国社会科学院语言研究所词典编辑室. 现代汉语词典 7 版. [M]. 北京：商务印书馆，2016.

[7] 顾明远. 教育大辞典 [M]. 上海：上海教育出版社，1998.

[8] 侯俊侠. 低音提琴演奏教程 [M]. 北京：人民音乐出版社，2004.

[9] 张蓓荔，杨宝智. 弦乐艺术史 [M]. 北京：高等教育出版社，2004.

[10] 吕艺生. 舞蹈教育学 [M]. 上海：上海音乐出版社. 2000.

[11] 吕艺生. 素质教育舞蹈 [M]. 上海：上海音乐出版社. 2014.

[12] 吕艺生. 素质教育舞蹈文集 [M]. 上海：上海音乐出版社. 2014.

[13] 平心. 舞蹈心理学 [M]. 北京：高等教育出版社，2004.

[14] 王国宾. 舞蹈教育战略与发展 [M]. 上海：上海音乐出版社，2004.

[15] 夏璐璐. 小荧星儿童舞蹈基础教学指导 [M]. 上海：上海音乐出版社，2013.

[16] 隆荫培，徐尔充. 舞蹈艺术概论 [M]. 上海：上海音乐出版社，1997.

[17] 温柔. 舞蹈生理学 [M]. 上海：上海音乐出版社，2004.

[18] 杨鸥. 舞蹈基本能力辅助训练 [M]. 上海：上海音乐出版社，2017.

[19] 杨鸥. 舞蹈训练学 [M]. 上海：上海音乐出版社，2009.

[20] 王克芬，隆荫培. 中国近现代当代舞蹈发展史 [M]. 北京：人民音乐出版社，1999.

[21] 贾安林，刘青戈. 中外舞蹈作品赏析 [M]. 上海：上海音乐出版社，2004.

[22] 卡特琳娜. 嘉德拉. 中小学创意舞蹈 [M]. 孙瑜，译. 上海：上海音乐出版社，2016.

[23] 杨敏，刘瑞娟，魏逢，林青. 中小学民族民间舞蹈特色教材 [M]. 北京：清

华大学出版社，2018.

［24］郑慧慧. 中小学舞蹈教学设计［M］. 上海：上海音乐出版社，2013.

［25］马修·怀特. 如何制作音乐剧［M］. 费元洪，译. 上海：上海音乐出版社，2016.

［26］周映辰. 音乐剧：实践的艺术［M］. 北京：中国戏剧出版社，2019.

［27］乔·迪尔，罗科·达尔·维拉. 音乐剧表演综合教程：第二版［M］. 张小群，译. 北京：现代出版社，2021.

［28］李臣之. 综合实践活动课程开发［M］. 北京：人民教育出版社. 2003.

［29］缪裴言，缪力，林能杰. 日本学校音乐教育概况［M］. 上海：上海教育出版社. 2011.

［30］谢嘉幸，杨燕宜，孙海. 德国音乐教育概况［M］. 上海：上海教育出版社. 1999.

［31］章连启，许卓娅. 音乐课外活动［M］. 上海：上海教育出版社，2003.

［32］王春梅. 现代教育教学模式：中俄音乐对比研究［M］. 长春：东北师范大学出版社. 2018.

［33］孟大鹏. 童声合唱训练［M］. 北京：高等教育出版社，1997.

［34］卡尔·皮特·奇拉. 童声合唱团指导手册：实用建议［M］. 于嵩楠，译. 北京：中央音乐学院出版社，2013.

［35］杨鸿年. 童声合唱训练学［M］. 北京：人民音乐出版社，2002.

［36］郭文德. 校园合唱训练［M］. 北京：新华出版社，2008.

［37］刘灏. 西方管乐艺术史［M］，上海：上海音乐出版社，2007.

［38］王泰来. 中国戏曲表演体系初探［M］. 石家庄：河北美术出版社，2017.

［39］梅晗. 厦门市第六中学合唱教学研究［D］厦门：集美大学博士论文，2019.

［40］高佳佳. 中小学舞蹈教育现状及对策研究［D］. 兰州：西北师范大学，2016.

［41］尹诗睿. 音乐课外活动对小学生素质发展的影响研究［D］. 黄石：湖北师范大学，2017.

［42］肖本武. 邵阳市贫困县高中舞蹈教学现状研究［D］. 武汉：华中师范大学，2018.

［43］张源源. 英国特色学校的课程研究［D］. 温州：温州大学，2013.

［44］刘紫千. 印度古典音乐的传承与教育［D］. 北京：中央民族大学，2009.

［45］姚玉珍. 二十世纪 90 年代以来美国中小学音乐教育改革研究［D］. 北京：首都师范大学，2009.

［46］周倚帆. 论合唱共性的训练［D］. 长沙：湖南师范大学，2014.

［47］刘慧雅. 新课标背景下河南省中小学合唱教学实施研究［D］. 开封：河南大学，2016.

［48］姜磊. 探索中小学管乐队建设与发展之路［D］. 沈阳：沈阳师范大学，2016.

［49］万俪婷. 武汉市青少年管乐教育现状调查与策略研究［D］. 武汉：华中师范

大学，2013.

[50] 康秋雅. 周煜国民族管弦乐配器技法研究：以三首作品为例 [D]. 西安：西安音乐学院，2021.

[51] 魏婷婷. 北京普通高校音乐教育发展史研究 [D]. 北京：首都师范大学，2008.

[52] 李茉. 上海市初中学校民乐队现状调查与对策研究 [D]. 上海：华东师范大学，2008.

[53] 郑哲澄. 论弹拨乐组在民族管弦乐队中的作用 [D]. 上海：上海音乐学院，2015.

[54] 赵婧伊. 民族器乐教学在小学民乐社团中的实践研究：以北京市海淀区中关村第三小学为例 [D]. 北京：中央民族大学，2013.

[55] 钮云坤. 谈谈乐器的发声 [J]. 初中生世界（八年级物理），2012（C5）.

[56] 王泽霖. 电声乐队配置的若干问题及乐器运用研究 [D]. 太原：山西师范大学，2019.

[57] 张琳阳. 舞乐结合，多维联动：舞蹈融入音乐课堂的实践研究 [J]. 中国校外教育，2018（29）.

[58] 薛瑾. 英国中小学音乐教育的特点及启示 [J]. 中小学音乐教育，2007（7）.

[59] 胡乐乐. 社会参与传承文化学校音乐教育在国外 [J]. 上海教育，2006（7）.

[60] 吕屹，蒋虹. “协同发展”视角下的德国学校音乐教育 [J]. 人民音乐，2017（6）.

[61] 马达，许冰. 美国学校音乐教育发展脉络及其特点 [J]. 福建教育学院学报，2007（7）.

[62] 王通. 政策激励和考评规范：美国中小学音乐教育的两大重点 [J]. 山东艺术，2021（1）.

[63] 刘曹芃. 浅谈以实践为核心的美国中小学音乐教育模式 [J]. 基础教育参考，2017（21）.

[64] 陈露茜. 印度的音乐教育 [J]. 中国音乐，1983（4）.

[65] 覃子珊. 关于“戏曲进入中小学”校园活动的探索 [J]. 戏剧之家，2017（24）.

[66] 韦静文，余旭珊. 义务教育阶段合唱团组建现状与对策探析：以广州市中小学为例 [J]. 科学咨询（科技·管理），2020（36）.

[67] 黄玉松. 浅谈音乐实践在音乐教育中的意义 [J]. 软件（教育现代化），2017（3）.

[68] 李华山. 单簧管艺术史 [J]. 齐鲁艺苑，1987（1）.

[69] 解晓瑞. 西方管乐艺术在近代中国的发展述论 [J]. 中国音乐学，2015，（2）.

[70] 吴蓉蓉. 悠扬的笛声第八课低音 5 的吹奏练习 [J]. 中小学音乐教育，2018

(8).

［71］王倩倩. 电声乐队在高中校园文化建设中的作用［J］. 音乐大观，2013 (13).

［72］于春江. 电声乐队课堂训练与实践［J］. 艺术教育，2015 (2).

［73］杨德华，铁崇崇. 论流行歌曲伴奏的编配［J］. 南昌教育学院学报，2012 (6).

［74］Frank L. Battisti. The New Winds of Change［M］. Delray Beach：Meredith Music Publication，2002.

［75］Frank L. Battisti，William Berz，and Russ Girsberger. Sourcebook for Wind Bandand Instrumental Music［M］. Delray Beach：Meredith Music Publication，2014.